# 普通高等学校城市轨道交通专业规划教材
## 组织委员会

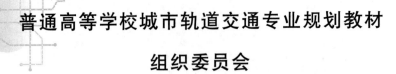

主　任　罗　斌　王丰胜
副主任　储继红　胡勇健　刘明亮　李　锐
委　员　郑　斌　廉　星　刘蓉蓉　朱海燕　李建洋　娄　智
　　　　杨光明　左美生

# 普通高等学校城市轨道交通专业规划教材
## 编写委员会

主　编　李　锐　刘蓉蓉
副主编　郑　斌　段明华
编　委　张国侯　李宇辉　穆中华　左美生　娄　智　李志成
　　　　兰清群　钟晓旭　李队员　王晓飞　李泽军　李艳艳
　　　　颜　争　彭　骏　黄建中　周云娣　陈　谦　黄远春
　　　　田　亮　文　杰　任志杰　李国伟　薛　亮　牛云霞
　　　　张　荣　苏　颖　孔　华　高剑锋　储　粲　孙醒鸣
　　　　罗　涛　胡永军　洪　飞　韦允城　吴文苗　钟　高
　　　　张诗航　张敬文　武止戈　吴　柳　赵　猛　沙　磊
　　　　吴　仃　赵瑞雪　聂化东　彭元龙　胡　啸　干　慧
　　　　项红叶　马晓丹　孙　欣　邹正军　余泳逸

普通高等学校"十三五"省级规划教材
普通高等学校城市轨道交通专业规划教材

# 轨道交通
## 牵引供变电技术

主　编　　邓春兰
参编人员　　欧志新　刘　阳　周　勇
　　　　　　王吉峰　段明华　李队员

中国科学技术大学出版社

## 内 容 简 介

本书为城市轨道交通系列教材。全书共分8个项目,内容主要包括轨道交通牵引供电系统概述、高压电气设备、变压与整流、电气主接线、二次系统、接地系统与过电压保护、牵引变电所运行维护、牵引供电新技术展望。书中每个任务都附有实训项目和配套习题,每个项目都附有创新创业问题,以便将创新创业教育融入专业教育。

本书可作为高校供电、城轨供配电技术专业教材,也可以作为供电工程类人员参考用书。

**图书在版编目(CIP)数据**

轨道交通牵引供变电技术/邓春兰主编. ——合肥:中国科学技术大学出版社,2021.8
安徽省普通高等学校"十三五"省级规划教材
ISBN 978-7-312-05228-6

Ⅰ. 轨… Ⅱ. 邓… Ⅲ. 电气化铁道—供电装置—高等职业教育—教材 Ⅳ. U223.6

中国版本图书馆 CIP 数据核字(2021)第 147599 号

**轨道交通牵引供变电技术**
GUIDAO JIAOTONG QIANYIN GONG-BIANDIAN JISHU

| | |
|---|---|
| 出版 | 中国科学技术大学出版社 |
| | 安徽省合肥市金寨路96号,230026 |
| | http://press.ustc.edu.cn |
| | http://zgkxjsdxcbs.tmall.com |
| 印刷 | 安徽国文彩印有限公司 |
| 发行 | 中国科学技术大学出版社 |
| 经销 | 全国新华书店 |
| 开本 | 787 mm×1092 mm 1/16 |
| 印张 | 15 |
| 字数 | 374千 |
| 版次 | 2021年8月第1版 |
| 印次 | 2021年8月第1次印刷 |
| 定价 | 40.00元 |

# 总　序

  本套教材以对职业岗位能力的要求为依据，根据城市轨道交通运营管理、城市轨道交通通信信号技术、城市轨道交通车辆技术、城市轨道交通机电技术、城市轨道交通供配电技术专业的人才培养需要，结合对职业岗位能力的要求，由安徽交通职业技术学院、南京铁道职业技术学院、郑州铁路职业技术学院、上海工程技术大学、沈阳交通高等专科学校、新疆交通职业技术学院、合肥职业技术学院、合肥铁路工程学校、合肥市轨道交通集团有限公司、深圳城市轨道交通运营公司、杭州城市轨道交通运营公司、宁波城市轨道交通运营公司、郑州铁路局等单位共同编写。

  本套教材整合了国内主要城市轨道交通运营企业现场作业的内容，以实际工作项目为主线，以项目中的具体工作任务作为知识学习要点，并针对各项任务设计模拟实训与思考练习，实现了通过课堂环境模拟现场岗位作业情景达到促进学生自我学习、自我训练的目标，体现了"岗位导向、学练一体"的教学理念。

  本套教材涵盖城市轨道交通运营管理、城市轨道交通通信信号技术、城市轨道交通车辆技术、城市轨道交通机电技术、城市轨道交通供配电技术专业，可作为以上各相关专业课程的教材，并可供相关城市轨道交通运营企业相关人员参考。

**普通高等学校城市轨道交通专业规划教材**
**编写委员会**

# 前　言

教材编写对于人才培养来说是一项非常重要的工作。城市轨道交通的迅速发展,对供电专业人才培养提出了更高要求。校企合作的逐步深入,为资源共享提供了途径,也为以岗位职业能力标准为导向的教材编写提供了条件。现有的供电类教材,尤其是城市轨道交通供电类的教材和现场应用不能完全吻合,内容编排仍停留在传统模式,与高职学生的培养规律不相符,职业技能竞赛、创新创业理念方面的内容融入不足。本书融合了岗位职业能力标准、职业技能竞赛内容和创新创业理念,能够更好地服务教学工作。

本书以工作过程为导向,采用"项目驱动、理实一体化"的编写模式,根据轨道交通供电岗位职能所涉及的专业知识与技能,设置项目任务,配备对应的实训任务,重视教学实施过程,充分利用校内外实训基地开发实训项目。同时,紧密结合一线工作要求,适度加强与专业相关的电气设备检修与维护能力训练,使学生能够尽快地掌握供变电设备结构和工作原理,提高职业素质。为响应创新创业教育与专业教育融合发展的号召,本书在每个项目中都设置了创新创业问题,将创新创业教育内容全面渗透到专业教育中。

本书由安徽交通职业技术学院邓春兰主编,参与编写的还有欧志新、刘阳、周勇、王吉峰、段明华、李队员。其中,项目一、项目三、项目五由安徽交通职业技术学院邓春兰编写,项目二由安徽交通职业技术学院欧志新编写,项目四由广州铁路职业技术学院王吉峰编写,项目六由重庆公共运输职业学院刘阳、周勇编写,项目七由安徽交通职业技术学院段明华编写,项目八由安徽交通职业技术学院李队员编写。

本书在编写过程中,重庆轨道集团供电车间主任季军,合肥地铁郑斌、高剑锋,广州地铁供电技术主管陆学文给予了大力支持和帮助。我们参阅了大量的书籍和资料,在此对其作者一并表示衷心的感谢!

由于编者水平有限,书中疏漏在所难免,敬请各位读者批评指正。

编　者

# 目 录

总序 …………………………………………………………………………… ( i )
前言 …………………………………………………………………………… ( iii )
项目一　轨道交通牵引供电系统概述 ………………………………………… ( 1 )
　　任务一　认识电力系统 …………………………………………………… ( 1 )
　　任务二　中性点运行方式 ………………………………………………… ( 7 )
　　任务三　轨道交通牵引供电系统 ………………………………………… ( 13 )
　　任务四　城轨供电系统发展现状及问题 ………………………………… ( 22 )
项目二　高压电气设备 ………………………………………………………… ( 28 )
　　任务一　电气设备中的电弧 ……………………………………………… ( 28 )
　　任务二　开关设备 ………………………………………………………… ( 36 )
　　任务三　互感器 …………………………………………………………… ( 54 )
　　任务四　开关柜 …………………………………………………………… ( 65 )
项目三　变压与整流 …………………………………………………………… ( 74 )
　　任务一　认识变压器 ……………………………………………………… ( 74 )
　　任务二　干式变压器 ……………………………………………………… ( 88 )
　　任务三　整流 ……………………………………………………………… ( 94 )
项目四　电气主接线 …………………………………………………………… (103)
　　任务一　认识主接线 ……………………………………………………… (103)
　　任务二　主接线常见形式 ………………………………………………… (106)
　　任务三　城市轨道交通牵引供电主接线形式 …………………………… (113)
　　任务四　典型主接线分析 ………………………………………………… (123)
项目五　二次系统 ……………………………………………………………… (132)
　　任务一　认识二次电气图 ………………………………………………… (132)
　　任务二　二次电路图 ……………………………………………………… (139)

任务三　二次接线图 …………………………………………………………（142）
　　任务四　变电所二次系统 ………………………………………………………（148）

**项目六　接地系统与过电压保护** …………………………………………………（163）
　　任务一　接地系统 ………………………………………………………………（163）
　　任务二　过电压保护 ……………………………………………………………（173）

**项目七　牵引变电所运行维护** ……………………………………………………（182）
　　任务一　牵引变电所运行检修管理 ……………………………………………（182）
　　任务二　电气设备的巡视与运行 ………………………………………………（186）
　　任务三　牵引变电所倒闸操作 …………………………………………………（193）
　　任务四　电气设备的检修 ………………………………………………………（197）
　　任务五　牵引变电所故障处理程序 ……………………………………………（200）

**项目八　牵引供电新技术** …………………………………………………………（209）
　　任务一　轨道交通牵引供电系统关键技术发展 ………………………………（209）
　　任务二　智能牵引供电系统 ……………………………………………………（213）
　　任务三　地铁节能优化技术 ……………………………………………………（222）

**参考文献** ……………………………………………………………………………（227）

# 项目一　轨道交通牵引供电系统概述

### 任 务 导 入

现代化的轨道交通所用能源都是电能,配备了牵引供电系统。掌握轨道交通牵引供电系统的基本知识是轨道交通相关专业人员的必备职业素质。本项目主要对轨道交通牵引供电系统作总体介绍。

### 能 力 目 标

1. 对牵引供电系统具有感性认知。
2. 掌握轨道交通供电系统的结构形式。
3. 掌握不同供电方式的含义。
4. 掌握不同供电制式的含义。
5. 掌握供电系统发展现状与存在的问题。

## 任务一　认识电力系统

### 一、电力系统概述

电能是国民经济和社会生活中的主要能源和动力。由于电能无法大量储存,电能的生产、传输、分配和使用必须在同一时间内完成。这就需要通过输电线路、配电线路和变电站将发电厂和用电设备有机地联成一个整体。这个由发电、送电、变电、配电和用电五个环节组成的整体称为电力系统,如图1.1所示。

电力系统可以定义为由发电厂、输电网、配电网和电力用户组成的整体,是一个将一次能源转换成电能并输送分配到用户的统一系统,它完成了电能从生产到使用的整个过程。从发电厂到用户的送电过程如图1.2所示。

电力系统还包括保证其安全可靠运行的继电保护装置、安全自动装置、调度自动化系统和电力通信等相应的辅助系统(一般称为二次系统)。

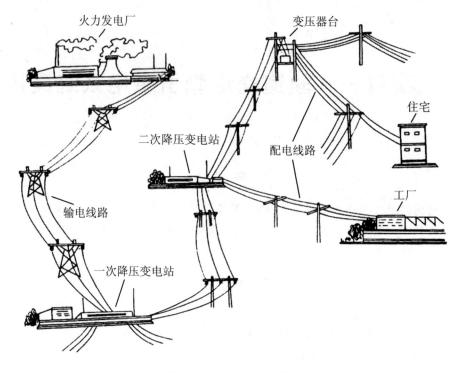

图 1.1 电力系统示意图

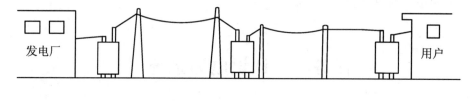

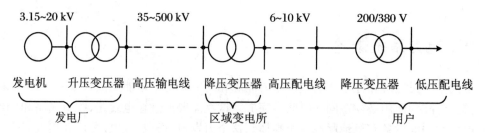

图 1.2 从发电厂到用户的送电过程

### 1. 发电厂

发电厂又称发电站,是生产电能的工厂。发电厂是实现把其他形式的能源转化成电能的场所。现在我国的发电厂主要有火力发电厂、水力发电厂、核能发电厂等。此外,还可利用地热资源、太阳光能、风力、潮汐、波浪、海流等其他形式的能源进行发电。按一次能源形式不同,发电厂一般有火力发电厂、水力发电厂、核能发电厂、地热发电厂、潮汐发电厂、风力发电厂(已接近常规电厂的造价,上网电价可降到每千瓦时 0.4 元左右)、太阳能发电厂(高耗能、低效率)。

智慧小问：发电厂一般建立在哪些地方？

### 2. 电力网

电力系统中连接发电厂和用户的中间环节称为电力网，简称电网。它由各种电压等级的输配电线路和变电站组成。电力网按其功能可分为输电网和配电网。输电网是电力系统的主网，它由 35 kV 及以上的输电线和变电站组成。配电网由 10 kV 及其以下的配电线路和配电变压器组成。输电网是电力系统中最高电压等级的电网，是电力系统中的主要网络（简称主网），它起到电力系统骨架的作用，所以又称为网架。在一个现代电力系统中既有超高压交流输电，又有超高压直流输电。这种输电系统通常称为交、直流混合输电系统。配电网是将电能从枢纽变电站直接分配到用户区或用户的电网，它的作用是将电力分配到配电变电站后再向用户供电，也有一部分电力不经配电变电站，直接分配到大用户，由大用户的配电装置进行配电。

就我国目前绝大多数电网来说，高压电网是指 110 kV、220 kV 电网；超高压电网是指 330 kV、500 kV 和 750 kV 电网；特高压电网指的是以 1000 kV 输电网为骨干网架，由超高压输电网、高压输电网以及特高压直流输电（正负 800 kV），高压直流输电和配电网构成的现代化大电网。

电力网按电压等级分为：低压电网（电压为 1 kV 以下）、中压电网（电压为 1～10 kV）、高压电网（电压为 10～330 kV）、超高压网（电压为 330～750 kV）、特高压网（电压为 1000 kV 及以上）。

### 3. 变电所（站）

变电所是变换电压和分配电能的场所，由变压器和配电装置组成。按变压的性质和作用，它可分为升压变电所和降压变电所。仅装有受、配电设备而没有变压器的场所称为配电所。所有变电站中均有配电装置，即均具有配电功能。

### 4. 电能用户

电能用户是电能消费的场所，所有消费电能的单位均称为电能用户。根据用户性质可以将其分为工业电能用户和民用电能用户，在供配电系统的构成上两者无本质区别。

 智慧小问：请列举不同类型的电能用户。这些电能用户是如何排序的？

电能用户群体庞大，种类繁多，大小不一，涉及工业、民用各方面，为了提高供电质量，增强电力系统的调度能力，根据电能用户的重要程度，可以将电能用户划分成三个等级，分别是一级负荷、二级负荷、三级负荷。

一级负荷：中断供电将造成人身伤亡和重大设备损坏，使生产长期停顿且难以恢复生产，用重要原料生产的产品大量报废，造成极大的经济损失，或者将在政治上造成重大损失。对一级负荷应有两个或两个以上独立电源供电。

二级负荷：如果停电将造成生产设备局部破坏，生产流程紊乱且恢复较困难，工人窝工、企业内部运转停顿，出现大量废品或大量减产，在经济上造成一定损失，或者在政治上造成较大损失。这类负荷允许短时停电几分钟。对二级负荷尽可能要有两个独立的电源供电。

三级负荷：不属于一、二级负荷者都是三级负荷。三级负荷对供电没有什么特别要求，可以非连续性地供电，如小市镇公共用电、机修车间等，通常由一个电源供电。

智慧小问：请给以上各等级负荷举例，并总结划分等级的作用。

## 二、电压等级

电压等级是电力系统及电力设备的额定电压级别系列。额定电压是电力系统及电力设备规定的正常电压，即与电力系统及电力设备某些运行特性有关的标称电压。

**1．电力系统的额定电压**

电力系统的额定电压是指系统中所有电气设备都在这一指定电压下工作的电压，电气设备在此电压下工作，将取得最好的技术和经济效果。

我国制定的三相交流 3 kV 及以上设备与系统的额定电压如表 1.1 所示。

表 1.1　额定电压的数值

| 系统额定线电压(kV) | 供电设备额定线电压(kV) | 变压器额定线电压(kV) | |
|---|---|---|---|
| | | 一次绕组 | 二次绕组 |
| 3 | 3.15* | 3 及 3.15 | 3.15 及 3.3 |
| 6 | 6.3 | 6 及 6.3 | 6.3 及 6.6 |
| 10 | 10.5 | 10 及 10.5 | 10.5 及 11 |
| | 13.8* | 13.8 | — |
| | 15.75* | 15.75 | — |
| | 18* | 18 | |
| | 20* | 20 | |
| 35 | — | 35 | 38.5 |
| 110 | — | 110 | 121 |
| 220 | — | 220 | 242 |
| 330 | — | 330 | 363 |
| 500 | — | 500 | |

注：带 * 号的数字为发电机额定电压。

**2．电网的额定电压**

从表 1.1 可以看到，同一电压级别下，各种设备的额定电压并不完全相等，为了使各种相互连接的电气设备都能运行在较有利的电压下，各电气设备的额定电压之间有个相互配合的问题。为此使电力线路的额定电压和系统的额定电压相等，把它称为电网的额定电压。

**3. 电气设备的额定电压**

所谓额定电压就是电气设备能够长时间工作的最适合的电压。此时电气设备中的元器件都工作在最佳状态，在最佳状态下，电气设备的性能能够稳定发挥，电气设备的寿命才能够达到最长。

变压器的额定电压较为复杂，一次绕组与系统的额定电压相同，二次绕组比系统的额定电压高10%，如果变压器的短路阻抗小于7%或直接与用户连接时，则规定比系统的额定电压高5%。

## 三、电能质量

电能是一种特殊的商品，电能质量直接影响电气设备的运转，它既具有以商品形式向用户出售的性质，又具有为用户服务的公用事业性质。电能不能储存，发电、供电、用电同时完成并由用电的多少来决定发电与供电的多少。因此，向用户连续不断供电是电能质量合格的一个重要标志。IEEE（电气电子工程师学会）定义：合格的电能质量是指给敏感设备提供的电力和设置的接地系统适合该设备正常工作。

理想的三相交流电系统应满足：恒定的频率（50/60 Hz），规定的电压等级，完好的正弦电压波形，完好的电压和电流波形（幅值相等，相位差120°的平衡状态），连续地向负荷供电。

电能质量包括电压、频率和波形的质量。电能质量的主要指标包括电压偏差、电压波动和闪变、频率偏差、谐波和电压不对称等，如图1.3所示。

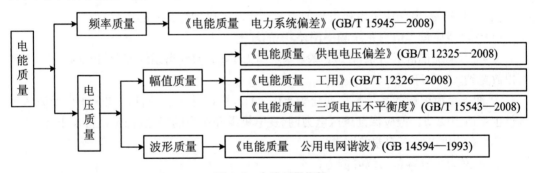

图1.3 电能质量指标

此处重点讲解电压偏差和频率偏差。

**1. 电压偏差**

电压偏差即为实际供电电压与额定供电电压之间的差值。该问题属于基波无功的范畴，其影响因素有：无功功率不足、无功补偿过量、传输距离过长、电力负荷过重和过轻等，其中无功功率不足是造成电压偏差的主要原因。

(1)《电能质量 供电电压偏差》中的规定

① 35 kV及以上供电电压正、负偏差绝对值之和不超过标称电压的10%；

② 20 kV及以下三相供电电压偏差为标称电压的±7%；

③ 低压220 V单向供电电压偏差为标称电压的+7%，-10%；

④ 对供电点短路容量较小、供电距离较长以及对供电电压偏差有特殊要求的用户，由供电、用电双方协商确定。

(2) 影响电压偏差的原因

① 供电距离超过合理的供电半径；

② 供电导线截面选择不当，电压损失过大；

③ 线路过负荷运行；

④ 用电功率因数过低，无功电流大，加大了电压损失；

⑤ 冲击性负荷、非对称性负荷的影响；

⑥ 调压措施缺乏或者使用不当，如变压器的分接头摆放位置不当，用电单位装用的电容器补偿功率因数采用了"死补"。

总之，无功电能的余、缺是影响供电电压偏差的重要因素。

(3) 改善电压质量的措施

① 改善功率因数，使无功就地平衡；

② 合理选择供电半径，尽量减少线路迂回、线路过长、交叉供电、功率倒送等不合理供电状况；

③ 合理选择供电线路的导线截面；

④ 合理配置变、配电设备，防止其过负荷运行；

⑤ 适当选用调压措施；

⑥ 根据电力系统潮流分布及时调整运行方式。

**2. 频率偏差**

供电频率是指电网中发电机发出的正弦交流电压每秒钟交变的次数。

(1)《电能质量　电力系统频率偏差》中的规定

① 电力系统正常运行条件下频率偏差限制为 ±0.2 Hz，当系统容量较小时，偏差限制可以放宽到 ±0.5 Hz；

② 冲击负荷引起的系统频率变化为 ±0.2 Hz，根据冲击负荷性质和大小以及系统的条件也可适当变动。但应保证近区电力网、发电机组和用户的安全、稳定运行及正常供电。

(2) 影响供电频率偏差的因素

① 电网的装机容量与调峰能力；

② 电网实行计划用电情况和超用电幅度的大小；

③ 调整负荷措施的实施情况；

④ 冲击性负荷的影响。

总之，有功电能的余、缺是直接影响供电频率偏差的根本因素。

(3) 供电频率偏差超差的危害

① 损坏设备；

② 降低电厂出力；

③ 增加消耗；

④ 影响产量；

⑤ 降低产品质量；

⑥ 易造成电网瓦解事故；

⑦ 自动化保护设备容易动作；
⑧ 影响广播、通信、电视等音像质量。

（4）改善供电频率偏差的措施

① 解决电力供需不平衡问题；

② 电力管理部门应当遵照国家产业政策，按照统筹兼顾、保证重点、择优供应的原则，做好计划用电工作；

③ 努力做好调整负荷工作，移峰添谷，减少峰谷差；

④ 对一些冲击性负荷采取必要的技术措施等。

## 任 务 实 训

认知实训：调研学校周边和实训室的供配电系统结构、电压等级。

# 任务二　中性点运行方式

电力系统中性点是指作为供电电源的发电机和变压器的中性点，且指变压器 Y 形接线时的公共点。电力系统中性点有三种运行方式：电源中性点不接地运行方式、中性点经阻抗接地运行方式、中性点直接接地运行方式，前两种接地系统统称为小电流接地系统，也称为中性点非直接接地系统或中性点非有效接地系统，后一种接地系统称为大电流接地系统，也称为中性点有效接地系统。

电力系统中性点运行方式是电力系统里比较典型又比较复杂的综合性技术问题。中性点的不同运行方式，对电供电系统的可靠性、绝缘设计、继电保护整定、变电所自动化等有决定性的意义，特别是在系统发生接地故障时有明显的影响。本任务主要分析发生典型的单相接地短路故障时的情况。

## 一、中性点不接地系统

中性点不接地的三相电力系统接线原理如图 1.4 所示。由于任何两个相互绝缘的导体之间都存在着一定电容，因此三相导线之间和各相对地之间、沿线路全长都有分布电容，在电压作用下将有附加电容电流流过。由于三相导线型号、规格相同，各相对地电压的有效值相同，所以认为三相沿线对地分布电容相等，为方便讨论，沿线路导线对地分布电容以集中电容 $C$ 表示，相与相间的电容较小且对称，可忽略。

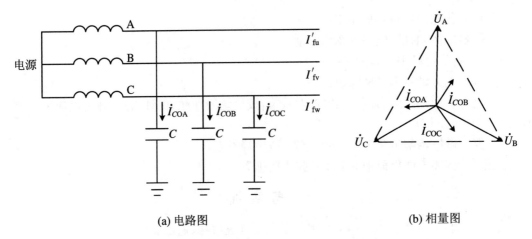

(a) 电路图　　　　　　　　　(b) 相量图

图 1.4　正常运行时的中性点不接地的电力系统

**分析过程**：在系统正常运行时，三相系统是对称的，则各相对地电压 $\dot{U}_A$、$\dot{U}_B$、$\dot{U}_C$ 对称，中性点对地电位为零，即 $\dot{U}_N = \dot{U}_A + \dot{U}_B + \dot{U}_C = 0$，各相对地电压为相电压。

由于各相电压对称，各相对地电容也相等，则各相对地电容电流也对称，即流过中性点的电容电流：$\dot{I}_C = \dot{I}_{CA} + \dot{I}_{CB} + \dot{I}_{CC} = 0$，所以，当三相系统正常运行时，地中没有零序电容电流流过，中性点对地电位为零。

当系统的绝缘被破坏，或人为操作不当，发生单相接地时，将引起系统内各相电压和电流等参数发生变化。为便于分析，排除负载电流的影响，鉴定系统在空载情况下发生单相短路，此时情况最为严重。假定 C 相完全接地，简化等值电路如图 1.5 所示。

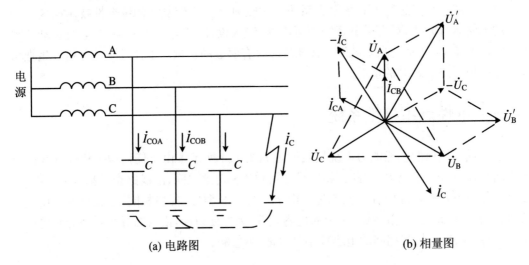

(a) 电路图　　　　　　　　　(b) 相量图

图 1.5　单相接地故障时的中性点不接地的电力系统

**分析过程**：接地相 C 相对地电压变为零，与中性点具有调节功能，中性点对地电压变为 $-\dot{U}_C$，而非接地故障相 A、B 对地电压变为该相相电压与中性点对地电压之和，即

$$\dot{U}'_A = \dot{U}_A + (-\dot{U}_C) = \dot{U}_{AC}$$

$$\dot{U}'_B = \dot{U}_B + (-\dot{U}_C) = \dot{U}_{BC}$$

$$\dot{U}'_C = \dot{U}_C + (-\dot{U}_C) = 0$$

由此可见，三相相间电压对称关系没有改变，故障相对地电压变为零，非故障对地电压变为线电压，其大小变为故障前的$\sqrt{3}$倍。

接地相 C 相对地电容被短接，故接地相对地电容电流 $I'_{CC}$ 变为零，非故障相 A、B 对地电容电流 $\dot{I}'_{CA}$ 与 $\dot{I}'_{CB}$ 同该相电压变化成正比，均变为故障前的 $\sqrt{3}$ 倍，采用向量分析法易得两者相电流方向互成 60°，线电流方向也相差 60°，且接地相短路电流 $\dot{I}_C$ 与非故障两相线电流之和的方向相反、大小相等，且上升为原对地电容电流 $I_{C0}$ 的 3 倍，即

$$I'_{CC} = 0$$
$$\dot{I}_C = -(\dot{I}'_{CA} + \dot{I}'_{CB})$$
$$I_C = \sqrt{3} I_{CA} = \sqrt{3} \times \sqrt{3} I_{C0} 3 I_{C0}$$
$$I'_{CA} = I'_{CB} = \sqrt{3} I_{C0}$$

由此可见，对于中性点不接地系统，当发生单相接地故障时，系统的相间电压对称关系并没有改变，对三相负载无影响，故空载运行条件下的分析对负载条件下也适用，系统可以继续运行。但由于非故障相对地电压变为了故障前的 $\sqrt{3}$ 倍，故障相接地电流上升为原电容电流的 3 倍，若长期如此，可能导致非故障相的绝缘薄弱环节被破坏导致继发性短路，演变成两相接地短路故障，严重时演变成恶劣的三相短路故障，所以只允许短期运行。按照行业一般规定，中性点不接地三相电力系统发生单相接地故障时可继续运行两小时，在这段时间内系统应该有相应的信号告警，提醒值班人员按规定处理。

为了避免繁琐的推导与计算，经验丰富的现场工作人员总结了接地电容电流的经验算法，对运行维护、变电检修人员在一定程度上进行风险预警提供了捷径。

架空线路：$I_C = \dfrac{UL}{350}$    电缆线路：$I_C = \dfrac{UL}{10}$

其中：$I_C$——中性点不接地系统发生单相接地短路时接地电容电流（A），$U$——电网额定线电压（kV），$L$——同一电压 U 具有电气联系的架空线路或电缆线路总长度（km）。

智慧小问：从以上两个公式看出什么规律，为什么？

## 二、中性点经消弧线圈接地的三相电力系统

发生单相接地时，接地电流将在故障点形成电弧。不同的电压等级产生电弧的程度跟电流大小有关。当出现稳定电弧时可能烧坏设备，或引起两相或三相短路。尤其是电机或电器内部因绝缘损坏而造成一相导体与设备外壳之间接触产生稳定电弧时，更容易烧坏电机、电器或造成相间短路。

电力系统电压等级在 110 kV 以下，中性点不接地电力网发生接地时，仍可继续运行 2 h，但若接地电流值过大，会产生持续性电弧，危及设备，甚至产生三相或二相短路。为了减少电弧危害，减小接地电流是一种常用措施。在中性点与地之间加消弧线圈，就构成了中性点经消弧线圈接地的电力系统。

下面介绍消弧线圈的工作原理，简化的等值电路如图 1.6 所示。

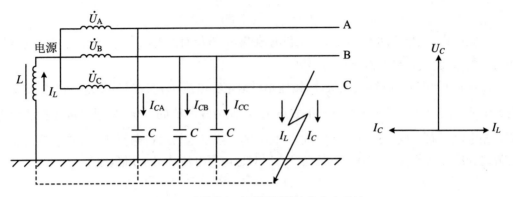

**图 1.6　中性点经消弧线圈接地的电力系统**

正常工作时，中性点对地电压为零，消弧线圈中无电流流过，此时消弧线圈不起作用。当 C 相发生单相接地故障时，消弧线圈的外加电压是 $\dot{U}_C$，电流是 $\dot{I}_L$，由电感的性质可得电流滞后电压 90°，而根据电容的性质可得电容电流 $\dot{I}_C$ 超前电压 90°，故 $\dot{I}_L$ 与 $\dot{I}_C$ 间关系如图 1.6 所示，两者相差 180°，方向相反，选择合适的消弧线圈规格，可使两者相等，相互抵消，即消弧线圈起到了减小接地电流 $\dot{I}_L + \dot{I}_C$ 的作用，即电流补偿原理。

按照与 $I_L$ 与 $I_C$ 的关系，消弧线圈对接地电流的补偿方式有三种：

当 $I_L = I_C$ 时，即 $\dfrac{1}{\omega L} = 3\omega C$，此时系统单相接地电流为零，称为全补偿方式。从消弧的角度来看是最理想的，电流最小，但是此时整个电路感抗和容抗相等，即 $X_L = X_C$，此时易引发串联谐振，产生过电压，故不采用此种补偿方式。

当 $I_L < I_C$ 时，即 $\dfrac{1}{\omega L} < 3\omega C$，此时系统单相接地电流为未补偿的部分容性电流，称为欠补偿方式，这种系统易发展成为全补偿方式，切除线路或频率下降时也可能引发谐振，故也不采用。

当 $I_L > I_C$ 时，即 $\dfrac{1}{\omega L} > 3\omega C$，此时系统单相接地电流为过补偿的部分感性电流，称为过补偿方式，这是常用的补偿方式，发生单相接地时，接地点为感性电流，电感电流数值不能过大，一般不大于 10 A。

## 三、中性点经消弧线圈接地系统单相接地短路运行

中性点经消弧线圈接地系统单相接地短路运行状态下和中性点不接地三相系统一致，电压变化特点是故障相对地电压变为零，非故障相对地电压升高 $\sqrt{3}$ 倍，系统各相对地的绝缘水平也按线电压考虑。

(1) 消弧线圈结构特点

① 为了保持补偿电流与电压之间的线性关系，采用滞气隙铁芯；
② 气隙沿整个铁芯均匀设置，以减少漏磁；
③ 为了绝缘及散热，铁芯和线圈都浸在油中；
④ 为适应系统中电容电流变化特点，消弧线圈中设有分接头（5~9 个）。

(2) 补偿容量的选择

$$Q_{he} \geqslant 1.3 I_C U_X$$

(3) 消弧线圈的安装地点
① 发电厂的发电机或厂变的中性点；
② 变电所主变的中性点。

(4) 适用范围
① 广泛应用在不适合采用中性点不接地的以架空线路为主体的3~60 kV 系统；
② 个别雷害严重的地区不得已采用 110 kV 系统。

## 四、中性点直接接地的三相电力系统

中性点直接接地的三相电力系统发生单相接地故障时，故障点经接地点通过大地形成单相短路回路，电流很大，故又称为大电流接地系统，如图 1.7 所示。

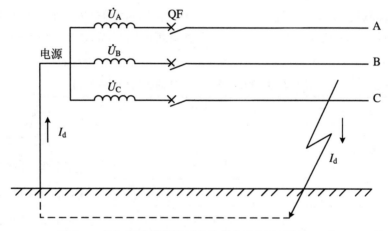

**图 1.7 单相接地故障时的中性点直接接地的电力系统**

正常运行状态下的情况和中性点不接地三相系统一致，此外不再赘述。当发生单相接地故障时，假定 C 相完全接地，电压情况是接地相 C 相电压降为零，非接地相电压不变，仍为相电压，中性点对地电压不变仍为零。

电流会形成短路回路，为了减小接地点的短路电流值，可采用中性点经电抗器接地，如图 1.8 所示，或只将系统中部分变压器的中性点直接接地，但须符合单相接地电流不超过三相短路电流，否则继电保护装置会发出跳闸命令切除故障，导致供电可靠性降低，该情况下可装设自动重合闸装置或加备用电源进行改进。若单相接地时短路电流过大，为了避免电气设备被破坏，必须通过继电保护装置断开故障电路，以保证安全。

该类系统的缺点是电流很大且单相磁场对弱电干扰很大，优点是不产生过电压，设备绝缘水平低，使相电压电网造价降低，电压越高，经济效益就越明显。我国 110 kV 及以上的电力系统多采用这种方式。

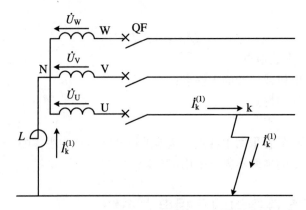

图1.8 中性点经小阻抗(小电阻或电抗器)接地的电力系统

## 五、中性点不同接地方式的比较和应用范围

总结前面叙述,从安全、经济、运行经验等多方面因素考虑,按原水利电力部制定的《电力设备接地设计技术规程》(SDJ—98)将中性点不同接地方式的比较和应用范围大致归纳如表1.2所示。

表1.2 中性点不同接地方式的比较和应用范围

| 电压等级(kV) | 接地短路电流(A) | 接地方式 |
| --- | --- | --- |
| 110及以上 | — | 直接接地 |
| 20~60 | 小于10 | 中性点不接地 |
| | 大于10 | 中性点经消弧线圈接地 |
| 10 | 小于20 | 中性点不接地 |
| | 大于20 | 中性点经消弧线圈接地 |
| 3~6 | 小于30 | 中性点不接地 |
| | 大于30 | 中性点经消弧线圈接地 |
| 1及以下 | — | 直接接地 |

## 任 务 实 训

实训一:分析本校实训室采用的是哪种接地方式并分析原因。

实训二:调研学校周边典型建筑物供配电系统采用的是哪种接地方式,不同电压等级的变压器接地方式,并进行比较分析。

## 任务三　轨道交通牵引供电系统

我国的电力生产由国家经营管理,因此,无论是干线电气化铁路、工矿电力牵引,还是城市轨道交通的电力牵引用电,均由国家电网统一供给。轨道交通供电系统是轨道交通能源的补给线,它的安全、可靠运行是第一位的,是所有轨道交通设备能源的给予者,它对轨道交通的影响是全面的。一旦供电系统出了问题,会导致轨道交通瘫痪,因此,建立一个安全、可靠的轨道交通供电系统非常重要。

### 一、电力牵引制式

电力牵引制式是指牵引供电系统向电动车组或电力机车供电所提供的电流和电压的制式。目前电力牵引制式按电流分,有直流制式和交流制式;按相数分,有单相和三相。交流制式应用非常广泛,一些欧洲国家多采用 25 Hz、6.5~11 kV 和 16.7 Hz、12~15 kV 等频率较低的交流制式。我国采用 50 Hz、25 kV 的工频单相交流制式。交流制式既保留了交流电可以升高供电电压的长处,又有用串励直流电动机作为牵引电动机的优点。在电力机车上,常装置降压变压器和大功率整流设备,将高电压降压,然后整流成适合直流电动机要求的形式。电动机的调速,可以通过降压变压器的抽头或可控整流装置的电压来得以实现。工频单相交流制式多用在我国干线电气化铁道上。不同的制式,供电电压大小也不一样。一般来说,采用交流制式,供电电压相对较高;采用直流制式,供电电压相对较低。交流制式的电压一般从几千伏到几十千伏,而直流制式的供电电压一般为 600~3000 V。不论是交流制式还是直流制式,目前都没有统一的国际标准,每个国家可根据自己的实际情况来制定各自的标准。

表 1.3　城市轨道交通电压种类

| 电　　压 | 额定电压 | 最低允许电压 | 最高允许电压 |
| --- | --- | --- | --- |
| DC600 V | 600 V | 400 V | 720 V |
| DC750 V | 750 V | 500 V | 900 V |
| DC1500 V | 1500 V | 1000 V | 1800 V |
| DC3 kV | 3 kV | 2 kV | 3 kV |
| AC15 kV,16.7 Hz | 15 kV | 11 kV | 17.25 kV |
| AC25 kV,50 Hz | 25 kV | 17.5 kV | 27.5 kV |
| AC27.5 kV,50 Hz | 27.5 kV | 19 kV | 29 kV |

## 二、馈电方式与受流方式

不同的牵引制式有不同的电压等级,无论何种电压等级,都需要把电能馈送到机车上,而针对各种牵引制式,世界各国的电气工程师们研究出了不同的馈电方式。对于不同的馈电方式,受流设备(车辆)的受流方式也不一样。目前,馈电方式共有架空式、第三轨、第四轨和三相系统四种。车辆受流方式(设备)一般有受电弓和受电靴(又称集电靴)两种。受电弓又有不同的种类,有单弓和双弓等,大多数采用单弓。而对于单轨交通系统常常有三个受电弓,即两个负极受电弓(在轨道梁的两侧)和一个正极受电弓(在上部)。由于三相系统结构复杂,目前几乎已经被淘汰或改造了。部分典型架空式系统电压制式如表1.4所示。

表1.4 部分典型架空式系统电压制式

| 国 家 | 额定电压 | 电流形式/频率 |
|---|---|---|
| 德国 | 1.2 kV | DC |
| | 2.4 kV | |
| | 5.5 kV | AC/16.7 Hz |
| | 6 kV | AC/50 Hz |
| | 6.6 kV | |
| | 8 kV | AC/25 Hz |
| | 20 kV | AC/50 Hz,60 Hz |
| 英国 | 550 V | DC |
| | 3.5 kV | |
| | 6.25 kV | AC/50 Hz |
| 法国 | 2.4 kV | DC |
| | 11 kV | AC/50 Hz |
| | 12 kV | AC/16.7 Hz |
| | 20 kV | AC/50 Hz,60 Hz |
| 美国 | 250 V | DC |
| | 12.5 kV | AC/25 Hz,60 Hz |
| | 50 kV | AC/50 Hz,60 Hz |
| 俄罗斯 | 6 kV | DC |

① 架空式适合所有的牵引制式。无论直流还是交流,无论高压还是低压,架空式覆盖了250 V～50 kV所有的轨道交通形式。一般来说,电压越高,采用架空式的越多。

② 第三轨适用于直流牵引制式,牵引电压相对较低。目前,最高电压为1500 V。英国、美国、德国等国家均有上接触式、下接触式、侧接触式第三轨供电方式,我国采用第三轨下接触式的有广州地铁。

③ 第四轨适用于直流牵引制式,牵引电压相对更低,由于该系统牵引网系统非常复杂,目前新建线均不采用这种形式,只有英国伦敦采用这种系统。

④ 意大利在1902年至1976年曾经运行了多条三相牵引供电的轨道线路,采用频率为16.7 Hz的三相系统,电压3600 V,现在已经淘汰。

目前,我国城市轨道交通供电系统馈电方式有架空式和接触轨式,架空式分为柔性和刚性接触网,接触轨方式有上、下、侧接触式三种,有直流750 V和1500 V电压等级。

## 三、城市轨道交通供电系统组成

城市轨道交通供电系统的电源一般取自国家电力系统110 kV国家电网,即取自于所在城市电网,也就是说城市轨道交通供电系统是嫁接在城市电网上的一个相对独立的子系统,它是一个特殊的用电大户。城市轨道交通供电系统分为外部电源系统和内部电源系统。内部电源系统是城市轨道交通供电系统的主体,主要由以下部分构成:中压环网供电系统、牵引供电系统和变配电系统。

**1. 中压环网供电系统**

它是连接城市或区域电网到供配电系统的系统。该系统主要包括所有的主变电所和35 kV系统线路环网。通过中压电缆,在纵向上把上级主变电所和下级牵引变电所、降压变电所连接起来,在横向上把全线的各个牵引变电所、降压变电所连接起来,便形成了中压环网供电系统。中压环网供电系统不是供电系统中独立的子系统,但它却是供电系统的核心。它涉及外部电源方案、主变电所的位置及数量、牵引变电所及降压变电所的位置与数量、牵引变电所与降压变电所的主接线形式等。

**2. 牵引供电系统**

它是城市轨道交通供电系统的核心,负责向轨道交通车辆提供电能,其主要作用是降压、整流和传输电能。该系统主要包括牵引变电所、馈电线、接触网等。牵引变电所是牵引供电系统的心脏,它的主要作用是生产出满足要求的电能;馈电线则负责把合格的电能输送到轨道沿线的接触网上;而接触网则负责把电能不间断地输送到运行的车辆设备上。

**3. 变配电系统**

它负责向信号、照明、通风、排水、制冷设备馈送电能,其主要作用是降压、分配和传输电能。该系统主要包括降压变电所、多路馈线等。

城市轨道交通供电属于一级供电负荷,一旦中断,将打乱运输计划和机车车辆运行,影响城市轨道交通的环控系统、照明系统等的运行,社会影响后果较严重。所以,建设一个安全、灵活、经济、可靠的城市轨道交通供电系统,对城市轨道交通有着极为重要的意义。

## 四、牵引供电系统构成

牵引供电系统的主要功能是将地方电力系统的电源(交流电气化铁路:AC110 kV或AC220 kV;城市轨道交通:中心变电所AC220 kV或AC110 kV→AC35 kV环网)引入牵引供电系统的牵引变电所,通过牵引变压器变压为适合电力机车运行的电压制式(交流电气化铁路:AC25 kV或AC2×25 kV;城市轨道交通:DC750 V、DC1500 V或DC3000 V),向电力机车提供连续电能。电力牵引负荷为一级负荷,引入牵引变电所的外部电源应为两路独立可靠的电源,并互为热备用,能够实现自动切换。

交流电气化铁路牵引供电系统及城市轨道交通牵引供电系统简图分别如图 1.9 和图 1.10 所示。

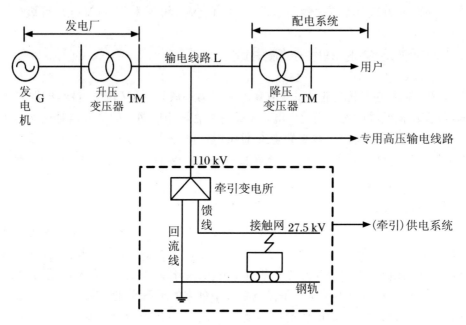

图 1.9　交流电气化铁路牵引供电系统

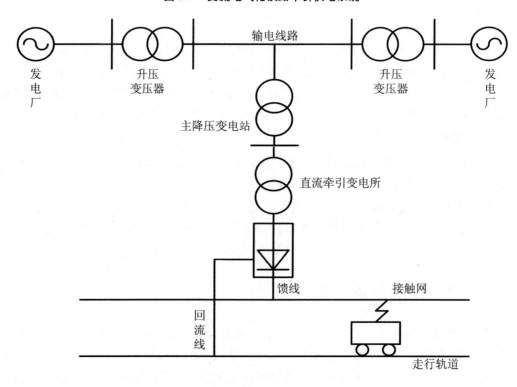

图 1.10　城市轨道交通牵引供电系统

智慧小问：请自行比较分析图 1.9、图 1.10 两个系统的结构，总结两者相同点和异点。

## 五、外部电源供电方式

轨道交通供电系统的电能来源于国家电网，是国家电网的特大用户，也是耗能大户，必须实行经济运行。

目前轨道交通供电系统有集中式、分散式、混合式三种不同类型的供电方式。

### 1. 集中式供电

集中式供电指轨道交通从城市电网引入较高电压等级的电源（如 110 kV），经主变电站进行电压转换，将外部电源降压（如 35 kV 或 10 kV）后，由主变电站集中向牵引变电所和降压变电所供电的外部电源引入模式，如图 1.11 所示。主变电所有两路独立的进线电源。集中式供电有利于城市轨道交通供电形成独立体系，便于管理和运营。集中式供电是目前城市轨道交通供电系统的常见形式。

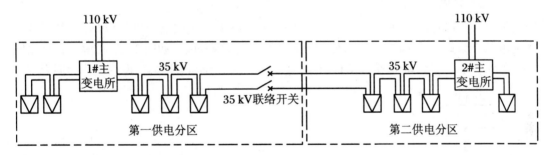

**图 1.11 集中式供电示意图**

目前新建线路几乎都采用集中供电方式，因为集中供电方式有以下优点：

（1）可靠性高，便于集中统一调度和集中管理。

（2）施工方便，维护容易，电缆敷设径路比较好走。

（3）抑制谐波的效果较好。为减少谐波对电网的影响和危害，一是采用较高脉波（24 脉波）整流机组；二是选用较高电压（110kV）的电源，因为大容量、高电压电网的承受能力强，同时国标规定的谐波总畸变率和谐波电压含有率比小容量、低电压电网要低得多，而且也有利于今后集中采取高次谐波防治措施。

（4）计费方便、简单。采用 110kV 电压集中供电方式，运行管理单位与电力部门的电度计费在主变电所设总计量就行，不必在各变电所分别计量。

### 2. 分散式供电

分散式供电是相对于集中式供电而言的，是指轨道交通不设主变电站，由沿线城市变电站直接向牵引变电所和降压变电所提供中压（35 kV 或 10 kV）电源的供电模式，如图 1.12 所示。该供电系统直接在地铁沿线由城市电网引入多路电源构成，一般为 10 kV 电压级。分散式供电要保证每座牵引变电所和降压变电所均获得双路电源，要求城市轨道交通沿线有足够的电源引入点及备用容量。使用分散式供电系统的有沈阳地铁、长春轻轨、大连轻轨、北京城铁、北京八通线、北京地铁5号线等。

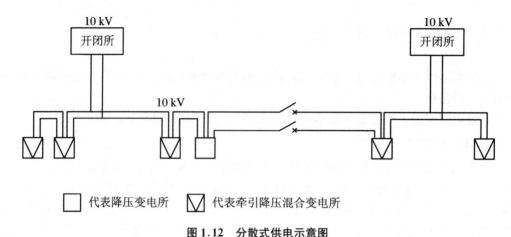

图1.12　分散式供电示意图

**3. 混合式供电**

混合式供电将前两种供电方式结合起来，一般以集中式供电为主，个别地段引入城市电网电源作为集中式供电的补充，使供电系统更加完善和可靠，如图1.13所示。北京地铁1号线和2号线、武汉轨道交通工程、青岛地铁南北线工程等采用的供电系统均为混合式。

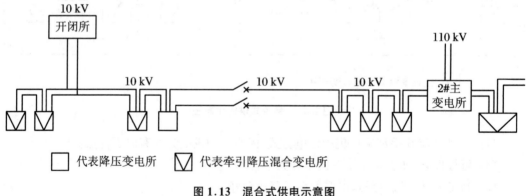

图1.13　混合式供电示意图

## 六、主变电所

**1. 主变电所作用**

主变电所(简称主变)是将城市电网供给的110 kV三相交流电降压至35 kV,配送到轨道交通沿线的各个牵引变电所和降压变电所。它承担着轨道交通所有负荷的供电,是供电源头。一旦因故失电,将直接影响一、二级负荷的供电。恢复供电后,也可能因主变运行方式的变化,使其供电的可靠性降低。主变电所必须具备很高的供电可靠性,每座一般都设有两路以上的进线电源。每条线路一般设有两座及以上主变电所,可以相互支援,互为备用。

## 2. 主变电所 110 kV 进线电源

它一般取自城市各供电区域 110 kV 电网,通常情况下一座主变电所由同一个市网变电站取两路 110 kV 电源,或取自不同地区变电所的各一段母线。地铁线路通常设有两座以上的主变电所,它们的 110 kV 电源取自市网的不同变电所,是不同源的。

## 3. 主变所 35 kV 馈出线

城市轨道交通供电系统主变电所的 35 kV、10 kV 侧采用单母线分段加分段断路器的接线方式。35 kV 馈线直接配电给沿线牵引变电所、牵引降压混合所、降压变电所和中心降压变电所。当某一所主变故障或退出时,为确保原管辖区域内牵引变电所和降压变电所的供电,改由相邻的主变电所通过 35 kV 环网分断处的两台联络开关,将其 35 kV 电源送至本主变所 35 kV 的 Ⅰ 或 Ⅱ 母线,通过母线上的馈线开关,实现跨区域供电,如图 1.14 所示。

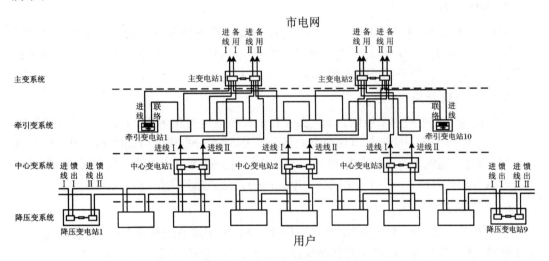

图 1.14 城市轨道交通系统图

## 七、牵引变电所

### 1. 牵引变电所的作用

城市轨道交通电动列车采用直流驱动,经由接触网或接触轨获得电源。由于主变电所输出的是 35 kV 交流电,因此需要将交流电经降压、整流变换成适合列车使用的直流电源。为电动列车提供电源而进行降压、整流的场所,称为牵引变电所(以下简称牵变)。

牵变电所的设置需根据线路条件、车站位置、区间长短、运营组织、列车类型等各种因素综合考虑,设置合理数量的牵引变电及其位置。当其中一座牵引变所解列时,可以通过大双边供电,确保列车可靠运行。

### 2. 牵引变电站 35 kV 进出线

牵引变电所的 35 kV(33 kV)侧一般为单母线接线,但也有单母线分段,环进环出。35 kV(33 kV)联络电缆构成环网系统,一路为进线,另一路为联络线。牵引变电所从主变电站的 35 kV Ⅰ 或 Ⅱ 段母线上引入一路电源,如果某一牵引所的进线电源取自主变的

35 kV Ⅰ段,那么相邻牵引所的进线电源就取自主变35 kV Ⅱ段。如图1.14所示,两路供电线路以联络线热备用方式工作,当一路进线失压时,另一路进线由保护控制自动投入使用。

牵引所35 kV的母线分别接至1♯、2♯整流变压器,整流变降压后分别送至1♯、2♯整流器,经两个整流器的输出端分别接直流1♯、2♯整流器正极开关和1♯、2♯整流器负极开关。单台整流变压器为12脉波,两台并联后,构成等效24脉波整流,以减小送入电力系统的谐波量,提高供电质量。

### 3. 牵引变电所1500 V馈出线

直流1500 V主接线采用单母线,整流器组的正极通过正极开关与1500 V正母线相连,负极通过电动负极开关与负极柜中的负母排相连,并由正母线引出四条馈出线,经直流高速开关、触网隔离闸刀分别接至线路上下行的接触网。

### 4. 触网闸刀

触网闸刀的额定电压为直流1500 V,是在空载条件下分合线路的电力设备。它常用于直流高速开关的出线电缆与触网之间的连接、停车场触网不同车道之间的供电连接和触网跨区供电的连接,使不同设备之间形成明显断开点。

### 5. 直流高速开关

直流高速开关主要用来控制直流电路在正常负荷下接通和断开,以及在短路时切断短路电流。通常一所牵引变电站有四台直流高速开关,两台分别供上行线的上行和下行方向的触网,两台分别供下行线的上行和下行方向的触网。每一台开关除了配置过流、速断和电流增量等保护以外,还与相邻站同一供电触网的直流高速开关构成联跳保护。

### 6. 正负极开关

正极开关布置在整流器正极端与正极母线之间,用于接通或断开1500 V直流的对外输出电路,通常有两台。除了满足倒闸操作的要求以外,它还构成了整流器正端与1500 V正母线之间的明显断开点,保证检修的安全。

电动列车电机的回流电流,经钢轨、回流箱、回流电缆、负极开关等流回至整流器负极端。负极开关就是负责接通或断开回流电路,通常有两台。除了满足倒闸操作的要求以外,它还构成了整流器负端与负母线或回流柜之间的明显断开点,避免钢轨的回流电的倒送,以保证检修安全。负极开关还受到正极开关的闭锁,当正极开关合闸时,负极开关不能操作,只有当正极开关分闸时,负极开关才能操作。

### 7. 回流线和回流柜

回流柜位于钢轨和负母排之间,其中有汇流排,是负责汇集回流电缆送来的回流电。从阻抗棒来的回流电通过汇流排的收集再通过电缆送往负母线,从而构成一个完整的电路。

## 八、降压变电所

### 1. 降压变电所作用

降压变电站在路线的每个车站都设置有35/0.4 kV变电方式。除电动列车外,其他设备和设施所需电源,均由降压变电所提供。降压变电所从中心变电所或主变电所引入两路电源,经配电变压器将电压降至 0.4 kV,为车站用电设备提供电源。

### 2. 降压变电所 35 kV 进出线

降压站是从主变站或中心降压所的 35 kV Ⅰ/Ⅱ 段母线上各引入一路电源构成单母线分段接线方式,35 kV Ⅰ/Ⅱ 段母线上各有一进线和联络开关,每段母线电源采用环进环出接线方式,和其他的降压所构成 35 kV 环网。降压变电所 35 kV 和 0.4 kV 侧采用单母线分段接线,由城市轨道供电 35 kV 系统网络中接引两路电源,分别引入至两段母线,两台配电变器分别接在高压侧两段母线上。图 1.14 所示为城轨供电系统的 35 kV 环网,从中可以看出环网的接线方式。

### 3. 降压变电所 0.4 kV 馈出线

0.4 kV Ⅰ/Ⅱ 段馈出线供车站的一、二、三类负荷用电,当进线电源故障时,三类负荷被自动切除。低压配电室两段 0.4 kV 母线均设电容自动补偿装置,补偿后功率因数为 0.9 以上,低压系统采用 TN-S 制式。降压变电站的接地采用综合接地网,电阻 $R \leqslant 0.5\ \Omega$。

## 九、城轨供电系统的负荷分类

### 1. 系统中供各级供电网络的变配电设备本身负荷

这类负荷主要包括变压器损耗、线路损耗、各种电流电压互感器的线圈损耗等。一般这类电阻性负荷不大,负荷主要是以感性无功负荷为主,但随着用户用电设备的不断增多,输电电缆线也不断增多增长,所以容性无功负荷也不断大量增加,往往在空载的情况下容性无功负荷大于感性无功负荷。运行中的供电网络变配电设备本身负荷总量是比较稳定的,随着客运量的变化,只是稍有变化。

### 2. 客运列车的负荷

这类负荷是城市轨道供电系统中的主要负荷,它主要呈感性,并随着客运的高峰低谷的变化而变化,夜间列车停运,负荷为零。

### 3. 车站用户的负荷

这类负荷主要包括电梯和自动扶梯、环控设备、车站照明、售检票系统、通信、信号、消防报警系统、给排水系统等。这类负荷在客运时间段是高峰,在列车停运时间段是低谷。这类负荷中,阻性和感性负荷都有,容性负荷较少。

### 4. 车辆段维修负荷

这类负荷在客运时间段是低谷,在列车停运时间段是高峰。其阻性和感性负荷都有,容性负荷较少。

### 5. 车站商业用电

这类负荷为三类负荷,高峰在白天运营期间,面广量大,电器种类繁多,会产生大量的谐波,损害供电质量。

综上分析,把上面五种负荷经统计后,描绘出曲线图,并迭加起来,就能看出整个系统总的负荷变化的情况。一般来说客运高峰是供电的负荷高峰,客运低谷是供电的负荷低谷。容性无功在夜间大于感性无功,在客运高峰和低谷时容性和感性无功互有变化。要想实现系统的经济运行,就必须把握负荷的变化情况。要想保证用户的电压稳定在额定值附近,就必须了解系统无功的变化情况,平衡系统的无功负荷。

任 务 实 训

实训一:调研周边轨道交通采用哪种供电方式和馈电方式,正常和不正常情况下,供电可靠性如何。

实训二:以附近轨道交通形式为调研对象,收集以上各系统的图片。

# 任务四　城轨供电系统发展现状及问题

## 一、牵引供电系统的发展现状

我国电气化铁路的牵引供电制式采用单相工频(50 Hz)25 kV 交流制。然而城市轨道交通牵引供电制式的确定和电气化铁路有很大的不同,电气化铁路站点间距长,周围空间环境宽,绝缘安全距离大,可选用较高的触网电压,而城轨交通站点间距短,周围环境狭窄,绝缘安全距离小,触网电压不能太高,但考虑到电压损失,触网电压又不能太低,所以采用直流供电较为妥当。因为直流电不产生电抗压降,在相同的电压等级下,在电压损失方面直流供电优于交流供电,且触网结构也较简单。因此城市轨道交通几乎都采用直流供电制式。

世界各国城市在不同的历史发展时期采用的交通模式不同,采用的直流供电电压等级较多,主要集中在 550~1500 V 之间。

表 1.5　我国国内部分城市轨道交通供电制式

| 城市 | 电压(V) | 馈电类型 | 首次建设时间 |
|------|--------|---------|------------|
| 北京 | DC750  | 第三轨供电 | 1969 |
| 天津 | DC750  | 第三轨供电 | 1984 |
| 上海 | DC1500 | 架空接触网 | 1993 |
| 长春 | DC1500 | 架空接触网 | 2002 |
| 广州 | DC1500 | 接触网 1 号线柔性;2,3 号刚性 | 1997 |
| 重庆 | DC1500 | 侧接触式 | 2005 |
| 南京 | DC1500 | 接触网 | 2005 |
| 深圳 | DC1500 | 接触轨 | 2004 |

续表

| 城市 | 电压(V) | 馈电类型 | 首次建设时间 |
| --- | --- | --- | --- |
| 苏州 | DC1500 | 刚性接触网,正线 | 2012 |
| 杭州 | DC750,DC1500 | 第三轨,接触网 | 2012 |
| 武汉 | DC750 | 第三轨 | 2004 |
| 青岛 | DC750 | 第三轨 | 2015 |
| 合肥 | DC1500 | 刚性接触网,正线 | 2016 |

## 二、电力牵引轨道沿线的迷流腐蚀与保护问题

**1. 杂散电流的产生与危害**

(1) 杂散电流的产生

目前城市轨道交通一般采用直流牵引供电,列车电源由牵引变电所提供,通过架空接触网或接触轨送向列车,机车受流后通过走行轨回流。虽然在设计中走行轨对地要求绝缘,但由于走行轨对大地始终存在过渡电阻(走行轨与排流网之间的过渡电阻和排流网与主体结构钢筋的过渡电阻),因此牵引回流并非全部通过走行轨回流至牵引变电所,而是有一部分通过走行轨杂散流入道床,并由道床流向结构钢筋、电缆外皮以及沿线的金属管线。在变电所附近,这些散在外部的电流又通过金属管线、道床等媒质流回走行轨并最终回到牵引变电所,这部分由钢轨散流到大地的电流就叫杂散电流,又称地铁迷流。如图1.15所示。

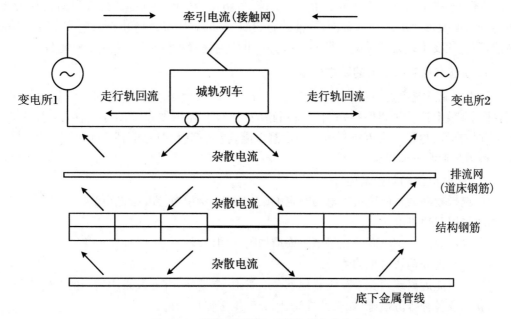

图1.15 城轨交通供电系统杂散电流分布

(2) 杂散电流的危害

杂散电流在采用直流牵引供电制式并通过走行轨回流的城市轨道交通项目中,对结构钢筋、道床钢筋和沿线金属管道具有很强的腐蚀作用。杂散电流在流出主体结构钢筋和其他金属管线处会产生电化学腐蚀,尤其在地铁运行若干年后,钢轨与道床之间的绝缘扣件老化或者外表沾污,使钢轨与排流网之间的过渡电阻变小,导致杂散电流逐渐增大,日积月累,腐蚀会越来越严重。轨道交通系统内部和附近的金属管线、各种地下电缆的金属铠装层或金属结构件,在电腐蚀的长期作用下,会受到严重的损坏,从而影响设备的正常使用。因此相关防护是必须考虑的内容。

**2. 减少杂散电流的方法**

从杂散电流产生的原因,可以得到治理的方向,即"堵"和"排"两种思路。

(1) "堵"

它包含两层意思。一是减少杂散电流量,可通过适当限制供电区段长度,减小供电区段内的负荷和钢轨电位(设置钢轨均流线和钢轨电位限制器也可降低钢轨电位)。直流供电设备和回流钢轨采用绝缘安装,也可减少杂散电流。二是钢轨与地绝缘越好,杂散电流也就越小,为此在钢轨与混凝土轨枕之间、紧固用螺栓与混凝土轨枕之间、扣件与混凝土轨枕之间采取绝缘措施,要求每公里轨道对杂散电流收集网的泄漏电阻值大于 15 Ω。

对于车辆段钢轨对道床的泄漏电阻较低,杂散电流较大的区段,设置单向导通装置,限制杂散电流的扩散。

对隧道内的金属管线和其他金属设施采取材质选择和对地绝缘等措施,限制杂散电流向其泄漏。

(2) "排"

"排"即设置杂散电流收集网,逐层屏蔽。利用杂散电流的首次经过的通路——道床内的结构钢筋,将钢筋良好连通形成第一道屏蔽网,防止杂散电流向道床外部泄漏;利用隧道结构钢筋连通形成第二道屏蔽网,既能防止自身受到腐蚀,又能防止杂散电流向隧道外部泄漏,避免危及市政公共设施。另外在牵引变电所内设置排流装置,构成排流通路。

**3. 轨道交通杂散电流的防护措施**

牵引回流系统主要由钢轨、负回流线、上下行均流线等组成。理论和工程实践都已证明:抑制杂散电流首先要保持牵引回流回路的畅通,增强钢轨本身的导电性,减小回路电阻,同时应设法尽量加大钢轨与道床的过渡电阻,提高钢轨和道床(或大地)之间的绝缘电阻。可为此采取下列措施:

(1) 杂散电流的防护措施

① 选择较高的直流牵引供电的额定电压,以减少牵引电流和杂散电流。

② 采用双边供电方式。

③ 尽可能减少钢轨间的接触电阻或增加附加回流线。

④ 尽量提高钢轨对地的绝缘。

⑤ 尽可能远离或避免平行设置地下金属管道、电缆等,并对其采用适当的防腐措施。

⑥ 采取各种排流措施,如极性排流、阴极保护等保护措施。

⑦ 轨道交通车站、变电所内的交、直流高压开关柜、变压器、动力照明箱、电动机、水泵、直流 1500 V 牵引用变压器、直流柜、整流设备、车站电缆桥架,自动扶梯等全都采用绝

缘法进行安装(与主体钢筋绝缘),以上设备均单独从接地排引绝缘接地线,进行接地保护,严禁将主体结构钢筋用作接地线,作为接地保护。

⑧ 接地极和引入车站、变电所接地线应与车站、变电所等建筑物的主体结构钢筋绝缘,并对每个引入点结构孔洞进行绝缘和防水处理。

⑨ 每个轨道交通车站只能有一个接地点,接地极材料应考虑耐腐蚀的性能要求。

(2) 地面段及车辆段杂散电流防护措施

① 地面段轨道采用带绝缘扣件的混凝土轨枕。

② 为减少回流走行轨的电阻,一般采用长走行轨。

③ 所有通向地面的金属管道和电缆等,均加装绝缘管和绝缘接头。

④ 与地面轨道(直流牵引用回流走行轨)平行埋设的金属管道,进行防腐处理和绝缘处理,并应离轨道 3~5 m 铺设。

⑤ 车辆段内检修库房屋金属构件和轨道要构成电气连接,并接地(接地电阻 $0.5\ \Omega$)同时库内外轨道要绝缘分段。

⑥ 由轨道交通区间至敞开段的回流轨道,由正线进入车辆段的轨道和车辆段至正线的轨道要进行绝缘分段。

(3) 隧道区间杂散电流防护措施

① 采用长走行轨,减少回流走行轨阻抗。

② 轨道与混凝土轨枕间、紧固用螺栓与混凝土轨枕间、扣件与混凝土轨枕间采用加强绝缘的措施。

③ 在道床内,用钢筋纵、横向焊成迷流收集网。收集网绝对不能与主体钢筋相连。

**4. 设备的防腐蚀措施**

上述种种技术措施能使杂散电流大大减小,但仍旧免不了有一小部分杂散电流从混凝土道床流到隧道结构内的金属导体上,若不采取措施,这部分杂散电流会使金属导体产生腐蚀。因此,还必须对各种设备采取减少杂散电流防腐蚀措施:

(1) 采用排流柜

排流柜是收集地铁杂散电流的设备。排流柜接于牵引站 1500 V 直流负极与大地集流网之间,排流柜在系统中的位置如图 1.16 所示。

排流柜主要由隔离二极管、分流器、隔离开关、电流表等元件组成。二极管起限制电流方向的作用,使电流方向始终由排流网流向牵引站的直流母线。这样就起了收集散失电流的目的,也就排走了流入大地的电流。

分流器与电流表的量程相匹配,可直观地反映回流的数值及排流设备的工作情况。

排流网是由金属件按一定距离间隔纵横交错构成的立体网,安装于道床的下方,从走行轨走失的电流大量能通过排流网流回牵引站的负母线。

(2) 动力、照明配电管线的防护

地铁的动力、照明配管全部采用阻燃 PVC 管,从而避免杂散电流对管线的电腐蚀。

(3) 车站给排水管道的防护

① 进入车站的所有给排水管道在进入车站前应加入一段 2 m 长绝缘管做绝缘隔离,绝缘管设在车站外侧,离主体结构 150 mm。

② 出地铁区间的给排水管道应加一段长 2 m 的 UPVC 塑料绝缘管后,才能引出地面,

绝缘管应设在干燥和易于查看检修的地点。

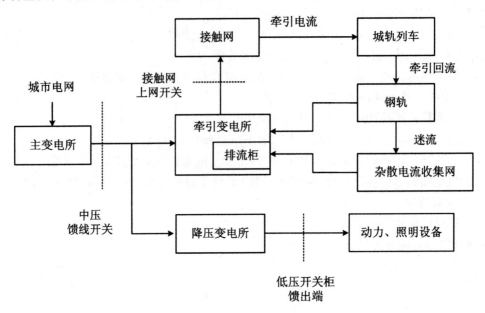

图 1.16 排流柜在系统中的位置

③ 从水泵接出的水管在水泵处加装一段短绝缘管,使水管系统与水泵—电动机组在电气上绝缘。

④ 区间隧道的给排水管在电气上要连通,并且在有变电所的车站将水管两端接至接地极。

⑤ 穿越道床的给排水管用 UPVC 塑料绝缘管。

## 任 务 实 训

实训一:系统认知,实地参观。
实训二:智能供配电系统里负荷等级设定与切除。

## 创新创业引导

引导一:根据我国轨道交通发展,查找国外轨道交通牵引供电发展情况,形成报告。
引导二:根据城市轨道交通系统里采取的供电方式、供电制式、电压等级,讨论国铁与之相对应的地方,分析存在的区别与联系。
引导三:杂散电流的防护及对策。
引导四:城市轨道交通、国铁发展现状及面临的挑战。

## 习 题

1. 如何理解牵引供电制式?
2. 如何理解馈电方式、牵引制式与受流方式的关系?
3. 轨道交通牵引供电系统由哪几部分组成?
4. 城市轨道交通供电系统有几种形式?

5. 集中供电和分散供电各有何优缺点?
6. 简述城市轨道交通里负荷的分级。
7. 电力系统由哪些部分组成?
8. 中性点运行方式的类型,正常和发生单相接地故障时的运行情况?
9. 画出城市轨道交通牵引供电系统的示意图,并标出不同位置的电压等级。

# 项目二　高压电气设备

## 任　务　导　入

供配电系统的电气设备是指用于发电、输电、变电、配电和用电的所有设备,包括发电机、变压器、控制电器、保护设备、测量仪表、线路器材和用电设备(如电动机、照明用具)等。轨道交通系统是由不同功能的电气设备构成的,它们相互配合,实现对列车及车站设备的安全供电、可靠供电和高质量供电,实现对运行管理、办公、环控、照明、监视等支撑设备的可靠供电。电气设备是实现这一目标的载体,因此熟悉各种电气设备的功能,了解其结构,对于供电专业人员来讲就非常有必要。本项目重点讲解开关设备、测量设备、成套设备等。

## 能　力　目　标

1. 掌握断路器的结构、功能。
2. 掌握隔离开关的结构、功能和应用。
3. 掌握互感器结构。
4. 掌握开关柜种类及特点。

## 任务一　电气设备中的电弧

### 一、对电弧的认知

当断开电路时,当断开处的电压大于 10 V,回路电流超过 80 mA 时,在断开的瞬间,断口处的游离气体在电场的作用下自持放电,形成强烈的白光,这种耀眼的白光就称为电弧,从现象上看,电弧是一束明亮的光柱。实质上,电弧是一种游离状态的气体放电现象,它是电流通过某些绝缘介质(例如空气)所产生的瞬间火花。

按产生电弧的电路电源不同,可将电弧分为交流电弧、直流电弧和脉冲电弧。电极上电弧的孳生点(温度最高、最明亮的斑点)称为阴极斑点或阳极斑点。

电弧通常可以分为阴极区、弧柱区和阳极区三部分,如图 2.1 所示。

阴极区:长度极短(约等于电子的平均自由行程)。电子经过这段行程后,气体电离,电子运动快,形成正离子层,电场强度很高。

阳极区:长度为近阴极区数倍,阳极附近聚集大量电子,形成电子层。

弧柱区：弧柱区具有 6000 K 以上高温，大量气体分子游离，因此具有良好的导电性。电流越大，弧温越高，热电离程度越大，电阻越小，伏安特性是负特性（但真空电弧是正特性），弧柱内气体全部电离，正负带电粒子数相等，为等离子体。阳极压降、阴极压降数值相近，在 20 V 以内，但阳极压降区较长，所以电场强度较小。

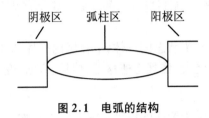

图 2.1　电弧的结构

**1. 电弧产生原因**

（1）热电子发射

实验表明，高温的阴极表面能够向四周发射电子。阴极表面发射电子的多少与阴极的材料及阴极表面温度有关。

（2）强电场发射

如果阴极表面的电场强度很高，那么金属内部的电子在强电场的作用下，也会脱离原子核的束缚而发射出来。

（3）碰撞游离

碰撞游离是强电场发射的自由电子碰撞气体中其他中性质点，使中性质点变为正离子和自由电子；被打出的自由电子又可能与别的中性质点碰撞，造成新的中性质点游离，产生大批电子，向阳极移动，使大量的中性质点被游离的现象。

（4）热游离

游离是中性质点分裂为电子和正离子的过程。气体热游离是当升高到一定温度时，静止气体中的各种质点（如自由电子）的运动速度加大，动能增加，使它们挣脱原子核的吸引，脱离原子核的束缚，分解为带负电的自由电子和带正电的正离子的现象。

电弧是断开负荷电路时，触头间的中性质点被游离的结果。第一是由于热的作用，发生热电子发射和热游离；第二是由于电场的作用，发生强电场发射和碰撞游离，在气隙间出现大量电子流，使气体由绝缘体变成导体。强电场发射和碰撞游离是产生电弧的主要原因，而电弧得以维持和发展的主要原因是热游离作用。应该注意的是，在整个过程中这几种物理作用并不是截然分开的，而是交叉进行或同时存在的。电弧燃烧期间，起主要作用的是热游离。

**2. 电弧的特点**

（1）电弧是强功率的放电现象

伴随着电弧，大量的电能转化为热能，使电弧处的温度极高，以焦耳热形式发出的功率可达 10000 kW。

（2）电弧是一种自持放电现象

不用很高的电压和很大的电流就能维持相当长的电弧稳定燃烧而不熄灭。电弧中含有大量的电子、离子，因此电弧有良好的导电性能，具有很高的电导。弧柱电流密度可达 10000 A/cm$^2$。电弧存在时，尽管开关电器的触头是断开的，电路中仍然有电流流过，电路将继续导通,而维持电弧稳定燃烧的电压很低,在大气中 1 cm 直流电弧柱电压只有 15～30 V,在变压器油中也不过 100～200 V。

(3) 电弧能量集中、温度很高

电弧放电时,能量高度集中,弧心温度可达 10000 ℃ 左右,电弧表面的温度也可达到 3000～4000 ℃,这样的高温对电弧附近区域的介质肯定会产生较大的危害。

(4) 电弧极易改变形状

电弧是一束质量很轻的游离状态的气体,电弧区内气体的流动以及外界甚至电弧电流本身产生的磁场都会使电弧受力,使其迅速移动、伸长、弯曲、变形。

### 3. 电弧的危害

电弧对电力系统和电气设备造成的危害主要有以下几种:

① 延长了开关电器切断电路的时间。

② 由于电弧的温度很高,如果电弧长时间燃烧,不仅会将触头表面的金属熔化或蒸发,而且还会引起电弧附近电气绝缘材料烧坏,从而引发事故。对充油电气设备,还可能使设备的内部温度和压力剧增,从而引起爆炸、火灾等。

③ 由于电弧能在外力的作用下迅速移动,很容易形成飞弧造成电源短路事故。

## 二、电弧熄灭的物理过程

在游离的同时,还存在着一种与游离现象相反的过程,即带电质点互相中和成为不导电的中性质点,使带电质点大大减少,这种现象称为去游离。

### 1. 电弧的去游离方式

(1) 复合

复合是当正负离子互相接触时,等量的正负电荷中和,相互结合成为不带电的中性质点的过程。复合的速度一般取决于电场强度。电场强度愈小,离子运动的速度就愈小,复合就愈容易。

(2) 扩散

扩散是物质从高浓度处向低浓度处运动的物理现象。在弧隙中,游离和去游离两种运动并存,当游离速度大于去游离速度时,弧隙中带电质点增多而电弧维持继续燃烧;当游离速度小于去游离速度时,弧隙中带电质点减少,当减少到无法维持电弧时,电弧就熄灭。

### 2. 熄灭电弧的基本条件

电弧状态遵循以下三条规律:当游离速度大于去游离速度时,电弧会燃烧得更加强烈;当游离速度等于去游离速度时,电弧会燃烧更加强烈;只有当游离速度小于去游离速度时,电弧才会逐渐熄灭。由于交直流电弧性质不一,根据以上结论,分别介绍交直流灭弧条件与措施。

## 三、直流电弧的性质与灭弧

### 1. 直流电弧的伏安特性

直流电弧伏安特性如图 2.2 所示,当施加电压达到击穿电压 $U_b$、电流亦达到燃弧电流

$I_b$ 后,电弧便产生了,而且随着电流的增大,电弧电压反而降低。

电流增大会使弧柱内热电离加剧、离子浓度加大,故维持稳定燃弧所需电压反而减小。这种特性为负电阻特性。

曲线 1 是在弧长不变的条件下逐渐增大电流测得的。

由于电弧本身的热惯性,电弧电阻的增大总是滞后于电流的变化。当电流减至 $I_2$ 时,电弧电阻大抵仍停留在 $I_1$ 时的水平上。

极限情况下,即电流减小速度为无穷大,电弧电阻来不及变化,伏安特性即为曲线 3。电流减小时伏安特性与纵轴相交处的电压 $U_e$ 即为熄弧电压,如图 2.2 中曲线 2 所示。

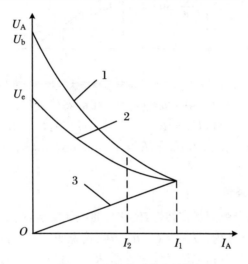

**图 2.2 直流电弧伏安特性**

从电路角度看,如图 2.3 所示,直流电弧是一非线性电阻,电阻值随电流及其他因素而改变。

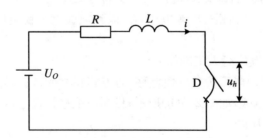

**图 2.3 具有电弧的 R-L 直流电路**

根据以上电路可以列出电路方程

$$U_0 = iR + L\frac{di}{dt} + u_h$$

$$L\frac{di}{dt} = (U_0 - iR) + u_h$$

直流电弧稳定燃烧后,$\frac{di}{dt}=0$,$U_0 - iR = u_h$。伏安特性曲线如图 2.4 所示。

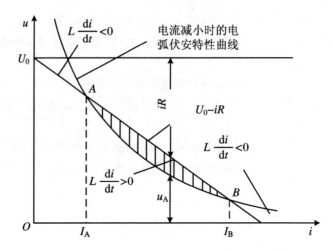

图 2.4　电路伏安特性与电弧静态伏安特性比较图

直流电弧稳定燃烧点应为电路伏安特性和电弧静态伏安特性的交点。

B 点为稳定燃烧点，$\Delta i>0$，$U_0-iR<u_h$，$i\downarrow$；$\Delta i<0$，$U_0-iR>u_h$，$i\uparrow$。

A 点不是稳定燃烧点，$\Delta i>0$，$U_0-iR>u_h$，$i\uparrow$；$\Delta i<0$，$U_0-iR<u_h$，$i\downarrow$。A 点又称为视在稳定燃烧点

**2．直流电弧的熄灭条件**

根据以上分析，提高电弧静伏安特性，使它与曲线无交点，则电弧熄灭。

可知直流电弧熄灭条件为：$U_0-iR<u_h$。此式说明，当电源电压不足以平衡稳态电弧电压及线路电阻压降时，电弧电流减小直至熄灭。当两曲线相切时，为电弧燃烧与熄灭的临界状态。

**3．直流电弧的熄灭**

为消除直流电弧的稳定燃弧点，应使其伏安特性处于特性 $U_0-iR$ 的上方，使电弧电压 $u_h$ 与电阻电压降 $iR$ 之和超过电源电压 $U_0$，以致电弧无法稳定燃烧。常采用以下措施来达到熄弧条件：

（1）拉长电弧或对其实行人工冷却

借助增大电弧柱电阻使电弧伏安特性上移，与电路特性脱离。增大纵向触头间隙，如图 2.5(a) 所示；法向拉长电弧，如图 2.5(b) 所示；借弧斑上移拉长电弧，如图 2.5(c) 所示。

（2）增大近极区电压降

利用金属栅片（$n$ 片）将电弧分割成系列短弧，如图 2.6 所示。

$u_h=(n+1)U_0+E_l$，这比无栅片时增大了 $n$ 倍 $U_0$，所以也能起到使电弧伏安特性上移的作用。

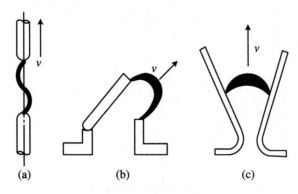

图 2.5 拉长电弧灭弧法

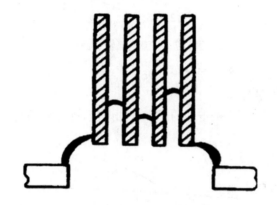

图 2.6 金属栅短弧灭弧法

（3）其他直流灭弧方法

除以上常见灭弧法以外，还有其他灭弧方式，如增大弧柱电场强度，增大气体介质的压强，增大电弧与介质间的相对运动速度，使电弧与温度较低的绝缘材料紧密接触以加速弧柱冷却，采用如 $SF_6$ 气体等具有强烈消电离作用的特殊灭弧介质，采用真空灭弧室等。

## 四、交流电弧的性质与灭弧

在交流电路中，电流的大小随时间按正弦规律变化，每周期内有两次通过零点，同时交流电弧的温度和直径也随时间变化，交流电弧的这种特性称为动特性。

**1．交流电弧的特性**

如图 2.7 所示，电弧温度变化略滞后于电流的变化，这种现象称为电弧的热惯性。温度最大值落后于电流最大值 20°，温度最低值落后于电流零值 27°。

在交流电流过零时，交流电弧会暂时熄灭。对于交流电弧不存在电弧能否熄灭的问题，问题是电流过零后如何有效阻止电弧重燃。

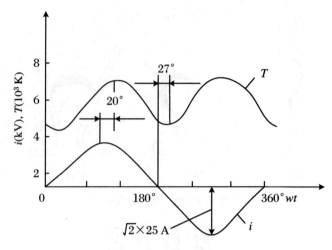

图 2.7 交流电弧特性曲线

交流电弧是否重燃与两个物理过程有关：

(1) 介质强度的恢复过程

弧隙中介质所能承受而不被击穿的最大外加电压，即介质的耐压程度。

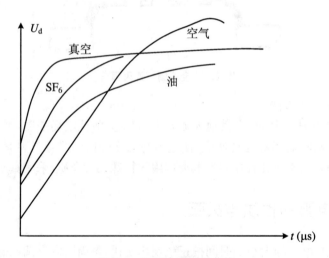

图 2.8 不同介质耐压曲线

(2) 弧隙电压的恢复过程

触头间电流为零后，加在弧隙上的电压称为恢复电压。恢复电压达到最大值的变化过程称为弧隙电压的恢复过程。

**2．交流电弧的熄灭**

比较电流过零后弧隙介电强度值和恢复电压值的大小，可以判断交流电弧在电流过零后能否熄灭。只要电流过零后，弧隙介电强度值始终大于弧隙恢复电压值，弧隙不被击穿，交流电弧熄灭，否则，电弧将重燃。

**3．熄灭电弧的基本方法**

① 加速触头的分离速度，迅速拉长电弧。

② 未游离的流体（油或气体）吹动电弧。由于电弧是一束质量很轻的游离气体，在外力作用之下，极易弯曲变形。利用高压气体吹动电弧，使电弧受到强烈的冷却和拉长，加强去游离过程，可加快电弧熄灭。气体吹弧形式有横吹、纵吹和纵横吹，如图2.9所示。

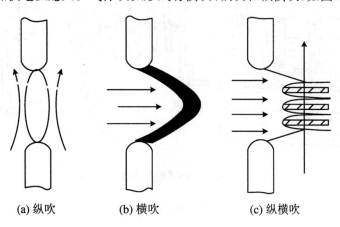

(a) 纵吹　　　　(b) 横吹　　　　(c) 纵横吹

图 2.9　气吹灭弧法

横吹可使电弧冷却并拉长变细，其气流方向垂直于电弧燃烧中心，比纵吹对电弧的冷却作用好。高压断路器中采用的吹弧介质一般有压缩空气、$SF_6$气体、变压器油及高温时产生的油气等。纵、横结合吹弧，灭弧效果更好。

③ 磁吹法灭弧。按左手定则，当电弧电流垂直于外磁场时，电弧将受到磁场力的作用而发生弯曲、变形，使冷却作用加强，电弧易熄灭。

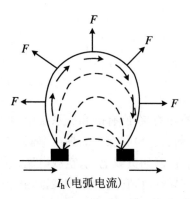

图 2.10　磁吹法灭弧

④ 熄弧栅灭弧法。利用金属灭弧栅，把电弧吸引到栅片内，将长弧分割成短弧。

此外，还可以采用介质绝缘强度大、热容量大的气体作为灭弧介质，如采用$SF_6$气体作为灭弧介质的$SF_6$断路器，其灭弧性能比空气优良100倍。还可以加大气体介质压力或采用真空熄弧，如将断路器的触头置于高真空中或适当加大弧隙间气体介质的压力，均有利于灭弧。

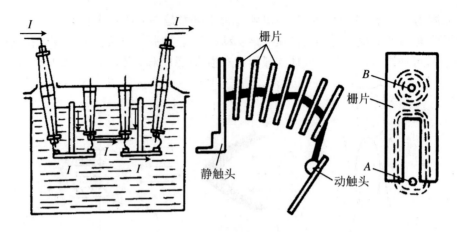

图 2.11 熄弧栅作用原理图

## 任 务 实 训

实训一：一、二次设备认知。
实训二：直流开关柜灭弧装置认知。

# 任务二　开关设备

## 一、断路器

**1．断路器概述**

断路器是高压电气回路的开关，在所有的高压系统中，断路器是最主要的设备之一，它是一种能对电路进行控制（开断、关合）和保护的高压电器。它的主要功能是在电力电能转换及输送过程中开、关各种电流，诸如负载电流、空载电流、电容电流以及变压器励磁电流。而当供电线路出现故障或负载异常时，它能和保护装置相配合，迅速切断故障电流，达到保护电力设备安全和缩小事故范围的目的。

**2．高压断路器的作用及基本要求**

在发电厂和变电所中，高压断路器是 1000 V 以上电路中的重要控制设备。

（1）作用

系统正常运行时，断路器用来接通和断开负荷电流；发生故障时，它用来迅速断开短路电流，切除故障电路。

（2）基本要求

① 合闸状态时为良好的导体。
② 分闸状态时应有良好的绝缘性。
③ 开断规定的短路电流时，应有足够的开断能力和尽可能短的开断时间。

④ 在接通规定的短路电流时,短时间内断路器的触头不能产生熔焊等情况。

⑤ 在制造厂的技术条件下,高压断路器要能长期可靠地工作,有一定的机械寿命和电气寿命。

⑥ 断路器在正常工作时,可以切断和接通负载电流;短路时可以切断短路电流。

⑦ 能承受额定电压、最大工作电压、内部过电压及外部过电压等。

⑧ 具有自动重合闸能力。

⑨ 结构简单,价格低廉。

此外,高压断路器还应有机构简单、安装检修方便、体积小、重量轻等优点。

**3. 结构**

如图 2.12 所示,断路器由开断元件、绝缘支撑元件、传动元件、操动机构等部分组成。

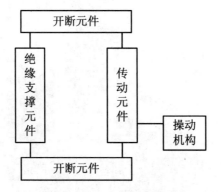

图 2.12 断路器基本组成

① 开断元件:开断、关合电路和安全隔离电源,包括导电回路、动静触头和灭弧装置。

② 绝缘支撑元件:支撑开关的器身,承受开断元件的操动力和各种外力,保证开断元件的对地绝缘,包括瓷柱、瓷套管和绝缘管。

③ 传动元件:将操作命令和操作动能传递给动触头,包括连杆、拐臂、齿轮、液压或气压管道。

④ 基座:用来支撑和固定开关。

⑤ 操动机构:用来提供能量,操动开关分、合闸,有电磁、液压、弹簧、气动等。

**4. 断路器的型号**

高压断路器的类型很多,目前我国断路器的型号根据国家技术标准的规定,一般由文字符号和数字组成,形式为 1 2 3 - 4 5/6 - 7 8,其代表意义为:

1 是产品字母代号:S——少油断路器,D——多油断路器,K——空气断路器,L——$SF_6$ 断路器,Z——真空断路器,Q——产气断路器,C——磁吹断路器。

2 是装置地点代号:N——户内,W——户外。

3 是设计序号:以数字1,2,3,4,…表示。

4 是额定电压(kV)。

5 是其他补充标志:C——手车式,G——改进型,W——防污型,Q——防震型,F——分相操作型。

6 是额定电流(A)。

7是额定开断电流(kA)或断流容量(MVA)。

8是特殊环境代号。

如 SW4-35/1000 表示 35 kV 三相户外用的少油断路器,其额定电流为 1000 A。

### 5. 断路器的分类

断路器就是开关,但它不是普通的开关,是可以熄弧的开关。其外形如图 2.13、图 2.14 所示。依据灭弧介质来分,它可分为油断路器、空气断路器(即压缩空气开关)、$SF_6$ 断路器、真空断路器。依据操动机构,它一般可分为电动操动机构、手动操动机构、气动操动机构、弹簧操动机构。此外,按照熄弧的方式它又分为磁吹断路器、纵吹断路器、横吹断路器。

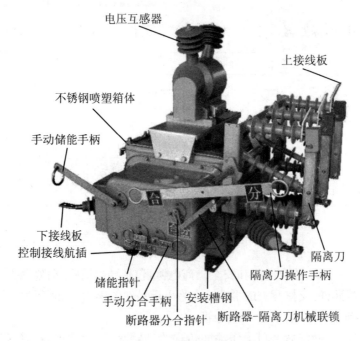

图 2.13　断路器外形图

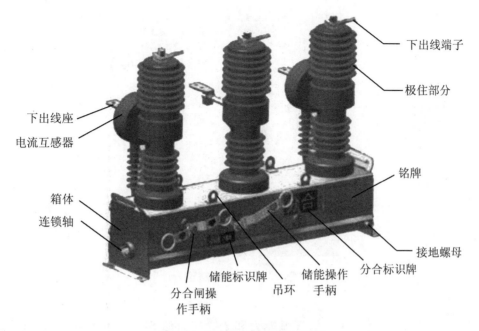

图 2.14　断路器(带 2CT)外形图

(1)油断路器

油断路器分多油断路器和少油断路器,分别如图 2.15、图 2.16 所示。

图 2.15　多油断路器

图 2.16　少油断路器

(2)空气断路器

空气断路器如图 2.17 所示,以压缩空气作为灭弧介质,具有灭弧能力强、动作迅速等优点,但结构复杂、工艺要求高、有色金属消耗多。空气断路器用在 110 kV 及以上的电力系统中。

压缩空气断路器的灭弧性能与空气压力有关,空气压力愈高,绝缘强度愈高,灭弧性能也愈好,在 0.7 MPa 压力下的绝缘强度与新鲜的绝缘油相当,我国一般选用的压力为 2 MPa。

图 2.17 空气断路器

（3）$SF_6$ 断路器

$SF_6$ 断路器采用具有优良的灭弧能力和绝缘能力的 $SF_6$ 气体作为灭弧介质，如图 2.18、图 2.19 所示。

图 2.18 $SF_6$ 断路器

图 2.19 $SF_6$ 落地罐式断路器

$SF_6$ 断路器具有开断能力强、动作快、体积小等优点，但金属消耗多，价格偏贵。

$SF_6$ 断路器是近几年发展起来的一种新型断路器，由于价格昂贵，结构复杂，还需要回收装置。$SF_6$ 断路器存在泄漏问题，泄漏出的 $SF_6$ 气体与空气作用生成的低氟化硫有毒，会对人体产生危害。但是 $SF_6$ 断路器的缺点正在解决中，今后 110 kV 以上的高压系统中，采用 $SF_6$ 断路器将是主要发展方向。

（4）真空断路器

真空断路器是在高度真空中灭弧，如图 2.20、图 2.21 所示。其优点是可以频繁操作，维护工作量小，体积小等。真空断路器将用于灭弧的动、静触头封在真空泡内，利用真空作为绝缘介质和灭弧介质，因而具有其他类型断路器无法比拟的优点。国际上一些工业发达的国家，都致力于真空断路器的开发和应用。一些著名的电气制造公司，如美国的通用电器公司、德国的西门子公司、日本的东芝和日立公司等都有规模庞大的真空断路器研究机构和制造工厂。这些国家在中压等级的断路器中,真空断路器的生产量占50%以上。我国真空断路器的生产和使用可以说是刚刚起步,但已显示了强大的生命力。在电压等级较低(3～35 kV)、要求频繁操作、户内装设的场合,真空断路器是今后一个时期的方向性产品,已毋庸置疑。

图 2.20　户内式真空断路器

图 2.21　户外式真空断路器

### 6. 断路器的主要技术参数

断路器因开断负载大小和周围环境的不同,其额定值大小也不同,通常用下列技术参数表示高压断路器的基本性能。

(1) 额定电压

额定电压是表征断路器绝缘强度的参数。它是断路器长期工作的标准电压。我国的标准规定,高压断路器的额定电压有以下各级:3 kV、6 kV、10 kV、20 kV、35 kV、60 kV、110 kV、220 kV、330 kV、500 kV。

(2) 额定电流

额定电流是表征断路器通过长期电流能力的参数。即断路器允许连续长期通过的最大电流。通过电流时,断路器各部分(如接触部分、端子及导体连接部分、与绝缘体接触的金属部分)的允许温度不超过国家标准规定的数值。

我国的高压断路器额定电流值为 200 A、400 A、630 A、1000 A、1250 A、1600 A、2000 A、2500 A、3150 A、4000 A、5000 A、63000 A、8000 A、10000 A、12500 A、16000 A、20000 A 等。

(3) 断流容量

断路器在负载端发生短路时,会通过很大的故障电流,而断路器具有开断的能力,能安全地将断路器的触头打开,此容量称为断流容量,简称 IC,IC 越大越好。

(4) 分闸时间

分闸时间是指断路器从接到分闸命令瞬间起到各相电弧完全熄灭为止的时间间隔,它包括断路器固有分闸时间和燃弧时间,为两者之和。

(5) 额定关合电流

额定关合电流即在额定的电压及规定条件下,断路器所能承受的电流极限值,约为额定电流的 2.5 倍。

(6) 额定最大开断电流

额定最大开断电流指断路器能开断故障电流的最大值,亦即在最低运转电压下所能开断的电流。

(7) 动稳定电流

动稳定电流是指断路器在合闸位置时,允许通过的短路电流最大值。

(8) 热稳定电流

热稳定电流是指在规定的某一段时间内,允许通过断路器的最大短路电流。

(9) 额定频率

额定频率指断路器所设计的运行系统的频率,通常为 60 Hz 或 50 Hz。

(10) 自动重合闸

自动重合闸是为不使架空线路的临时性短路故障(雷害、鸟害等)引起电力系统不稳定而设置的,它可以防止因一些瞬时性故障而造成的断电,从而提高供电的可靠性。

(11) 绝缘功能

断路器在系统中可能遭受异常电压的冲击,所以断路器需有高于额定电压的绝缘功能,才能在异常电压袭击时,在一特定时间内不发生绝缘破坏的现象。

### 7. 断路器的机械和电气寿命

断路器多次分合可造成触头及操动机构等可动部分的机械磨损。我国标准规定:在常温下连续进行 2000 次操作,试验中不允许进行任何机械调整及修理,但允许按照制造厂的规定给予润滑。对用于频繁操作的场所或有特殊要求的断路器,其试验次数程序由有关专业标准或用户同制造厂协商确定。

当断路器分合大电流时,由于产生电弧,热能会使触头及喷口烧损,将使开断性能大大降低,这就有了断路器的电气使用寿命的问题。

关于电气的使用寿命,在标准上规定只要满足一次标准循环即可。对于较重要的断路器,每次开断短路之后都进行停电检修是不太合适的。因此,用户迫切希望具有一次动作循环以上的耐用性能。

目前断路器电气寿命试验主要依据用户技术条件要求进行。如对于 12 kV、31.5 kA 级少油断路器一般做额定短路开断 3 次,这主要考虑油的劣化因而需检修换油,对同一等级真空断路器做开断额定短路电流 50 次,我国对 220 kV $SF_6$ 断路器约做 20 次额定短路电流的开断,对于开断频度不很高的场合,基本上可以满足 10 年以上不检修。

### 8. 断路器的运行与维护

有人值班的变电站每日巡视不少于一次,无人值班的变电站每周巡视不少于一次。其中,对于断路器的维护有:

(1) 断路器巡视检查项目

① 分、合闸位置指示正确,并与实际运行工况相符。

② 支持瓷绝缘子、断口瓷绝缘子及并联电容器瓷绝缘子无裂痕、破损及放电异声。

③ 机构箱内各电气元件应运行正常、无渗漏,工作状态应与要求一致,箱门密封良好。

④ 接地完好。

⑤ 引线接触部分无过热、变色,引线弛度适中。

⑥ $SF_6$ 气体压力应在正常范围内,无漏气现象。
⑦ 机械部分无卡涩、变形及松动现象。
⑧ 二次部分应清洁,绝缘应良好。
⑨ 断路器外观应清洁、无锈蚀、无杂物。
⑩ 低温时应注意加热器的运行情况。
⑪ 正常运行时应注意除潮装置的运行情况。

(2) 断路器正常运行维护项目
① 不带电部分进行定期清扫。
② 配合设备停电机会,进行传动部位检查,清扫瓷绝缘子积存的污垢并处理缺陷。
③ 结合设备停电对所有摩擦部位添加润滑油。
④ 配合设备停电时机,检查各部位螺钉有无松动,发现松动时应及时拧紧。
⑤ 配合设备停电时机,检查辅助开关触头,若有损毁,应及时更换。

(3) 漏气分析及处理
断路器不允许在没有灭弧介质或灭弧介质不能满足要求的情况下开断或关合大电流。当 $SF_6$ 气体压力迅速下降或出现零表压时,应立即退出运行,并分析造成漏气的原因。

(4) 微水检测
$SF_6$ 气体中的水分会使绝缘件的绝缘强度降低,也会间接造成设备的腐蚀,因此要密切检测。

## 二、隔离开关

### 1. 隔离开关的定义

隔离开关是一种结构比较简单的开关电器,是电网中重要的开关电器之一。它由操作机构驱动本体刀闸进行分、合,分闸后形成明显的电路断开点。一般隔离开关只能在电路断开的情况下进行分合闸操作,或接通及断开符合规定的小电流电路。它没有专门的灭弧装置,不能用来开断负荷电流和短路电流,隔离开关通常与断路器配合使用。隔离开关主要用来隔离高压电源以保证其他设备的安全检修。

### 2. 对隔离开关的基本要求

隔离开关分开后应具有明显的断开点,易于鉴别设备是否与电网隔开。断开点之间应有足够的绝缘距离,以保证在过电压及相间闪络的情况下,不致引起击穿而危及工作人员的安全。隔离开关要有足够的动热稳定、机械强度、绝缘强度。跳、合闸时的同期要好,要有最佳的跳合闸速度,以尽可能降低操作过电压。它应结构简单、动作可靠。带有接地刀闸的隔离开关必须装设联锁机构,以保证隔离开关的正确操作。

### 3. 高压隔离开关的型号

隔离开关的型号一般形式为 1 2 3－4 5/6,其代表意义为:
1 是产品名称:G——隔离开关。
2 是安装地点:N——户内型,W——户外型。
3 是设计序号。

4 是额定电压(kV)。

5 是补充特性:C——瓷套管出线,D——带接地刀闸,K——快分型,T——统一设计。

例如,GN19-10/630,表示户内隔离开关,设计序号 19,额定电压 10 kV,额定电流 630 A。

**4. 隔离开关的结构**

隔离开关的结构如图 2.22 所示。高压隔离开关一般采用手动操动机构。操动机构通过连杆带动转轴完成分、合闸操作。闸刀采用断面为矩形的铜条,并在闸刀上设有"磁锁",用来防止外部短路时,闸刀受短路电动力的作用从静触头上脱离。

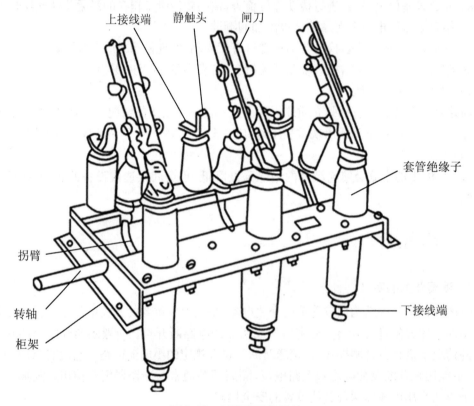

图 2.22 隔离开关的结构

**5. 隔离开关的种类**

隔离开关按安装地点可分为户内型和户外型;按触头运动方式可分为水平回转式、垂直回转式、伸缩式和直线移动式;按有无接地闸刀可分为有接地闸刀和无接地闸刀隔离开关;按隔离开关的极数,可分为单极和三极隔离开关;按隔离开关的操动机构分为手动和电动隔离开关。不同类型隔离开关实物如图 2.23 至图 2.32 所示。

图 2.23　GN19-10 型隔离开关

图 2.24　GN19-10C 型隔离开关

图 2.25　GN6-10 型隔离开关

图 2.26　GN22-12 型隔离开关

图 2.27　GN27-40 型隔离开关

图 2.28　GW4-110 型隔离开关

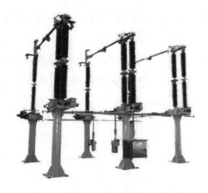

图 2.29　GW11-252 型隔离开关

图 2.30　GW7-220 型隔离开关

图 2.31　GN2-35 型隔离开关　　　　图 2.32　GW5-110D 型隔离开关

如图 2.32 所示，GW5-110D 型隔离开关由底座、棒式支柱绝缘子、导电闸刀、左右触头和传动部分等组成，也称为 V 型隔离开关。根据需要，该隔离开关可配装接地闸刀，广泛用于 35~110kV 电压等级中。

**6．隔离开关的主要技术参数**

（1）额定电压

它指隔离开关在长期运行时所能承受的工作电压，与安装点电网的额定电压等级一致，单位为 kV。

（2）额定电流

它指隔离开关在长期工作时允许通过的最大工作电流，主要由温升来确定。额定电流的大小决定了触头和导电部分截面的大小，隔离开关长期通过额定电流时，各部分的发热温度不超过允许值，单位为 A。

（3）热稳定电流

热稳定电流是指隔离开关在闭合状态时，在规定的时间内允许通过的最大电流有效值，它表明了隔离开关承受短路电流热稳定能力，单位为 kA。

（4）动稳定电流

动稳定电流指隔离开关在闭合状态时，允许通过的最大瞬时电流冲击值，它表明了隔离开关承受短路电流动稳定能力，与隔离开关的机械强度有关。

（5）最高工作电压

最高工作电压指隔离开关所能承受的超过额定电压的电压，它不仅决定了隔离开关的绝缘要求，还在相当大程度上决定了隔离开关的外部尺寸，单位为 kV。

隔离开关操作注意事项：严禁带负荷拉合隔离开关；一般必须与高压断路器配合使用，且要严格遵守操作顺序；停电时，应先使断路器跳闸，然后再拉开隔离开关；送电时，先合上隔离开关，再闭合断路器；高压隔离开关允许通断一定的小电流。

## 三、负荷开关

**1．负荷开关概述**

负荷开关是在高压隔离开关的基础上加入灭弧装置构成的，能切、合负荷电流，但不能切断短路电流。如图 2.33、图 2.34 所示。因此，负荷开关必须与高压熔断器配合使用，短路电流由熔断器切断,高压装置中负荷电流由负荷开关切断。

图 2.33　高压真空负荷开关　　　　　图 2.34　高压 $SF_6$ 负荷开关

如图 2.35 所示,FN5-10 型负荷开关的闸刀中部装有灭弧管,灭弧管内有成套的灭弧装置。其灭弧是利用主轴带动活塞,进而压缩空气,使压缩空气从喷嘴中喷出,以吹灭电弧。还有一种是利用固体产气元件,在电弧高温的作用下产生大量的气体,沿喷嘴高速喷出,形成强烈的纵吹,使电弧迅速熄灭。

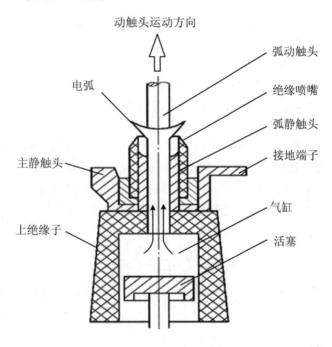

图 2.35　负荷开关的熄弧原理

### 2. 负荷开关的技术参数

负荷开关的主要技术指标有额定电压、额定电流、额定断流容量、最大开断电流、极限通过电流、热稳定电流、固有分闸时间等。

FN3-10RT 型高压负荷开关如图 2.36 所示。

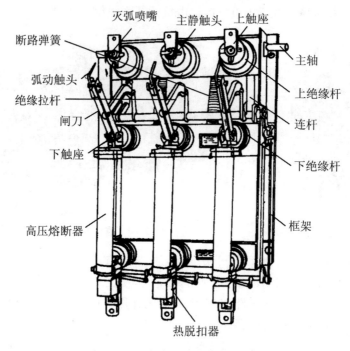

图 2.36 FN3-10RT 型高压负荷开关

### 3. 高压负荷开关的分类

① 按安装地点高压负荷开关可分为户内式和户外式。

② 按灭弧形式和灭弧介质高压负荷开关可分为有油式、压气式、产气式、真空式、$SF_6$ 式等。

③ 按用途高压负荷开关可分为通用负荷开关、专用负荷开关、特殊用途负荷开关(目前有隔离负荷开关、电动机负荷开关、单个电容器组负荷开关等)。

④ 按操作方式高压负荷开关可分为三相同时操作式和逐相操作式。

⑤ 按操动机构高压负荷开关可分为动力贮能式和人力贮能式。

### 4. 高压负荷开关型号

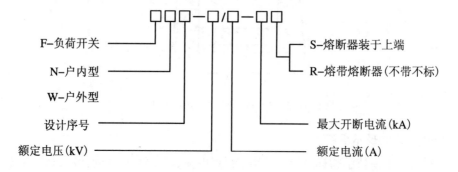

例如,FN12-12D/T630-20,D 表示接地开关,T 表示弹簧操作机构。

FZW32-12/630-20 型户外高压隔离真空负荷开关,适用于额定电压 12 kV,额定电流为 630 A,额定频率 50 Hz 的供电网络,可开断负荷电流,亦可开断一定距离的架空线路、电缆线路和电容器组的电容电流。它具有分段、隔离、连接、切换等功能，适用于城网、农网、铁路、石化等架空配电线路。该负荷开关具有开断能力大、安全可靠、电寿命长、可频繁操作、维护少等优点。

高压负荷开关是一种功能介于高压断路器和高压隔离开关之间的电器，高压负荷开关常与高压熔断器串联配合使用，用于控制电力变压器。高压负荷开关具有简单的灭弧装置，能通断一定的负荷电流和过负荷电流。但是它不能断开短路电流，所以它一般与高压熔断器串联使用，借助熔断器来进行短路保护。

## 四、熔断器

### 1. 熔断器概述

熔断器是最简单和最早使用的一种保护电器。它结构简单，价格低，体积小，维护与更换方便；动作直接，不需要继电保护和二次回路相配合；应用广泛。但是，每次熔断后须停电更换熔体才能再次使用，需短时停电；保护特性不稳定，可靠性低；保护选择性不易配合；不能用于正常切断或接通电路，必须与其他电器配合使用。

（1）基本结构

熔断器主要由熔体、支持熔体的触头、灭弧装置和绝缘底座等部分组成。熔体在正常工作时起导通电路的作用，在故障情况下熔体首先熔化，从而切断电路实现对其他设备的保护。熔体以两个字母表示，如"gG""gM""aM"等。熔断体用于安装和拆卸熔体，常采用触点的形式。底座用于实现各导电部分的绝缘和固定。熔管用于放置熔体，限制熔体电弧的燃烧范围，并可灭弧。充填物一般采用固体石英砂，用于冷却和熄灭电弧。熔断指示器用于反映熔体的状态，即完好或已熔断。

（2）工作原理和保护特性

熔断器安装在被保护设备或线路的电源侧。正常工作阶段，熔体通过的电流小于其额定电流，熔断器长期可靠地运行，不应发生熔断现象。过载或短路时，熔体升温使其熔化、汽化而开断。熔体熔断汽化时产生电弧，又使熔体加速熔化和汽化，并将电弧拉长，这时的高温金属蒸气向四周喷溅并发出爆炸声。

### 2. 高压熔断器的分类和技术参数

熔断器按电压等级可分为高压熔断器和低压熔断器；按结构可分为管式熔断器和跌落式熔断器，如图2.37、图2.38所示；按使用地点可分为户内式和户外式；按照是否有限流作用可分为限流式和非限流式。

### 3. 熔断器的用途、使用范围

熔断器主要用于线路及电力变压器等电气设备的短路及过载保护。广泛使用在60 kV及以下电压等级的小容量电气装置中，常用来保护电压互感器。在3～60 kV系统中，还常与负荷开关、重合器及断路器等其他开关电器配合使用，用来保护电力线路、变压器以及电容器组。它常和刀开关电器在一个壳体内组合成负荷开关或熔断器式刀开关。

熔断器具有结构简单、体积小、重量轻、价格低廉、维护方便、使用灵活等优点，但保护性能不稳定。

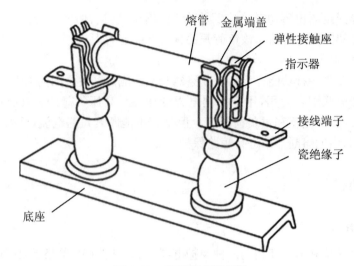

图 2.37 高压管式熔断器

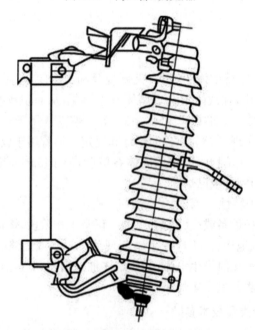

图 2.38 跌落式高压熔断器

熔断器的金属熔体是一个易于熔断的导体。当电路发生过负荷或短路故障时,通过熔体电流增大,过负荷电流或短路电流使熔体加热;当熔体自身温度超过熔点时,在被保护设备的温度未达到破坏其绝缘之前熔化,将电路切断,从而使线路中的电气设备得到保护。熔断器的工作过程分为以下四个阶段:熔断器的熔体因过载或短路而加热到熔化温度;熔体的熔化和气化;触点之间的间隙击穿和产生电弧;电弧熄灭、电路被断开。

**4. 熔体与冶金效应**

低熔点材料(铅、锡、锌)的优点是熔点低(327 ℃、250 ℃),但电阻率较大,在一定电阻时,需要较大的截面积,使体积增大,熔断时会产生大量金属蒸气,不利于灭弧,其分断能力也受到限制,只适宜作小电流熔断器。

高熔点材料(银、铜、铝)的优点是电阻率较低,在一定电阻时,所需截面积较小,在熔化时金属蒸气较少,有利于灭弧,可提高其分断能力,一般用于大电流熔断器。但熔点高(960 ℃、1083 ℃),对小过载会失去保护。为此,常应用"冶金效应"将铜丝中焊上一个小锡球,当熔体温度上升到小锡球熔化温度时,促进熔丝熔断,这样可使较低的过载也能得到保护。

图 2.39 所示为采用"冶金效应"对某 35kV 系统的电压互感器用熔断器的改进。

图 2.39　在镍铬丝上焊以铅锡合金的小球

表 2.1　熔断器改进前后对比

|  | 熔点 | 价格 | 总电阻 | 灵敏度 |
| --- | --- | --- | --- | --- |
| 改进前 | 1200 ℃ | 较高 | 315 Ω | 较差 |
| 改进后 | 350 ℃ | 低 | 317 Ω | 高 |
| 结论 | 明显降低 | 降低 | 符合标准 | 效果显著 |

这样,既能充分利用镍铬丝的优点,又能利用铅锡合金的优点克服其缺点,降低熔体的熔化温度,使熔断器更加灵敏和完善。

**5. 熔断器的保护特性**

熔断器熔体的熔断时间与电流的大小关系,称为熔断器的安秒特性,也称为熔断器的保护特性,如图 2.40 所示。熔断器的保护特性为反时限的保护特性曲线,其规律是熔断时间与电流的平方成反比,各类熔断器的保护特性曲线均不相同,与熔断器的结构有关。

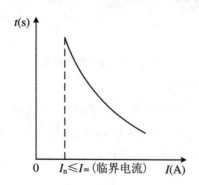

图 2.40　熔断器的保护特性

**6. 常见熔断器**

(1) 瓷插式熔断器

瓷插式熔断器又名插入式熔断器,由瓷盖、瓷体、静触头、动触头和熔丝组成,如图2.41所示。它是一种最常见的结构简单的熔断器,熔丝更换方便、价格低廉,一般用于交流 50 Hz、额定电压 380 V、额定电流 200 A 以下的线路中,作为电气设备的短路保护及一定程度上的过载保护之用。

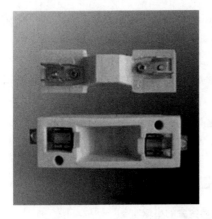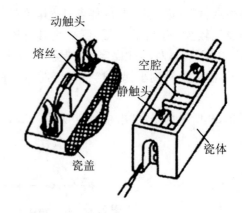

图 2.41 瓷插式熔断器实物和示意图

(2) 螺旋式熔断器

螺旋式熔断器由瓷帽、熔管、瓷套以及瓷座等组成,如图 2.42 所示。熔管是一个瓷管,内装熔体和石英砂,熔丝的两端焊在熔管两端的导电金属盖上,其上端盖中间有一熔断指示器,当熔丝熔断时指示器弹出,通过瓷帽上的玻璃窗口可以看见。

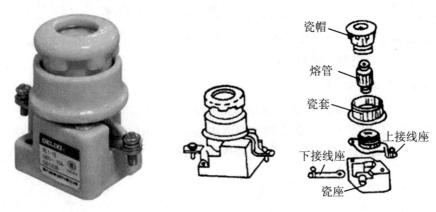

图 2.42 螺旋式熔断器

(3) RT16(NT)、RT18 型熔断器

RT16(NT)型熔断器是一种高分断能力熔断器,其结构与 RT0 型相似,如图 2.43 所示。熔管为高强度陶瓷管,内装优质石英砂,熔丝采用优质材料制成。其主要特点为体积小、重量轻、功耗小、分断能力高、限流特性好。

图 2.43 RT16(NT)

RT18型熔断器具有体积小、密封好、分断能力高、指示灵敏、动作可靠、安装方便等优点，如图2.44所示。

图2.44　RT18型熔断器

（4）RW10-35型限流式熔断器

图2.45所示为RW10-35型限流式熔断器。

图2.45　RW10-35型限流式熔断器

正常运行时，借熔丝使电路接通；线路上发生短路时，短路电流使熔丝熔断，形成电弧。消弧管由于电弧烧灼而分解出大量气体，使管内压力剧增，并沿管道形成强烈的气流纵向吹弧，使电弧熄灭熔丝熔断后，失去张力，回转跌开，造成明显可见的断开间隙。

（5）RW10-10F负荷型户外高压跌落式熔断器

一般跌落式熔断器的静触头上加装有简单的灭弧室，因而能带负荷操作，如图2.46所示。

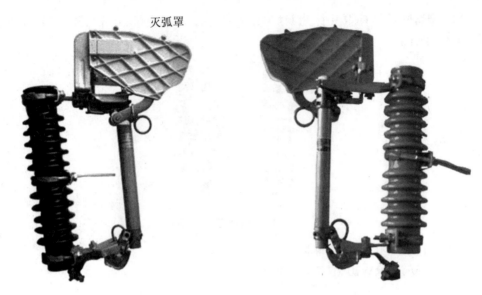

图 2.46 RW10-10F 负荷型户外高压跌落式熔断器

## 任务实训

实训一:不同断路器结构认知。
实训二:断路器分合闸操作。
实训三:断路器和隔离开关操作顺序实训。
实训四:断路器控制接线操作。
实训五:断路器运动操作。
实训六:单极隔离开关操作。
实训七:负荷开关认知及操作。
实训八:低压配电装置负荷开关与接地开关操作实训。

# 任务三 互 感 器

## 一、互感器概述

互感器是电压、电流变换设备,它能将高电压、大电流变成低电压和小电流,从而将一次系统的电压、电流信息准确地传递到二次侧相关设备。互感器与系统的连接如图 2.47 所示。

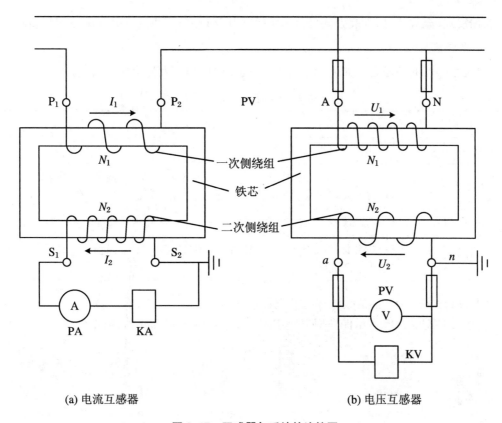

(a) 电流互感器  (b) 电压互感器

图 2.47 互感器与系统的连接图

互感器的作用:将一次回路的高电压和大电流变为二次回路的标准值;使低电压的二次系统与高电压的一次系统实施电气隔离,且互感器二次侧接地,保证了人身和设备的安全;取得零序电流、电压分量供反映接地故障的继电保护装置使用。

## 三、电流互感器

### 1. 基本原理

电流互感器是一种电流变换装置,用来将大电流变换成小电流,二次侧一般为 5 A 或 1 A。其工作原理与变压器相同,它的一次绕组匝数很少,串接在线路中。一次电流 $I_1$ 经电磁感应变为二次绕组较小的电流 $I_2$,二次绕组匝数很多,与仪表及继电器电流线圈相串联。由于电流互感器二次回路的负荷阻抗很小,所以正常工作时二次侧接近于短路状态。

电流互感器在理想情况下,一次电流 $I_1$ 与二次电流 $I_2$ 之比等于匝数比的倒数,即 $I_1/I_2 = N_2/N_1$。但电流互感器在实际变流过程中,励磁的损耗会引起测量误差,即变比误差和相角误差。变比误差是指实测的二次电流乘以额定变比后与实测一次电流的差值,通常以一次电流的百分数表示。相角误差是指实测的一次电流和倒相 180°后的二次电流间的夹角,通常以分表示。

### 2. 分类

电流互感器按安装地点,可分为户内式、户外式和装入式;按绝缘方式可分为干式、浇注式、油浸式、充气式;按安装方式可分为穿墙式和支持式;按匝数可分为单匝式和多匝式。

### 3. 型号含义

电流互感器的型号含义如表2.2所示,不同型号的电流互感器如图2.48所示。

表2.2 电流互感器型号含义

| 序 号 | 含 义 |
|---|---|
| 第一个字母 | L-电流互感器 |
| 第二个字母 | A-穿墙式,Y-低压式,R-装入式,C-瓷箱式,B-支持式,F-贯穿复匝式,D-贯穿单匝式,J-接地保护,Q-线圈式,M-母线式,Z-支柱式 |
| 第三个字母 | C-瓷绝缘,Z-浇注绝缘,L-电缆型,G-改进型,K-塑料壳,S-速饱和的 |
| 第四个字母 | D-差动保护用,B-过流保护用,J-加大容量,Q-加强型,X-适用于配电箱,W-户外用 |

型号后数字表示产品的设计序号和电压等级。

例如,LDZB7-35表示保护用贯穿单匝式浇注绝缘电流互感器,额定电压为35 kV。

图2.48 不同型号电流互感器

### 4. 电流互感器的基本技术参数

(1) 额定电流

额定电流是电流互感器性能基准的电流值。额定一次电流的标准值为:10 A、12.5 A、15 A、20 A、30 A、40 A、50 A、60 A、75 A及它们十进位的倍数或小数。额定二次电流的标准值为5 A或1 A。

(2) 额定变比

额定变比是额定一次电流与额定二次电流之比。由于二次绕组的额定电流规定为5 A或1 A。所以额定变比的大小取决于额定一次电流。

(3) 额定二次负荷与实际二次负荷

额定一次负荷是确定互感器准确等级所依据的一次负荷;实际二次负荷是电流互感器二次线圈所接仪表、装置、继电器等与二次连接电缆线路阻抗的总和。

(4) 额定输出伏安

在额定二次电流和接有额定二次负荷的情况下,互感器在规定的功率因数下供给二次回路的视在功率。其标准值为:2.5 VA、5 VA、10 VA、15 VA、20 VA、30 VA、40 VA、50 VA、60 VA、80 VA、100 VA。

**5. 电流互感器的误差与准确等级**

(1) 电流互感器的误差

① 变比误差。变比误差又叫电流误差,它是互感器电流测量值乘以变比后与一次电流实际值之间的差值,以一次电流实际值的百分数表示为

$$\Delta I\% = \frac{KI_2 - I_{1n}}{I_{1n}} \times 100\%$$

式中,$K$ 为电流互感器的变比;$I_{1n}$ 为电流互感器一次额定电流;$I_2$ 为二次电流实测值。

② 角误差。角误差是指二次电流相量旋转180°后与一次电流相量之间的夹角 $\delta$。规定二次电流相量超前于一次电流相量时为正角差,反之为负角差。正常运行的互感器其 $\delta$ 一般都在2°以下。

③ 电流互感器的误差因素。与励磁安匝数的大小有关,也就是说与铁芯的质量和结构形式有关,铁芯质量差时,误差增大;与一次电流大小有关,在额定范围内一次电流增大,误差减小;与二次负载阻抗大小有关,阻抗加大,误差加大;与二次负载感抗有关,当功率因数 $\cos\varphi_2$ 减小时,电流误差增大,而角误差相对减小。

(2) 电流互感器的准确等级

电流互感器的准确等级是指在规定的二次负荷范围内,一次电流为额定时的最大误差极限值。我国规定的标准准确等级分为0.1级、0.2级、0.5级、1级、3级和5级等6个等级,特殊使用要求的电流互感器的准确级有0.2S和0.5S级。

对于0.1级、0.2级、0.5级和1级四个准确级次当二次负荷在25%~100%额定负荷范围内变化时,在额定频率下其电流的误差极限分别为±0.1%、±0.2%、±0.5%和±1%,相应的角差极限值分别为±5′、±10′、±30′、±60′。对于3级和5级负荷在50%~100%范围内变化时,额定频率下电流误差的极限值分别为±3%和±5%,角差不作规定。

(3) 保护用电流互感器的10%误差曲线

电流互感器的误差与励磁电流 $I_0$ 有着密切的关系,为了保证继电保护装置在短路故障时能正确地动作,对于保护范围内可能出现的短路电流,要求保护用(B级)电流互感器最大误差极限值不超过-10%。当短路电流增加到一次额定电流的 $n$ 倍时,电流误差达到-10%,此时的一次电流倍数 $n$ 称为10%倍数。10%倍数越大表示该互感器的过电流性能越好,10%倍数与互感器二次允许最大负荷阻抗的关系曲线就是电流互感器的10%误差曲线,如图2.49所示。

按照实际计算出的一次电流倍数可从曲线上查出二次允许最大负荷阻抗值,只要互感器的二次负荷阻抗小于该阻抗值,就能保证其误差不超过10%。

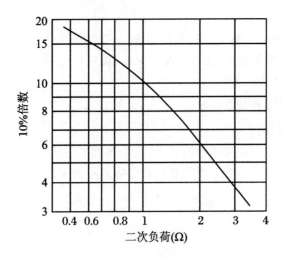

图 2.49　LQJC-10 型 10%倍数

## 6. 常用接线方案

电流互感器在系统中接线主要有以下几种类型，如图 2.50 所示。

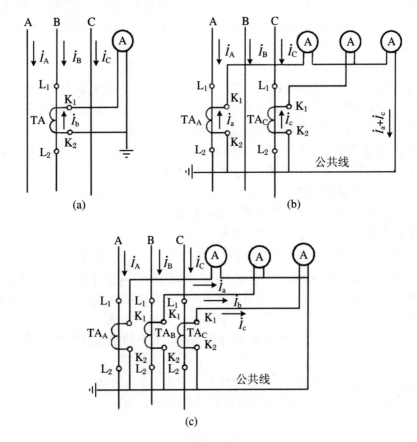

图 2.50　电流互感器接线形式

（1）一相式接线

一相式接线如图 2.50(a)所示，反映一次电路对应相的电流。通常用在负载平衡的三相电路中测量电流,或在继电保护中作为过负荷保护接线。

(2) 两相V形接线

两相V形接线如图2.50(b)所示,广泛应用于中性点不接地的三相三线制电路中,用于三相电流、电能的测量及过电流继电保护。

(3) 三相星形接线

三相星形接线如图2.50(c)所示,反映各相电流,因此广泛应用于中性点直接接地的三相三线制特别是三相四线制电路中,用于测量或过电流继电保护等。

**7. 电流互感器的使用注意事项**

① 电流互感器在接入电路时,必须注意电流互感器的端子符号和极性,一般一次侧电流从 $L_1$ 流入,$L_2$ 流出时,二次侧从 $K_1$ 流出经测量仪表流向 $K_2$,即 $L_1$ 与 $K_1$、$L_2$ 与 $K_2$ 分别为同极性端子。

② 电流互感器二次侧必须有一端接地,以防止互感器一、二次绕组绝缘击穿时,危及人身和设备安全。

③ 电流互感器二次侧在工作时不得开路。否则一次电流全部被用于励磁,总磁势比正常值增加几十倍,铁芯过热并在二次绕组中感应出危险的高电压,其值可达几千伏甚至更高,严重威胁人身和设备的安全。因此,二次回路绝不允许开路,且不允许装熔断器。

**8. 电流互感器的极性及测定方法**

电流互感器与二次负载连接如图2.51所示。电流互感器一次绕组的端子 $L_1$、$L_2$ 串接在被保护元件的电流回路中,二次绕组的端子接二次负载。一次侧电流从 $L_1$ 流入,$L_2$ 流出时,二次侧从 $K_1$ 流出经二次负载流向 $K_2$,即 $L_1$ 与 $K_1$、$L_2$ 与 $K_2$ 分别为同极性端子(同名端),同极性端子上标注"*"号。

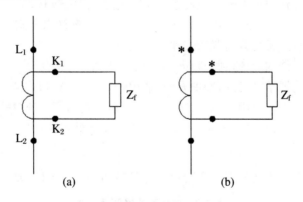

图2.51 电流互感器端子标号图

同极性端子可以用下述试验方法确定。如图2.52所示,一次绕组通过开关S再串联一个电池,二次绕组接入一电流计。合上开关S,如电流表指针正向偏转,则电池正极所接端子与电流计正表棒所接的端子为同极性端子;如果电流计指针反向偏转,则电池正极所接端子与电流计正表棒所接的端子为反极性端子。

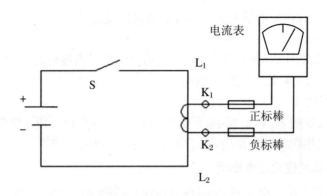

图 2.52　同极性端子试验测定法

## 四、电压互感器

### 1. 基本原理

电压互感器是电力系统中供测量仪表和保护装置使用的重要设备。它将系统的高电压变成标准的低电压（100 V，100/$\sqrt{3}$ 或 100/3 V）用于给测量仪表和继电器供电。其工作原理与变压器一样，两个相互绝缘的线圈绕在公共的闭合铁芯上，一次侧高电压 $U_1$ 经电磁感应后，在二次侧感应出低电压 $U_2$。在理想情况下，电压互感器的电压比等于匝数比，即 $U_1/U_2 = N_1/N_2$。

### 2. 分类

电压互感器按工作原理可分为电磁感应式和电容分压式；按结构形式可分为单相、三相、双绕组、三绕组；按安装方式，可分为户内式、户外式；按绝缘方式可分为干式、浇注式、油浸式、充气式，油浸式又可分为普通式和串级式。

干式电压互感器结构简单，利于防火，但绝缘强度低，一般用于 3～10 kV 户内配电装置。浇注式电压互感器结构紧凑，维护方便，适用于 3～35 kV 户内装置。油浸式电压互感器技术成熟，价格便宜，广泛用于 10～220 kV 以上的输变电所。充气式电压互感器技术先进，绝缘强度高，但价格较贵，主要用于 110 kV 及以上系统中。

### 3. 型号含义

电压互感器的型号含义如表 2.3 所示，不同型号的电压互感器如图 2.53 所示。

表 2.3　电压互感器型号含义

| 序　号 | 含　义 |
| --- | --- |
| 第一个字母 | J－电压互感器 |
| 第二个字母 | C－串级结构，D－单相，S－三相 |
| 第三个字母 | C－瓷绝缘，J－油浸绝缘，Z－环氧树脂浇注绝缘，R－电容分压式 |
| 第四个字母 | J－有接地保护用辅助线圈，W－三相五线圈，B－有补偿角差的线圈 |

型号后数字表示产品的设计序号和电压等级。

图 2.53 不同型号的电压互感器

### 4. 电压互感器的基本技术参数

(1) 额定一次电压

电压互感器的额定一次电压与其连接系统的相关电压一致。三相电压互感器或用于三相系统线间,以及用于单相系统的电压互感器与它们所接系统的标称电压一致;用于三相系统线与地之间的单相电压互感器,额定一次电压为所接系统的相电压。

(2) 额定二次电压和第三绕组二次电压

单相接于线间的电压互感器的额定二次电压为 100 V,接于相对地间的电压互感器的额定二次电压为 $100/\sqrt{3}$ V。

用于中性点直接接地系统的电压互感器,第三绕组的二次电压为 100 V;用于小电流接地系统的电压互感器,第三绕组的二次电压为 100/3 V。

(3) 额定二次负荷

电压互感器的额定二次负荷是指在功率因数为 0.8(滞后)时,能保证二次线圈相应准确级次的基准负荷,又称为额定输出标准值,以视在功率伏安数表示。对于三相电压互感器,标准值为每相的额定二次负荷。二次负荷指二次回路中所有仪器、仪表及联接线的总负荷。

额定输出标准值有 10*VA、15 VA、25*VA、30 VA、75 VA、100*VA、150 VA、200*VA、250 VA、300 VA、400 VA、500*VA,其中有 * 号者应优先选用。

### 5. 电压互感器的误差及准确度等级

(1) 电压互感器的变比误差和角误差

电磁式电压互感器存在变比误差和角误差。

① 变比误差。电压互感器二次绕组的输出电压 $U_2$ 与变比 $K$ 的乘积与一次电压数值之间的误差称为比值误差。用公式表示为

$$\Delta U\% = \frac{U_2 K - U_{1n}}{U_{1n}} \times 100\%$$

式中,$U_{1n}$ 为电压互感器一次额定电压;$U_2$ 为二次电压实测值;$K$ 为电压互感器的额定电

压比。

② 角误差是指二次电压相量 $U_2$ 与一次电压相量间的夹角 $\delta$。如果二次侧电压转过 $180°$ 后,超前于一次电压,角误差为正,反之为负。

(2) 电压互感器的准确度等级(级次)

电压互感器供测量用绕组的准确度等级以额定电压和相应准确度等级所规定的额定负荷下最大允许电压误差的百分数来标称。我国电压互感器的标准准确等级分为 0.1 级、0.2 级、0.5 级、1 级、3 级,其规定条件下的电压误差极限分别为 ±0.1%、±0.2%、±0.5%、±1%、±3%,相应的角误差分别为 $5'$、$10'$、$20'$、$40'$ 和不规定。

供保护用绕组的标准准确度有 3P 和 6P,其标称数字"3"与"6"表示在 5%～100% 额定电压范围内相应准确级次最大允许电压误差的百分数,数字后面的标注 P 代表供保护用。3P 和 6P 相应的角误差分别为 $120'$ 和 $240'$。

电压互感器的每个准确等级,都规定有相应的二次负荷额定容量,用 VA 表示。不同的准确度等级与相应的额定容量在铭牌上都有标注。当实际二次负荷超过规定的额定容量时,电压互感器的准确度将会降低,所以应注意运行互感器的二次侧所接总负荷不能超出所需准确度的额定容量。

 智慧小问:为什么电压互感器一、二次侧会安装熔断器?

**6. 电压互感器常用接线**

电压互感器常用接线有以下几种类型,如图 2.54 所示。

(1) 单相电压互感器的接线

一个单相电压互感器的接线如图 2.54 所示,可测量一个线电压。

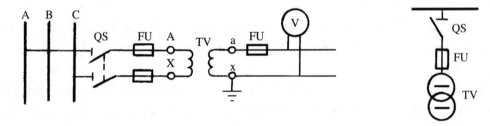

图 2.54　单相电压互感器的接线

(2) 两个单相电压互感器接线

两个单相电压互感器接成 V/V 形,如图 2.55 所示,可测量三相三线制电路的各个线电压,它广泛地应用于用户 10 kV 高压配电装置中。

(3) 三个单相三绕组或一个三相五心柱三绕组电压互感器接线

三个单相三绕组电压互感器或一个三相五心柱三绕组电压互感器接成 Y0/Y0/△ 形,如图 2.56 所示,可测量各个线电压、相对地电压及零序电压,可用于绝缘监察的电压继电器或微机小电流接地选线装置。

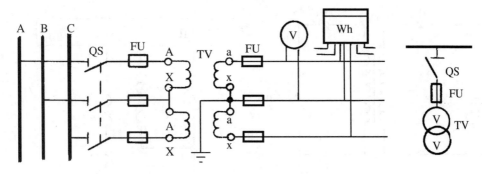

图 2.55 V/V 接线形式

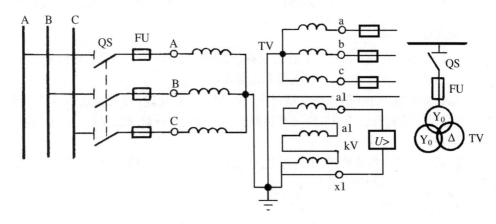

图 2.56 Y0/Y0/△接线形式

**7. 电压互感器的极性及测定方法**

电压互感器一次绕组的端子用 $1U_1$、$1U_2$ 表示,二次绕组的端子用 $2U_1$、$2U_2$ 表示。一次绕组和二次绕组按同一方向绕线,绕在同一铁芯柱上,在某一瞬间 $1U_1$ 端电位高于 $1U_2$ 端电位,$2U_1$ 端电位也高于 $2U_2$ 端电位,此时称 $1U_1$、$2U_1$ 是同极性端(同名端)。这种接线称为同极性或减极性,将二次电压折算到一次电压的向量应同相。如果二次绕组与一次绕组绕向相反,这种接线称为异极性或加极性,将二次电压折算到一次电压的向量应相差 $180°$,$1U_1$、$2U_2$ 或 $1U_2$、$2U_1$ 是同极性端(同名端)。

测定电压互感器的极性的方法有直流法和交流法。

(1) 直流法

如图 2.57 所示,用 1.5~3 V 干电池或 2~6 V 蓄电池,正极接于电压互感器高压侧 $1U_1$ 端,负极接于高压侧 $1U_2$ 端,直流毫伏表的正极接于低压侧 $2U_1$ 端,负极接于低压侧 $2U_2$ 端。当合上开关 S 瞬间表针正偏,断开瞬间表针反偏,则被测互感器为减极性,$1U_1$、$2U_1$ 为同极性端。如果表针偏转方向与上述相反,则为加极性。

(2) 交流法

如图 2.58 所示,将电压互感器的高压和低压绕组的一对同名端 $1U_1$、$2U_1$ 或 $1U_2$、$2U_2$ 用导线连接起来,在高压侧加交流电压,用一个电压表测量高压所加的交流电压 $U_1$,另一个电压表测量另一对同名端子 $1U_2$、$2U_2$ 或 $1U_1$、$2U_1$ 间电压 $U_2$。若 $U_1 > U_2$ 则为减极性,否则为加极性。

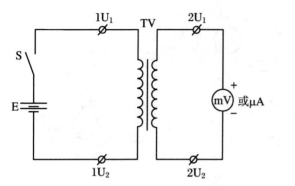
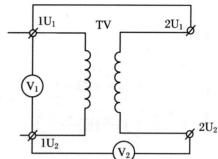

图 2.57　直流法测变压器极性接线图　　　图 2.58　交流法测变压器极性接线图

**8. 使用注意事项**

① 电压互感器在使用前要进行极性校核,二次绕组应有一个可靠的接地点,以防止互感器一、二次绕组匝间击穿时,危及人身和设备安全。

② 运行中的电压互感器在任何情况下二次侧都不得短路,否则会烧坏互感器或危及系统和设备的安全运行。所以在电压互感器的二次侧要装设熔断器保护,有的还在一次侧加熔断器保护。

③ 互感器在停电检修期间,为防止二次侧检修电源向一次侧倒送电,应将一次侧的隔离开关及一、二次侧的熔断器都拉开。

**9. 新型互感器的发展简介**

新型互感器的研制是光电子、光纤通信和数字信号处理技术的发展和应用。新型互感器的特点是:高低压间没有直接的电磁联系,使绝缘结构大为简化;测量过程中不需要消耗很大能量;测量范围宽,暂态响应快,准确度高;二次绕组数量增多,能满足多重保护需要;重量轻、成本低。新型互感器按高、低压部分的耦合方式,可分为无线电电磁波耦合、电容耦合和光电耦合式,其中光电式互感器性能最佳,研制工作进展很快。光电式互感器的原理是利用石晶材料的磁电效应和电场效应,将被测的电压、电流信号转换成光信号,经光通道传播,由接收装置进行数字化处理将接收到的光波转变成电信号,经过放大后供仪表和继电器使用。非电磁式互感器的共同缺点是,输出容量较小,需研制功率更大的放大器或采用小功率的半导体继电保护装置来减小互感器的负荷。

## 任 务 实 训

实训一:不同电压等级电压、电流互感器设备认知实训。
实训二:低压开关柜多功能仪表接线实训。

# 任务四 开 关 柜

## 一、高压开关柜概述

高压开关柜是指将断路器、负荷开关、隔离开关、熔断器、接地开关、避雷器、互感器以及控制、保护、测量等设备与内部连接件、绝缘支持件和辅助件固定连接后,安装在一个或几个金属封闭外壳内的成套配电装置。开关柜在制造厂装配完成后,运至现场只需要简单的安装固定,并与进出线相连后即可投入使用。由于开关柜安装简单,占地面积小,防小动物性能好,运行可靠性高,因此在供电系统中,特别是在地下变电所得到广泛的应用。

**1. 按断路器安装方式分类**

① 手车式(用 Y 表示):其柜内的主要电器元件(如断路器)是安装在可抽出的手车上的,由于手车柜有很好的互换性,因此可以大大提高供电的可靠性,常用的手车类型有隔离手车、计量手车、断路器手车、PT 手车、电容器手车和所用变手车等。

② 固定式(用 G 表示):其柜内所有的电器元件(如断路器或负荷开关等)均为固定式安装,可靠性高,固定式开关柜构造较为简单经济。

**2. 按安装地点分类**

① 户内式(用 N 表示):其只能在户内安装使用。

② 户外式(用 W 表示):其可以在户外安装使用。

**3. 按照绝缘介质分类**

① 大气绝缘式,其绝缘介质是大气和固体绝缘组成的复合绝缘介质,即 AIS(Air Insulated Switchgear)。

② $SF_6$ 气体式,其以 $SF_6$ 气体为绝缘介质,即 GIS(Gas Insulated Switchgear)。

**4. 按照电压等级分类**

① 3.6~40.5 kV 为中压柜。

② 72.5 kV 及以上为高压柜。

## 二、不同电压等级开关柜

**1. 110 kV 组合电器 GIS**

(1) 110 kV 组合电器 GIS 结构

$SF_6$ 全封闭组合电器是将高压电器元件,如断路器、接地开关、母线、电流互感器、电压互感器、氧化锌避雷器、出线套管等元件全部封闭于接地的金属体内,然后充以 $SF_6$ 气体。ZF12-126(L)型如图 2.59 所示,其外形结构如图 2.60 所示。

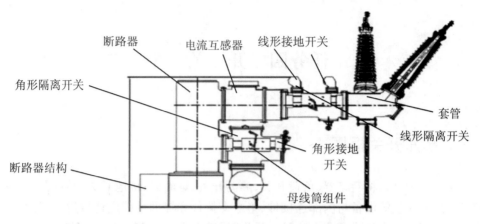

图 2.59　ZF12-126(L)型 GIS 结构示意图

图 2.60　110 kV GIS 外形结构图

(2) GIS 的特点

由于 $SF_6$ 具有很强的绝缘性能,所以组合电器的体积较小,使变电所占地面积减小,降低了成本和投资。此外由于地铁空间相对狭小,因此十分适合采用 $SF_6$ 全封闭组合电器。

(3) 110kV 组合电器的基本要求

① GIS 设备应固定牢靠,外表清洁完整,无锈蚀。

② 电气连接可靠且接触良好,引线、金具完整,连接牢固。

③ 各气室气体漏气率和含水量应符合规定(详细要求见表 2.4)。

④ 组合电器及其传动机构的联动应正常,无卡阻现象,分、合闸指示正确,调试操作时,辅助开关及电气闭锁装置应动作正确可靠。

⑤ 各气室配备的密度继电器的报警、闭锁值符合规定,电气回路传动应正确。

⑥ 出线套管等瓷质部分应完整无损、表面清洁。

⑦ 油漆应完整,相色标识正确,外壳接地良好。

⑧ 机构箱、汇控柜内端子及二次回路连接正确,元件完好。

### (4) 主要技术参数及性能

110 kV/35 kV 主变电站 110 kV 侧的主要技术参数及性能如表 2.4 所示。

**表 2.4  110 kV/35 kV 主变电站 110 kV 侧的主要技术参数及性能**

| 技术性能 | | 参数及要求 |
|---|---|---|
| 额定电压 | | 110 kV |
| 额定电流 | | 1250 kV |
| 额定频率 | | 50 Hz |
| 外壳材料 | | 铝合金 |
| 额定热稳定电流(3 s) | | 31.5 kA |
| 额定动稳定电流(峰值) | | 80 kA |
| 额定工频耐压 1 min 有效值 | 对地、相间、及普通断口 | 230 kV |
| | 隔离断口间 | 265 kV |
| 额定雷电冲击耐受电压峰值 | 对地、相间、及普通断口 | 550 kV |
| | 隔离断口间 | 630 kV |
| 气体零表压(压力很小时) 5 min 耐受电压 | 相间 | 142 kV |
| | 相对地或断口间 | 95 kV |
| 气体的水分允许含量 | 有电弧分解物的隔室 | 不大于 $150 \times 10^6$ |
| | 无电弧分解物的隔室 | 不大于 $250 \times 10^6$ |
| 漏气率 | 年漏气率 | 不大于 1% |
| | 两次补气间隔时间 | 不大于 10 年 |
| GIS 检修周期 | | 大于 10 年 |
| GIS 外壳、气体管路及二次电缆外皮长期感应电压 | | 小于 36 V |
| 辅助电压 | GIS 设备 | DC 110 V |
| | 照明及加热器 | AC 220 V |
| 外壳的允许温升 | 运行人员易触及的部位 | 30 ℃ |
| | 运行人员易触及但操作时不触及的部位 | 40 ℃ |
| | 运行人员易触及的个别部位 | 65 ℃ |
| 额定气压 | | 由制造厂确定、但须保证在额定气压的 85%~110% 范围内,操动机构应能正常地分闸和合闸。额定气压指开关操作 |
| $SF_6$ 气体的额定密度和最小运行密度 | | $SF_6$ 额定密度和最小运行密度由制造厂标定,当低于最小运行密度时,应有发出停止 GIS 运行的警告 |

### 2. 35 kV 高压开关柜

(1) 35 kV 馈线柜

35 kV 馈线柜(参数及性能见表 2.5)主要负责把主变电所的 35 kV 电源馈送出去。它设置了导线纵联差动保护、过电流保护和零序电流保护。35 kV 馈线柜主要由真空断路器、隔离开关及其操动机构、测量设备电流互感器、保护设备避雷器、继电保护设备组成。

表 2.5　35 kV 高压开关柜主要技术要求及性能

| 设备 | 技术性能 | | 参数及要求 | | |
|---|---|---|---|---|---|
| | | | 馈线柜 | 进线柜 | 母联柜 |
| 柜体 | 数量 | | 1 个 | 1 个 | 2 个 |
| 断路器 | 数量 | | 1 台 | 1 台 | 1 台 |
| | 断路器形式 | | 固定式真空断路器 | 固定式真空断路器 | 固定式真空断路器 |
| | 额定电压 | | 35 kV | 35 kV | 35 kV |
| | 最高工作电压 | | 38 kV | 38 kV | 36 kV |
| | 额定电流 | | 1250 A | 1250 A | 1250 A |
| | 额定频率 | | 50 Hz | 50 Hz | 50 Hz |
| | 雷电冲击耐受电压(相对地) | | 170 kV | 170 kV | 170 kV |
| | 主电路工频耐受电压(相间)(1 min) | | 70 kV、50 Hz | 170 kV、50 Hz | 170 kV、50 Hz |
| | 辅助电路工频耐受电压(1 min) | | 2 kV、50 Hz | 2 kV、50 Hz | 2 kV、50 Hz |
| | 额定短路开断电流 | | 16 kV | 16 kV | 16 kV |
| | 额定关合电流(峰值) | | 40 kA | 40 kA | 40 kA |
| | 额定热稳定电流(3 s) | | 16 kA | 16 kA | 16 kA |
| | 额定动稳定电流 | | 40 kA | 40 kA | 40 kA |
| 操动机构 | 数量 | | 1 台 | 1 台 | 1 台 |
| | 操作电压 | | DC 110 V | DC 110 V | DC 110 V |
| | 操作电流 | | ≤5 A | ≤5 A | ≤5 A |
| | 辅助触头 | | 10 常开、10 常闭 | 10 常开、10 常闭 | 10 常开、10 常闭 |
| | 机械寿命 | | ≥20000 次 | ≥20000 次 | ≥20000 次 |
| | 机械特性 | 合、分闸时间 | 合闸时间小于0.05 ms 分闸时间小于 0.2 ms | — | — |
| | | 合、分闸速度 | 合闸速度 1.4～10 m/s 分闸速度 0.8～18 m/s | — | — |
| | | 开柜 | 参考值为 6～12 mm | — | — |
| | | 三极合、分闸不同期性 | 合闸不同期小于 5 ms 分闸不同期性小于 3 ms | — | — |

续表

| 设备 | 技术性能 | | 参数及要求 | | |
|---|---|---|---|---|---|
| | | | 馈线柜 | 进线柜 | 母联柜 |
| 操动机构 | 电气寿命 | 额定短路电流开断次数 | ≥50 次 | ≥50 次 | ≥50 次 |
| | | 额定电流下的开断次数 | ≥10000 次 | ≥10000 次 | ≥10000 次 |
| 隔离开关 | 数量 | | 1 台 | 1 台 | 1 台 |
| | 形式 | | 三极,手动操动 | 三极,手动操动 | 三极[A\B\B],手动操动 |
| | 额定电压 | | 35 kV | 36 kV | 35 kV |
| | 最高工作电压 | | 38 kV | — | — |
| | 额定电流 | | 400 A | 1250 A/2000 A | 1250 A |
| | 热稳定电流(3 s) | | 16 kA | 16 kA | 16 kA |
| | 动稳定电流(峰值) | | 40 kA | 40 kA | 40 kA |
| | 辅助接点 | | 10 常开、10 常闭 | 10 常开、10 常闭 | 10 常开、10 常闭 |

(2) 35 kV 母联柜

35 kV 母联柜主要由真空断路器、隔离开关及其操动机构、测量设备以及继电保护设备组成,其主要技术要求及性能见表 2.6。它主要用于改变主接线的形式,确保系统工作在最佳形式下。35 kV 母联柜设置了限时速断保护和过电流保护。

表 2.6 35 kV 高压开关柜主要技术要求及性能

| 设备 | 技术性能 | 参数及要求 | | |
|---|---|---|---|---|
| | | 馈线柜 | 进线柜 | 母联柜 |
| 电流互感器 | 数量 | 3 台 | 3 台 | 3 台 |
| | 额定热稳定电流(3 s) | 16 kA | 16 kA | 16 kA |
| | 额定动稳定电流 | 40 kA | 40 kA | 40 kA |
| | 额定负荷 | 5 V·A×3 | 5 V·A×3 | 5 V·A×3 |
| 避雷器 | 数量 | 3 台 | — | — |
| | 形式 | 氧化锌避雷器 | — | — |
| | 系统额定电压 | 35 kV | — | — |
| | 避雷器额定电压 | 42 kV | — | — |
| | 持续运行电压 | 23.4 kV | — | — |
| | 标称放电电流下残压 | ≤119 kV(8/20 μs,5 kV) | — | — |
| 二次设备 | | 一套 | 35 kV 供电系统控制、继电保护装置 | |
| 电压互感器 | | — | 3 台 | — |

## 3. 1500 V 直流开关柜

开关柜是指用于安装整流器正极与 1500 V 正极母线间的开关设备,柜体内设有多种保护。,外形如图 2.61、图 2.62 所示。进线柜装设手车式直流快速断路器,手车能方便地拉出和推入。开关柜具有"运行""试验""移开"三个明显位置,和馈线柜设备结构基本一致。开关柜内的主要设备及技术参数如表 2.7、表 2.8 所示。

图 2.61 1500 V 直流开关柜

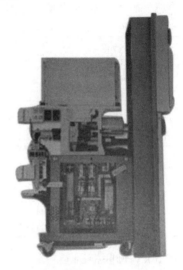

图 2.62 带有测控设备的 1500 V 直流开关柜手车

表 2.7 1500 V 直流开关柜主要设备及技术参数 1

| 设备 | | 技术性能 | | 参数及要求 | |
|---|---|---|---|---|---|
| | | | | 馈线柜 | 进线柜 |
| 直流快速断路器 | 开关本体 | 数量 | | 1 套 | 1 套 |
| | | 数量 | | 1 台 | 1 台 |
| | | 形式 | | 直流快断路器 | 直流快速断路器 |
| | | 额定电压 | | DC 1500 V | DC 1500 V |
| | | 最高工作电压 | | DC 1800 V | DC 1800 V |
| | | 额定绝缘电压 | | ≥2000 V | ≥2000 V |
| | | 额定电流 | | 4000 A | 4000 A |
| | | 过载能力 | 2 h | 4700 A | 4700 A |
| | | | 1 min | 8000 A | 8000 A |
| | | | 20 s | 12500 A | 12500 A |
| | | 大电流脱扣保护装置(包括限流特性、电流整订值范围等) | | 1 套 | 1 套,厂家提供,业主确认 |
| | | 开断时的过电压 | | 不超过最高工作电压的 2 倍 | 不超过最高工作电压的 2 倍 |
| | | 短路关合能力 | | ≥80 kA | ≥80 kA |
| | | 短路开断能力 | | ≥75 kA | ≥75 kA |

续表

| 设备 | | 技术性能 | 参数及要求 | |
|---|---|---|---|---|
| | | | 馈线柜 | 进线柜 |
| 直流快速断路器 | 开关本体 | 最小开断电流 | 厂家提供,业主确认 | 厂家提供,业主确认 |
| | | 机械相应时间 | 厂家提供,业主确认 | 厂家提供,业主确认 |
| | | 开断循环 | ≥30 次/h | ≥30 次/h |
| | | 间隔时间 | 厂家提供,业主确认 | O-15 s-CO-15 s-60 s-CO |
| | | 机械寿命/电气寿命 | 厂家提供,业主确认 | 厂家提供,业主确认 |
| | | 工频耐压一次电路对地、合闸线圈、辅助触头 | 8.5 kV,50 Hz,1 min | 8.5 kV,50 Hz,1 min |
| | | 主触头闸 | 8.5 kV,50 Hz,1 min | 8.5 kV,50 Hz,1 min |

表 2.8　1500 V 直流开关柜主要设备及技术参数 2

| 设备 | 技术性能 | 参数及要求 | |
|---|---|---|---|
| | | 馈线柜 | 进线柜 |
| 控制回路 | 形式 | 有开关合、分位置的指示器 | 有开关合、分位置的指示器 |
| | 额定电压 | DC 110 V | DC 110 V |
| | 保持方式 | 电保持 | 电保持 |
| | 合闸功率/合闸冲击时间 | 厂家提供,业主确认 | 厂家提供,业主确认 |
| | 合闸时间 | 厂家提供,业主确认 | 厂家提供,业主确认 |
| | 全分闸时间 | 厂家提供,业主确认 | 厂家提供,业主确认 |
| | 工频耐压:合闸线圈对地 | 2 kV,50 Hz,1 min | 2 kV,50 Hz,1 min |
| 辅助回路 | 辅助触头 | 8 常开、常闭 | 8 常开、常闭 |
| | 工频耐压辅助触头对地 | 2 kV,50 Hz,1 min | 2 kV,50 Hz,1 min |
| 电流测量装置 | 数量 | 1 套 | 1 套 |
| | 额定电流 | 4000 A | 4000 A |
| | 过载能力 | 5 倍 | 5 倍 |
| | 二次电流(电压) | 与所选设备匹配 | 与所选设备匹配 |
| | 嵌入式电流表 | 1 个,准确等级 1.5 级 | 1 个,准确级 1.5 级,量程 0~4000 |
| 电压测量装置 | 数量 | — | 1 套 |
| | 一次额定电压 | — | DC 1500 V |
| | 二次额定电压 | — | 与所选设备匹配 |
| | 电压表 | — | 1 只,准确级 1.5,量程 0~2000 V |

| 设 备 | 技术性能 | 参数及要求 ||
|---|---|---|---|
| | | 馈线柜 | 进线柜 |
| 避雷器 | 数量 | — | 2台 |
| | 额定电压 | — | 1.8 kV |
| | 标准放电电流 | — | 5 kA |
| | 标称放电电流下残压 | — | 5.45 kV |
| 其他 | | 略 ||

续表

### 4. 负极柜

负极柜采用电动隔离开关,开关柜前部设有可锁住的金属门。整个变电所设一套低阻抗框架泄漏保护,装于负极柜内,对某些故障进行保护。框架泄漏保护由一个电流元件和一个电压元件组成。它采用软件编程,电压元件应可当地投入或去除,并可由用户采用软件编程分别整定为报警和跳闸两段,动作电流、动作电压及动作时间可以由用户调整软件编程现场整定。框架保护动作跳闸后,只有当故障消失,当地复归框架保护后,断路器才能合闸。框架保护的动作信号可在当地或远方显示。

## 任 务 实 训

实训一:地铁35 kV、1500 V、0.4 kV 开关柜结构认知,观察各开关设备之间是如何形成一个有机整体的。

实训二:开关柜就地和远方分合闸操作实训。

实训三:35 kV 高压开关柜倒闸操作实训。

## 创新创业引导

引导一:将城轨开关柜设备与国铁设备,从形式上进行比较,分析各自形态选取的依据,形成报告。

引导二:电弧电流判据的直流断路器失灵保护方式探寻。

引导三:城市轨道交通专用回流轨牵引供电技术方案研究。

引导四:可移动式高压开关柜自动除湿装置研制。

## 习 题

1. 高压断路器的主要作用是什么?其结构有何特点?
2. 常用的高压断路器有哪些类型?各有何特点?
3. 高压隔离开关的作用是什么?对其操作有何要求?
4. 高压负荷开关的作用是什么?其应用与断路器、隔离开关的应用有何不同?
5. 高压熔断器的作用是什么?常用高压熔断器有哪些类型?各应用在什么情况下?
6. 电压互感器的功能是什么?应用中有哪些注意事项?
7. 电流互感器的功能是什么?应用中有哪些注意事项?
8. 什么是成套配电装置?高压开关柜的"五防"措施指的是什么?

9. 避雷器的作用什么？主要有哪些类型？各有何特点？
10. 说明熔断器的结构。
11. 什么叫冶金效应？
12. 什么叫熔断器的保护特性？
13. 户外高压熔断器有哪些类型？

# 项目三 变压与整流

## 任 务 导 入

轨道交通从国家电网引入的电能并不能直接使用,为了满足城市轨道交通各生产调度管理环节的需要,包括正线列车运行、车辆段列车整备、车站机电设备运行等,要对引入的电压加以变换。变压和整流是牵引供电系统变换电压的核心,具有极其重要的地位。本项目主要介绍变压和整流过程,以及该过程涉及的装置。

## 能 力 目 标

1. 掌握城市轨道交通供电系统变压器的结构形式和特点。
2. 掌握油浸式、干式变压器的参数。
3. 掌握整流器的结构。
4. 掌握6脉波、12脉波、24脉波形成的方式。
5. 掌握整流器的技术参数。

## 任务一 认识变压器

### 一、变压器原理及结构

变压器是一种通过改变电压来传输交流电能的静止感应电器。它根据电磁感应的原理,把某一等级的交流电压变换成另一等级的交流电压,以满足不同负荷的需要。在电力系统中,变压器占有极其重要的地位。

**1. 单相变压器的工作原理**

变压器主要由铁芯和绕组组成,前者构成磁路,后者构成电路,它是根据电磁感应原理工作的。如图3.1所示,在闭合的铁芯上,绕有两个互相绝缘的绕组,接入电源的一侧称一次侧绕组,输出电能的一侧称二次侧绕组。当交流电压$\dot{U}_1$加到一次侧绕组后,有交流电流$\dot{I}_1$通过该绕组,在铁芯中产生交流磁通$\dot{\Phi}$。交变磁通穿过一次侧绕组,同时也穿过二次侧绕组,两个绕组上分别产生感应电势$\dot{E}_1$和$\dot{E}_2$。如果二次侧绕组与外电路的负荷接通,便有电流$\dot{I}_2$流入负荷,即二次侧绕组有电能输出。

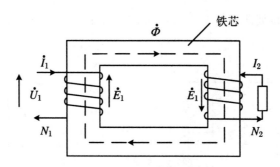

**图 3.1　单相变压器原理图**

根据电磁感应定律可以得出：

一次绕组感应电动势　　　$E_1 = 4.44 f N_1 B_m S \times 10^{-4}$

二次绕组感应电动势　　　$E_2 = 4.44 f N_2 B_m S \times 10^{-4}$

式中，$f$ 为电源频率(Hz)；$N_1$ 为一次绕组匝数(匝)；$N_2$ 为二次绕组匝数(匝)；$B_m$ 为铁芯中磁通密度的最大值；$S$ 为铁芯截面积($cm^2$)。

由以上两式得出

$$\frac{E_1}{E_2} = \frac{N_1}{N_2}$$

即变压器一、二次侧感应电动势之比等于一、二次侧绕组匝数之比。由于变压器一、二次侧的漏电抗和电阻都比较小，可以忽略不计，因此，可近似地认为 $U_1 = E_1$，$U_2 = E_2$，于是

$$\frac{U_1}{U_2} = \frac{E_1}{E_2} = \frac{N_1}{N_2} = K$$

式中，$K$ 为变压器的变压比(变比)。

变压器一、二次绕组匝数不同将导致一、二次侧绕组的电压高低不等，匝数多的一侧电压高，匝数少的一侧电压低。

在一、二次绕组电流 $\dot I_1$、$\dot I_2$ 的作用下，铁芯中总的磁势为

$$\dot I_1 N_1 + \dot I_2 N_2 = \dot I_0 N_1$$

式中，$\dot I_0$—变压器的空载励磁电流。

由于 $\dot I_0$ 比较小，其值可以忽略不计，因此上式可改写为

$$\dot I_1 N_1 = -\dot I_2 N_2$$

取绝对值后有如下关系

$$\frac{\dot I_1}{\dot I_2} = \frac{N_2}{N_1} = \frac{1}{K}$$

由此可见，变压器一、二次电流之比与一、二次绕组的匝数成反比。

**2．三相变压器的工作原理**

如果把三台单相变压器按照一定的规律连接起来则可以组成一个三相变压器组，这时每一台变压器有自己独立的磁路，各相磁路互不相关。如果把三相的一、二次绕组同时绕制在同一台铁芯上，则可以构成一台三相变压器。三相变压器的铁芯一般有 3 个芯柱，每个芯柱都套装着一、二次绕组，各相磁路相互关联，如图 3.2 所示。在对称负荷下，各相电

压、电流大小相等，相位彼此相差 120°，如图 3.3 所示。

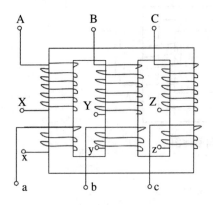

图 3.2　三相变压器绕组与铁芯的位置

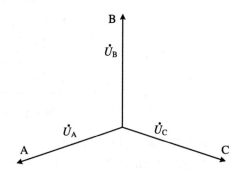

图 3.3　各相电压向量图

**智慧小问**：三相变压器的铁芯磁路是否对称？对变压器运行有何影响？

大型的三相变压器为降低其高度，将铁芯做成三芯五柱式，如图 3.4 所示，中间三个铁芯柱上分别套有 A、B、C 三相绕组。

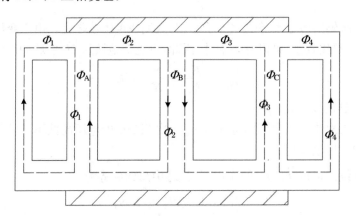

图 3.4　三芯五柱式变压器磁通示意图

设各段铁轭中磁通分别为 $\dot{\varPhi}_1$、$\dot{\varPhi}_2$、$\dot{\varPhi}_3$、$\dot{\varPhi}_4$，则

$$\dot{\varPhi}_A = \dot{\varPhi}_2 - \dot{\varPhi}_1$$

$$\dot{\varPhi}_B = \dot{\varPhi}_3 - \dot{\varPhi}_2$$

$$\dot{\varPhi}_C = \dot{\varPhi}_4 - \dot{\varPhi}_3$$

$$\dot{\varPhi}_1 = \dot{\varPhi}_4$$

则 $\dot{\varPhi}_C = \dot{\varPhi}_1 - \dot{\varPhi}_3$。所以，三芯五柱式各磁通的相量关系同普通三相星形连接时相电压和线电压的关系相似。当三相磁路对称时，铁轭和边柱中的磁通 $\dot{\varPhi}_1$、$\dot{\varPhi}_2$、$\dot{\varPhi}_3$、$\dot{\varPhi}_4$ 将是铁芯柱中磁通 $\dot{\varPhi}_A$、$\dot{\varPhi}_B$、$\dot{\varPhi}_C$ 的 $1/\sqrt{3}$，与三柱式铁芯相比，磁轭（或铁轭）截面及其高度可缩成原来的 $1/\sqrt{3}$，从而使整个铁芯高度降低。三相变压器由于节省铁芯材料，成本低，因此得到广泛的应用。

**3. 变压器参数**

(1) 变压器型号

变压器型号一般按以下方式组成：

1 2 3 4 - 5/6

其中,1是相数:D——单相,S——三相(双绕组不表示),O是自耦变压器(在型号首位表示降压,在型号末位表示升压)。

2是冷却方式:F——风冷式,W——水冷式,P——强迫油循环,D——强迫油导向循环。

3是绕组:L——铝绕组(铜绕组不表示);Z——有载调压(无载调压不表示)。

4是设计序号。

5是额定容量(kVA)。

6是高压绕组额定电压(kV)。

例如,SZ-31500/110表示三相有载调压,额定容量为31500 kVA,高压绕组额定电压为110 kV。

(2) 额定容量

额定容量指变压器在额定电压、额定电流下连续运行时,能输送的容量,其计算公式为

单相电力变压器 $S_e = U_e I_e \times 10^{-3}$ (kVA)

三相电力变压器 $S_e = \sqrt{3} U_e I_e \times 10^{-3}$ (kVA)

式中,$U_e$、$I_e$ 为变压器一次侧的额定电压、额定电流,$S_e$ 为额定容量。

变压器按其额定容量可分为小型变压器(1600 kVA)、中型变压器(1600~6300 kVA)、大型变压器(8000~63000 kVA)和特大型变压器(大于63000 kVA)。

(3) 额定电压

额定电压指变压器长时间运行时所能承受的工作电压。

(4) 额定电流

额定电流指变压器在额定容量下,允许长期通过的线电流。

(5) 空载电流

主变压器一次绕组接入额定电压,二次绕组开路时,流过一次绕组的电流,称为空载电流 $I_0$,通常以其与额定电流 $I_e$ 之比的百分数表示,一般只有 1%~5% $I_e$,大型变压器在 1% $I_e$ 以下。

(6) 空载损耗(铁损)

变压器在空载运行状态下产生的有功损耗,称为变压器的空载损耗 $P_0$。空载损耗由两部分组成,即空载电流 $I_0$ 流经一次绕组在其电阻 $R_1$ 上的有功损耗和磁通在铁芯中引起的损耗,由于 $I_0$ 很小,因此,空载损耗主要为铁芯中的损耗,故空载损耗又称为铁损。

铁损主要由磁滞损耗和涡流损耗两部分组成,另外还有漏磁通在铁芯夹件、油箱等构件中引起的涡流损耗,以及铁芯接缝处磁通分布不均所引起的损耗,统称为附加铁损。这些损耗都和电源频率及磁通密度有关,因此除采用优质硅钢片(晶粒取向冷轧硅钢片)做铁芯外,还应在工艺上采用斜接缝,减少接缝数,用非磁性材料绑扎带代替夹紧螺栓等几项措施以降低总铁损。

(7) 负载损耗

当变压器一次绕组接到额定电压上,二次绕组接上负载时,在一、二次绕组内就有负载

电流 $\dot{I}'_2$ 和 $\dot{I}_2$，变压器就进入负载运行状态。一次绕组内的负载电流 $\dot{I}'_2$ 和空载电流 $\dot{I}_0$ 合成一次电流 $\dot{I}_1$，表示为 $\dot{I}_1 = \dot{I}_0 - \dot{I}'_2$

$$\dot{I}'_2 = \frac{\dot{I}_2}{K}$$

式中，$K$ 为变压器的变比。

负载电流流过一、二次绕组时，在其导线内产生的电阻损耗，称为变压器的负载损耗。实际上的负载损耗还包括导线的涡流损耗、环流损耗、引线损耗等附加损耗。

变压器的额定负载损耗是指变压器绕组中通以额定电流时在一、二次绕组中产生的负载损耗，并将绕组直流电阻折算至 75℃ 时的损耗值。通常将低压绕组短路，高压绕组处于额定分接位置，施加额定频率的额定电流时，从电源吸取的有功功率即为额定负载损耗。

(8) 阻抗电压

阻抗电压指变压器二次绕组短路，一次绕组上所施加的电压，使一次绕组达到额定电流值时的电压与一次绕组额定电压的百分比值。

4. 变压器结构

油浸式电力变压器主要由器身(铁芯、绕组等)、油箱、冷却装置、保护装置、出线套管、绝缘油等组成。在设计、制造和运行方面，油浸式变压器积累了丰富的经验，能够比较可靠地运行于大多数场合，特别在大容量、超高压系统中，油浸式变压器得到了广泛的应用。油浸式电力变压器结构如图 3.5 所示。城市轨道交通牵引供电系统里主变压器多采用油浸式电力变压器。

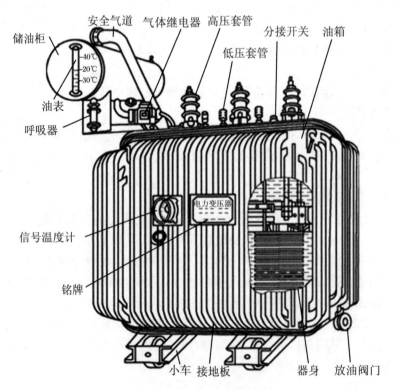

图 3.5 油浸式电力变压器

(1) 铁芯(磁路部分)

为了提高磁路的导磁性能,减小铁芯中的磁滞、涡流损耗,铁芯一般采用高磁导率的铁磁材料,即 0.35～0.5 mm 厚的硅钢片叠成。变压器用的硅钢片含硅量比较高。硅钢片的两面均涂上绝缘漆,这样可使叠装在一起的硅钢片相互之间绝缘。

铁芯是变压器的主磁路,电力变压器的铁芯主要采用心式结构,它是将 A、B、C 三相的绕组分别放在三个铁芯柱上,三个铁芯柱由上、下两个铁轭连接起来,构成闭合磁路,如图 3.6 所示。

图 3.6　铁芯

(2) 绕组

绕组是变压器的电路部分,如图 3.7 所示,它是由铜或铝的绝缘导线绕制而成。为了便于绝缘,低压绕组靠近铁芯柱,高压绕组套在低压绕组外面。

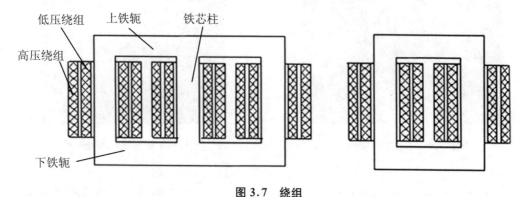

图 3.7　绕组

(3) 油箱

油浸式变压器均有一个油箱,装入变压器油后,将组装好的器身装入其中,以保证变压器正常工作。变压器油用于加强变压器内部绝缘强度和散热。

(4) 储油柜

储油柜又称油枕,是一种油保护装置,如图 3.8 所示,安装于变压器油箱上部,用弯曲联管与变压器油箱连接,其容积一般为总油量的 10% 左右。

变压器在运行中,随着油温的变化,油的体积会热胀冷缩,为了减少油与外界空气的接触面积,减小变压器受潮和氧化的概率,通常在变压器上部安装一个储油柜。

图 3.8　储油柜

(5) 呼吸器

随着负荷和气温变化,各变压器油温不断变化,油枕内的油位随着整个变压器油的膨胀和收缩而发生变化,为了使潮气不能进入油枕使油劣化,将油枕用一根管子从上部连通到一个内装硅胶的干燥器(俗称呼吸器),硅胶对空气中水分具有很强的吸附作用,干燥状态为蓝色,吸潮饱和后变为粉红色,如图3.9、图3.10所示。

图 3.9　干燥的呼吸器

图 3.10　吸潮饱和的呼吸器

(6) 冷却器

冷却器直接装配在变压器油箱壁上,如图3.11所示。对于强迫油循环风冷变压器,电动泵从油箱顶部抽出热油送入散热器管簇中,这些管簇的外表受到来自风扇的冷空气吹拂,使热量散失到空气中去,经过冷却后的油从变压器油箱底部重新回到变压器油箱内。无论电动泵装在冷却器上部还是下部,其作用是一样的。冷却器有强油风冷却器、新型大容量风冷却器、强油水冷却器。

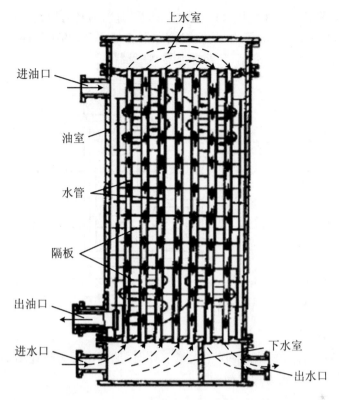

图 3.11 水冷却器的结构本体

(7) 绝缘套管

变压器绕组的引出线从油箱内部引到箱外时必须经过绝缘套管,使引线与油箱绝缘。绝缘套管一般是陶瓷的,其结构取决于电压等级。1 kV 以下采用实心磁套管,10~35 kV 采用空心充气或充油式套管,110 kV 及以上采用电容式套管。为了增大外表面放电距离,套管外形做成多级伞形裙边,电压等级越高,级数越多,如图 3.12 所示。

图 3.12 绝缘套管

(8) 分接开关

变压器常用改变绕组匝数的方法来调压,如图 3.13 所示。一般从变压器的高压绕组引出若干抽头,称为分接头,用以切换分接头的装置叫分接开关。分接开关分为无载调压和有载调压两种,前者必须在变压器停电的情况下切换,后者可以在变压器带负载情况下进行切换。分接开关安装在油箱内,其控制箱在油箱外,有载调压分接开关内的变压器油是完全独立的,它也有配套的油箱、瓦斯继电器、呼吸器。

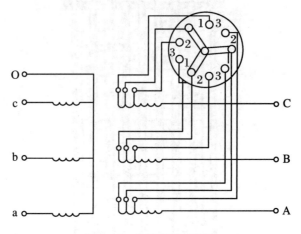

图 3.13　分接开关示意图

(9) 压力释放阀

当变压器内部发生严重故障而产生大量气体时,油箱内压力迅速增加,为防止变压器发生爆炸,油箱上安装有压力释放阀。

(10) 防爆管

防爆管又名安全气道,装在油箱的上盖上,一个喇叭形管子与大气相通,管口用薄膜玻璃板或酚醛纸板封住,如图 3.14 所示。为防止正常情况下防爆管内油面升高使管内气压上升而造成防爆薄膜松动或破损,引起气体继电器误动作,在防爆管与储油柜之间连接一小管,以使两处压力相等。

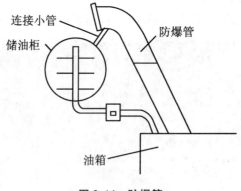

图 3.14　防爆管

(11) 气体继电器

气体继电器又称瓦斯继电器,是变压器的一种保护装置,安装在油箱与储油柜的连接管道中。如图 3.15 所示。当变压器内部发生故障时(如绝缘击穿、匝间短路、铁芯事故、油箱漏油使油面下降较多等),产生的气体和油流迫使气体继电器动作,轻者发出信号,以便运行人员及时处理;重者使断路器跳闸,以保护变压器。其内部结构如图 3.16 所示。

图 3.15 气体继电器

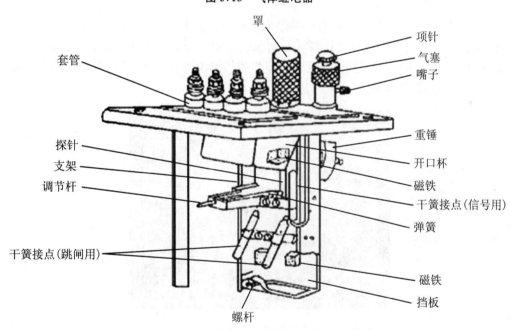

图 3.16 气体继电器内部结构

(12) 净油器

净油器又名热吸虹器,是用钢板焊接成的圆筒形小油罐,罐内也装有硅胶或活性氧化铝吸附剂。当油温变化而上下流动时,经过净油器可起到吸取油中水分、渣滓、酸、氧化物的作用。3150 kVA 及以上变压器均有这种净化装置。净油器安装在变压器上部时净化效率高,装在下部时易于更换,安装位置视具体情况而定,如图 3.17、图 3.18 所示。

图 3.17　下部式净油器　　　　　图 3.18　上部式净油器

(13) 温度计

大型变压器都装有测量上层油温的带电接点的测温装置,它装在变压器油箱外,如图 3.19 所示,便于运行人员监视变压器油温情况。温度计用于监视变压器的上层油温,小型变压器可用水银温度计直接插入温度计管座里进行测温监视,大中型电力变压器应装设信号温度计及远方测温装置。

图 3.19　温度计

(14) 油位计

油位计又称油表或油标,用来监视变压器的油位变化。油位计上标出相当于温度为 $-30\ ℃$、$20\ ℃$ 和 $40\ ℃$ 的三个油面线标志。常用的油位计种类有板式、管式、磁力式。

## 二、接线组别和应用

接线组别是用来表示变压器各侧绕组的连接方式及两侧相应的线电压之间的相位差。变压器的连接组别采用大写字母表示一次侧(或原边)的接线方式,小写字母表示二次侧(或副边)的接线方式。Y(或 y)为星形接线,D(或 d)为三角形接线。数字采用时钟表示法,用来表示一、二次侧线电压的相位关系,一次侧线电压相量作为分针,固定指在 12 点的位置,二次侧的线电压相量作为时针。如 Y,d11 在变压器的连接组别中"Y"表示高压侧为星形接线,"d"表示低压侧为三角形接线,"11"表示变压器低压侧的线电压 $\dot{U}_{ab}$ 滞后高压侧线电压 $\dot{U}_{ab}$330°(或超前 30°),如图 3.20、图 3.21 所示。

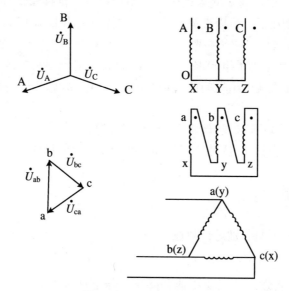

图 3.20　Y,d11 连接方式

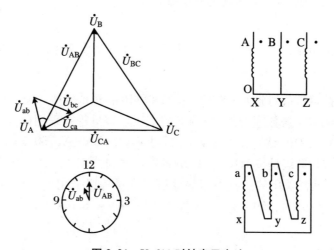

图 3.21　Y,d11 时钟表示方法

变压器有 4 种基本连接形式:"Y,y""D,y""Y,d"和"D,d"。我国常用"Y,y""D,y"和"Y,d"。Y 连接还有带中性线和不带中性线两种,不带中性线则不增加任何符号表示,带中性线则在字母 Y 后面加字母 n 表示。在变压器的连接组别中"Yn"表示一次侧为星形带中性线的接线。如"Yn,d",表示一次侧接线为星形带中性线的接线,二次侧为三角形接线。

在城轨供电系统中牵引变电站会有大量的谐波产生,为抑制齐次谐波,在 35 kV 侧主变压器、整流变压器和中心降压变压器都是三角形接线;110 kV 是直接接地系统,在操作时为防止操作过电压和涌流需要将主变中性点接地,所以主变 110 kV 侧为星形接线。这样主变压器的接线组别一般为 Y,d 系列。降压变压器的 35 kV 侧为经电阻接地的小电流接地系统,所以降压变压器的接线组别一般为 D,y 系列。而牵引变压器为了适应 24 脉波直流的输出,其低压侧输出是两路,每台的两组低压绕组输出的相位差为 30°,这样构成 12 脉波整流变压器,每台在 35 kV 侧采用延边三角形接线各自移相 ±7.5°,两台整流变压器就组成 24 脉波整流变压器。所以整流变压器的接线组别为 D,d+7.5° 和 D,d-7.5°。其中 D 为延边三角形接线。

采用这种变压器就是为了组成 12 脉动、24 脉动、48 脉动整流方式,提高出现的电力谐波的次数和幅度,防止整流中出现的电力谐波向系统(电源侧)传送,保障自身和其他电力用户的电能质量。

只有用两台变压器联合接线,即将两个变压器的高压接在一起,低压也"对应"接在一起,才能达到提高脉动次数、降低谐波幅值和提高谐波次数的目的。

## 三、变压器的分类

变压器种类很多,下面分别进行叙述。

### 1. 按功能分

电力变压器按功能分为升压变压器和降压变压器两大类。变电所采用降压变压器。终端变电所的降压变压器,也称为配电变压器。

### 2. 按相数分

电力变压器按相数分为单相和三相两大类。变电所通常都采用三相电力变压器。

### 3. 按容量分

电力变压器按容量系列分为 R8 容量系列和 R10 容量系列两大类。R8 容量系列指容量等级是按 $R8 \approx 1.33$ 倍数递增的,我国老的变压器容量等级采用此系列,如 100 kVA、135 kVA、180 kVA、240 kVA、320 kVA、420 kVA、560 kVA、750 kVA、1000 kVA 等。R10 容量系列指容量等级是按 $R10 \approx 1.26$ 倍数递增的。R10 系列的容量等级较密,便于合理选用,是 IEC 推荐采用的。我国新的变压器容量等级采用此系列,如 100 kVA、125 kVA、160 kVA、200 kVA、250 kVA、315 kVA、400 kVA、500 kVA、630 kVA、800 kVA、1000 kVA。

### 4. 按绕组结构分

电力变压器按绕组结构分为单绕组自耦变压器、双绕组变压器、三绕组变压器。变电所大多采用双绕组变压器。

### 5. 按调压方式分

电力变压器按调压方式分为无载调压(又称无励磁调压)和有载调压两大类。变电所大多数采用无载调压变压器。

### 6. 按绕组导体材质分

电力变压器按绕组导体材质分为铜绕组变压器和铝绕组变压器两大类。变电所过去大多采用铝绕组变压器,但低损耗的铜绕组变压器现在得到了越来越广泛的应用。

#### 7. 按绕组绝缘及冷却方式分

电力变压器按绕组绝缘及冷却方式分为油浸式、干式和充气式($SF_6$)等。其中油浸式变压器,又有油浸自冷式、油浸风冷式、油浸水冷式和强迫油循环冷却式等。变电所大多采用油浸自冷式变压器。

所谓充气式变压器是指变压器的磁路(铁芯)与绕组均位于一个充有绝缘气体的外壳内。一般情况下是采用$SF_6$气体,所以又称为气体绝缘变压器。

## 四、变压器运行

#### 1. 变压器并联运行

变压器并联运行的条件是原、副绕组分别并联到原边和副边的公共母线上;各变压器的原、副边额定电压分别相等,即变比$K$相等;各变压器的连接组号相同;各变压器短路电压或短路阻抗的相对值相等。变压器并联运行能提高供电的可靠性,提高系统的运行效率,减少初投资。并联运行的理想情况是空载时各变压器之间无环流,避免环流损耗;负载时各变压器合理分担负载,负载与变压器容量大小成比例分配。

#### 2. 变压器的铜损和铁损

铜损(短路损耗)是指变压器一、二次电流流过该线圈电阻所消耗能量之和。由于线圈多用铜导线制成,故称铜损。它和电流的平方成正比,铭牌上所标的千瓦数,是指线圈在75 ℃时通过额定电流的铜损。

铁损是指变压器在额定电压下(二次开路),在铁芯中消耗的功率,包括激磁损耗与涡流损耗。

#### 3. 变压器运行时的声音

变压器接通电源后,就会有"嗡嗡"声,这是由于铁芯中交变的磁通在铁芯硅钢片间引起振动的结果,这种"嗡嗡"声的大小与加在变压器上的电压和电流成正比。正常运行中,变压器铁芯声音应是均匀的,如果声音异常,一般是由于过电压、过电流或某些部件松动引起的。

#### 4. 变压器的过电压

变压器运行时,由于某种原因使得变压器承受的电压超过它的最大允许工作电压时,称为过电压。过电压对变压器的影响很大,它可能导致绝缘击穿,因此为了保证变压器的安全可靠运行,必须采取过电压保护措施。常用的方法有:安装避雷器,加强绕组的绝缘,增大绕组的匝间电容,采用中性点接地系统。

#### 5. 变压器的故障

内部故障是指变压器油箱内发生的各种故障,主要有:各相绕组之间发生的相间短路、绕组的线匝之间发生的匝间短路、绕组或引出线通过外壳发生的接地故障等。

变压器内部故障从性质上一般又分为热故障和电故障两大类。热故障通常为变压器内部局部过热、温度升高。根据其严重程度,热故障常被分为轻度过热(低于150 ℃)、低温过热(150～300 ℃)、中温过热(300～700 ℃)、高温过热(一般高于 700 ℃)四种故障情况。电故障通常指变压器内部在高电场的作用下,造成绝缘性能下降或劣化的故障。根据放电的能量密度不同,电故障又分为局部放电、火花放电和高能电弧放电三种故障类型。

外部故障是指变压器油箱外部绝缘套管及其引出线上发生的各种故障,主要有:绝缘套管闪络或破碎而发生的解体短路,引出线之间发生相间故障等而引起变压器内部故障或绕组变形。

任 务 实 训

实训一:变压器连接组别接线实训。
实训二:油浸式变压器接地电阻测试实训。

# 任务二　干式变压器

## 一、干式变压器概述

我国在 20 世纪 70 年代就引进了环氧树脂绝缘干式变压器生产技术,但其发展和应用非常缓慢。到 20 世纪 80 年代末 90 年代初,随着新的干式变压器生产技术工艺的引进,干式变压器的应用迅速普及,国内干式变压器技术的发展也从消化吸收走向自我开发并达到国际先进水平。至今,国内干式变压器的生产规模已位居世界第一,不少生产厂的技术水平和开发能力已经进入国际先进行列。由于干式变压器的优点突出,目前城市轨道交通供电系统牵引变压器和配电变压器广泛使用干式变压器。干式变压器是指铁芯和绕组不浸渍在绝缘油中,依靠空气对流进行冷却的变压器。

**1. 按照主绝缘材料分类**

① 开启式干式变压器是一种常用的形式。
② 封闭式干式变压器封闭在外壳内,与大气不直接接触。
③ 浇注式干式变压器用环氧树脂或其他树脂浇注作为主绝缘,它结构简单,体积小。如图 3.22 所示。

**2. 按照生产工艺不同分类**

① 浸渍式干式变压器生产历史最长,制造工艺也比较简单。
② 树脂干式变压器又分为四种结构:树脂加填料浇注、树脂浇注、树脂绕包、树脂真空压力浸渍。

**3. 从结构上分类**

① 固体绝缘包封绕组式。由于包封绕组干式变压器的绕组不易受潮,维护方便,体积小,所以在城市轨道交通供电系统中得到了广泛应用。如图 3.23 所示。
② 不包封绕组式,如 H 级敞开型－SG 系列,如图 3.24 所示。

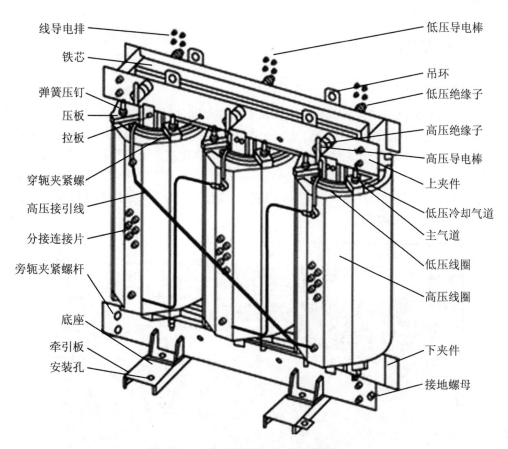

图 3.22 环氧树脂浇注干式变压器结构图

图 3.23 固体绝缘包封绕组

图 3.24 不包封绕组

## 二、干式变压器的结构

**1. 线圈绕组部分**

干式变压器的绕组结构基本上与油浸式变压器相同,多采用圆筒式,如图 3.25 所示,较大容量的干式变压器绕组可采用饼式。干式变压器在绕组外加上非油绝缘介质,以增加线圈的绝缘性能,环氧树脂浇注干式变压器就是用环氧树脂为绝缘材料,以浇注的方式与绕组一起固化,从而减少变压器线圈的体积。一般情况下,干式变压器的高压绕组(线圈)在圆筒的外侧,低压绕组(线圈)在内侧,高压绕组和低压绕组之间是冷却气道,高压绕组和低压绕组共同缠绕在铁芯上。

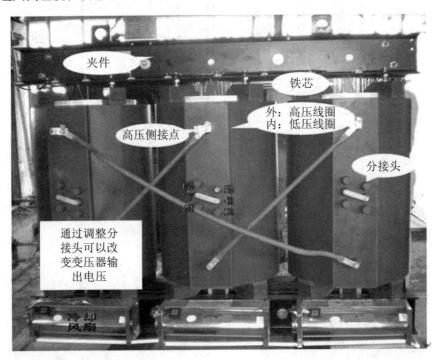

图 3.25 干式变压器

**2. 铁芯及器身**

干式变压器的铁芯除了作为主磁通的通道外,还作为变压器线圈、器身及其他组件的主要支撑件。铁芯一方面通过多片硅钢片叠片减少涡流损耗,另一方面利用紧固件、支撑件增加铁芯的强度和刚度,同时也减少铁芯噪声的产生。如图 3.26 所示。

**3. 辅件**

干式变压器主要有风机、外壳、温控器、温显仪、有载开关等结构辅件。根据不同使用环境和工作要求,干式变压器可以增加不同的组件。如根据不同的高、低压接口要求,增加不同形式的出线端子结构(如侧出线、封闭母线等);根据不同的环境和运行工况,为提高负载能力和降低变压器温升,增加冷却设备(目前一般多采用风机冷却,风机冷却设备一般安装在底座上,在铁芯和绕组的下方,风机产生的冷却气体通过气道冷却绕组及铁芯,并把热气体向上排出);根据使用环境的差异或用户的要求,增加保护外壳,以提高变压器的防护等级,增强变压器对外部环境的适应能力。为实现变压器的智能监控,满足在任何时刻都能对变压器实施温度控制,变压器一般都加装温度控制设备,如图3.27所示。

图3.26　干式变压器铁芯

图3.27　干式变压器温控仪

电网电压波动较大,对供电质量要求较高的用户,在变压器负载的状态下需要切换变压器分接位置来改变变压器电压比以实现低压输出电压稳定,加装有载调压开关可以满足此要求。一般有载调压开关有真空开关和空气开关两种形式,一般都选择真空开关。

**4. 变压器柜门闭锁**

干式变压器的外壳有4个(或2个)行程开关输出常开接点全部串联到高压的合闸回路里,即任何一个没有关闭到位,变压器无法合闸送电。行程开关的常闭接点并联,任何一个动作皆可发出信号。

高压开关的接地刀闸(接地状态时)的常闭接点,串联到变压器外壳上的带电指示器的电源里,接地刀闸接地后,门可打开。

**5. 铭牌说明**

高低压侧接线方式一致（同为星或同为角）时接线组别号为偶数，高低压侧接线方式不一致时组别号为奇数。强迫风冷条件下以 150%额定负载运行调挡时三个线圈应同时调到同一位置。

## 三、干式变压器的特点

干式变压器具有如下特点：
① 安全，难燃防火，防爆，无污染，可直接安装在负荷中心。
② 免维护，综合运行成本低。
③ 防潮性能好，可在 100%湿度下正常运行，停运后不经预干燥即可再次投入运行。
④ 损耗低、局部放电量低、噪音小、散热能力强，强迫风冷条件下可以 150%额定负载运行。
⑤ 配备有完善的温度保护控制系统，为变压器安全运行提供可靠保障。
⑥ 体积小，重量轻，占地空间少，安装费用低。

## 四、干式变压器首次启动注意事项

① 变压器保护、测量、冷却装置已调试完毕。
② 变压器接线已完成核相。
③ 运行后声音正常，应为平稳的"嗡嗡"声，运行时间不小于 10 min，变压器试运行要注意冲击电流、空载电流、一二次电压、温度，并做好详细记录。
④ 冲击试验合格（5 次），无异常情况，励磁涌流不应引起保护装置误动作。
⑤ 冷却风机运转正常，风向正确。
⑥ 绕组温度变化是否正常（带负荷后绕组温度应缓慢上升）。
⑦ 变压器空载运行 24 h，无异常情况方可投入负荷，监视随负荷变化导线接头有无发热现象。

## 五、干式变压器的试验

干式变压器的试验项目主要如下：

**1. 测量绕组的直流电阻**

检查内部导线的焊接质量、分接开关与引线的接触是否良好、三相电阻是否平衡等。一般线电阻不得超过 2%，相电阻不得超过 4%，如果直流电阻不平衡会产生三相之间的环流，增加环流损耗，并有变压器发热等不良现象。

**2. 检查所有分接头的电压比**

检查变压器的匝数是否正确，各分接头是否正确，检查高压输入 10000 V 电压时，变压器输出是否可达到 400 V。

### 3. 绕组的交流耐压试验

变压器的高低压及地互相之间的主绝缘程度用电气强度试验来考核。此试验对于检验变压器在生产过程中产生的局部缺陷,具有决定性的作用。一般干式变压器 10 kV 侧耐压为 35 kV,0.4 kV 侧耐压为 3 kV,都是 1 min 内不出现击穿为合格。

### 4. 冲击合闸试验

拉开空载变压器时,有可能产生操作过电压。在电力系统中性点不接地或经消弧线圈接地时,过电压幅值可达 4~4.5 倍相电压;在中性点直接接地时,可达 3 倍相电压。为了检查变压器绝缘强度能否承受全电压或操作过电压,需做冲击试验带电投入空载变压器时,会产生励磁涌流,其值可达 6~8 倍额定电流。励磁涌流开始衰减较快,一般经 0.5~1 s 即减到 0.25~0.5 倍额定电流值,但全部衰减时间较长,大容量的变压器可达几十秒。由于励磁涌流产生很大的电动力,为了考核变压器的机械强度,同时考核励磁涌流衰减初期能否造成继电保护装置误动作,需做冲击试验。通常,对新装的变压器应进行 5 次冲击试验,对大修的变压器则应进行 3 次。

### 5. 空载试验

进行空载试验的目的是测量变压器的空载损耗和空载电流;验证变压器铁芯的设计计算、工艺制造是否满足技术条件和标准的要求;检查变压器铁芯是否存在缺陷,如局部过热、局部绝缘不良等。

试验时高压侧开路,低压侧加压,试验电压是低压侧的额定电压,空载损耗主要是铁损耗。

通过空载试验可以发现变压器以下缺陷:硅钢片间绝缘不良;铁芯极间、片间局部短路烧损;穿芯螺栓或绑扎钢带、压板、上轭铁等的绝缘部分损坏,形成短路;磁路中硅钢片松动、错位、气隙太大;铁芯多点接地;线圈有匝间、层间短路或并联支路匝数不等、安匝不平衡等;误用了高耗劣质硅钢片或设计计算有误。

## 六、干式变运行中注意事项

① 变压器外罩前后门应锁闭,严禁运行时门敞开,严禁运行中触摸变压器本体。
② 高低压侧接头、母排无松动过热,绕组干净无积尘。
③ 变压器绝缘表面无放电痕迹。
④ 变压器外罩上的温度指示不超限。
⑤ 变压器内无异味,运行声音正常,配电间室温正常。
⑥ 变压器室内屋顶无漏水、渗水现象。
⑦ 变压器不能过载运行,长期过载运行,会引起线圈发热,加速绝缘老化,造成短路。
⑧ 变压器运行要保持良好的通风和冷却,否则影响变压器的寿命。

## 七、干式变压器的异常情况处理

### 1. 变压器的声音异常

① 变压铁芯夹件螺杆松动。安装时铁芯尖角被碰变形,或有异物搭接在铁芯某处。

风机固定螺丝松动,内部有杂物。外壳固定螺丝松动,引起面板震动有杂声。变压器的低压母排固定螺丝松动,或母排没有采用软连接而产生杂音。

② 输入电源电压过高,产生过励磁,声音较大。

③ 高次谐波产生的声音。其特点是没有规律,声音时大时小,时有时无。此情况主要是电源侧或负载有电炉、可控硅整流设备产生高次谐波反馈到了变压器。

④ 环境问题。主要是变压器室周围空间小,墙面光滑,容易使变压器声音听起来较大。

### 2. 温度计显示异常

① 没有把传感器插到温度显示器后面的插座内,显示故障灯亮。

② 传感器接插件之间松动,电阻增大,温度值显示较高。

③ 某相温度值无穷大,传感器的铂电阻丝开路。

④ 某相温度值高,传感器的铂电阻处于似断非断的状态。

任 务 实 训

实训一:牵引变电所整流变压器巡视操作。

实训二:整流变压器投入、退出运行倒闸操作。

实训三:变压器运行常见故障处理实训项目。

# 任务三  整  流

整流器是将交流电能转换成直流电能的重要设备。地铁每座牵引变电所都配置有两台整流器。由于地铁牵引负载是较为典型的冲击负载,所以要求整流器具有一定的过载能力,过载能力符合负载等级Ⅵ的要求,即100%额定输出电流连续、150%额定输出电流2 h、300%额定输出电流1 min。牵引变电所1500 V直流母线为单母线接线,两台整流器并列运行。

## 一、整流原理

### 1. 单相桥式整流电路

如图3.28所示,单相桥式整流电路由四个二极管组成。当 $U_2$ 为上正下负时,电源由 $U_2+$ 经 $D_1$、$R$、$D_3$、$U_2-$ 形成回路。$D_2$、$D_4$ 受反压截止,电阻上流过的电流波形与电压波形一致,为正半周的正弦波。当 $U_2$ 为上负下正时,即交流电的负半周时,$U_2+$ 经 $D_2$、$R$、$D_4$ 形成回路,$D_1$、$D_3$ 受反压截止,电阻上流过的电流波形与电压波形一致,为正半周的正弦波。这样通过四个二极管就可以将交流电变换成脉动的直流电。

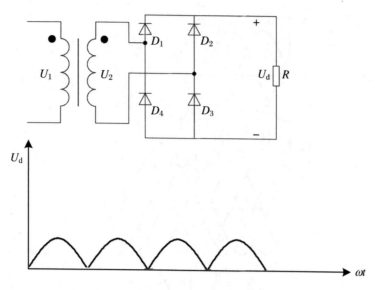

**图 3.28 桥式整流电路及其输出波形**

### 2. 三相桥式整流电路

从单相桥式整流电路可以看出,其输出的直流电压脉动很大,与直流电的波形要求相差甚远,为了改善直流脉动系数,一般采用三相整流方式。

三相桥式整流电路如图 3.29 所示,由 6 个二极管组成,3 个阴极相连的 $D_1$、$D_3$、$D_5$ 为共阴组,3 个阳极相连的 $D_6$、$D_2$、$D_4$ 为共阳组,$R$ 为负载电阻,整流二极管利用交流电线电压的交变,实现自然换相,将三相交流电变换成六脉波脉动直流电。三相桥式整流电压输出波形如图 3.30 所示。

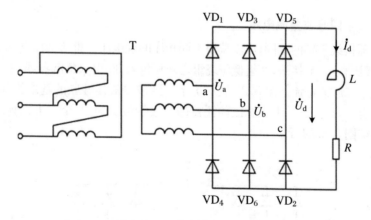

**图 3.29 三相桥式整流电路**

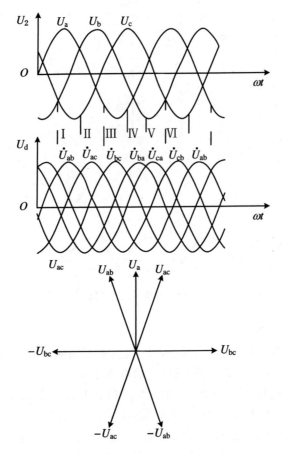

图 3.30 三相桥式整流电路的输出电压波形和矢量图

### 3. 十二、二十四脉波整流电路

利用变压器接线组别的不同,可以获得不同相序的线电压。整流变压器两组高低压绕组分别为△/△接法和△/Y接法,两组低压绕组之间相位差30°引入整流器,两个三相桥式整流电路并联组成十二脉波整流。图 3.31 显示了十二脉波整流器并联的基本排列,在阴极和阳极侧每相至少有一只二极管,十二脉波整流器的二极管最少为 12 个。十二脉波整流电路及直流输出波形如图 3.32 所示。

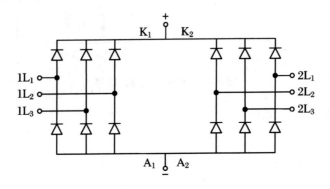

图 3.31 十二脉波整流器并联连接基本排列

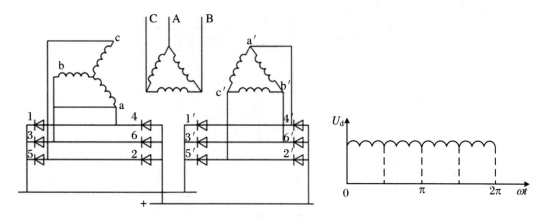

图 3.32　十二脉波整流电路及直流输出波形

两台并联的整流变压器的网侧绕组用延长三角形接线,一台整流变压器移相+7.5°,另一台整流变压器移相-7.5°,两台整流器并联便组成二十四脉波整流电路,如图 3.33 所示。

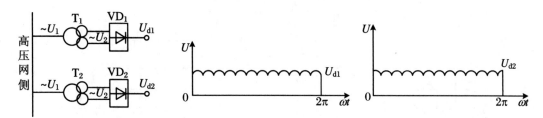

图 3.33　二十四脉波整流原理图及直流输出波形

大容量高电压的整流设备对整流二极管都有特殊的要求。当遇到整流电压较高,二极管的反向耐压无法承受时,采用二极管的串联方式连接,要求串联的二极管的反向电压平均分配,以提高承受反向电压的能力。当遇到电流较大的情况时,采用二极管的并联连接,要求并联的二极管的通态电流应平均分配,以提高整流器的负载能力。地铁牵引采用的整流器采用二极管并联的方式来提高负载能力,整流电路每个桥臂有 2 个正向峰值压降值相近的平板压接式整流管并联,以获得相近的电流分配,如图 3.34 所示。整个整流电路共有 24 个面接触平板式环氧封装的整流二极管。图 3.35 为一台整流器中的二极管布置图。

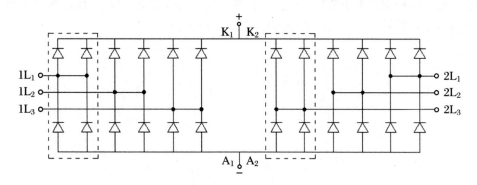

图 3.34　并联连接的带两只并联二极管的十二脉波整流器

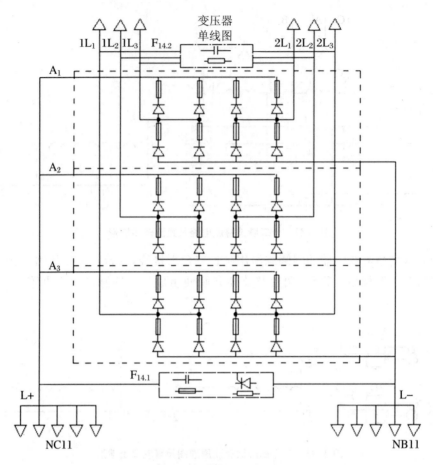

图 3.35　整流器主电路

二十四脉波整流变压器系统有各种不同的结构。第一种,可以采用单列四台变压器和四台全波整流器构成二十四脉波整流变压器系统,但这种系统占地面积大,维护复杂。第二种,可以采用两台变压器三相三绕组和四台全波整流器构成二十四脉波整流变压器系统。而四台整流机组也可以根据不同的需要进行组合。四台整流机组串联运行,适用于电压较高的场合;四台整流机组并联运行,适用于负荷电流较大(或多负荷)的场合,城市轨道交通系统多采用这种系统。同时整流机组也有不同的结构,既有不可控整流二极管,也有晶闸管。城市轨道交通系统的整流机组现在多采用大功率整流二极管,城市轨道交通二十四脉波整流变压器系统的主电路原理图如图 3.36 所示。

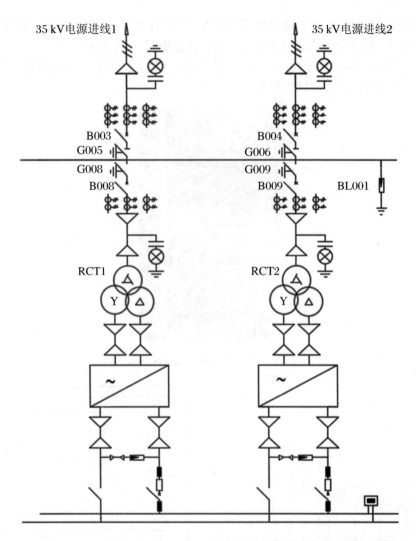

图 3.36 城市轨道交通二十四脉波整流变压器系统的主电路原理图

## 二、整流器

图 3.37 为整流器柜内的正视图。每台整流器由两个三相整流桥组成,每个三相整流桥与相应整流变压器输出的两路电压系统中的一路相连,分别为 1L1、1L2、1L3、2L1、2L2、2L3。整流器内有三个电源块 $A_1$、$A_2$、$A_3$,以阶梯形安装。装有二极管和熔断器的三个电源块的整流器布置图如图 3.38 所示。

图 3.39、图 3.40 所示为电源块结构正视图和侧视图。侧视图中显示,后部是交流端子,前部上端为直流正极端子,下端为直流负极端子。熔断器和微动开关装于相关直流母线的电源块前面,并通过铜片与后方的前部散热片相连。熔断器固定在铜棒上,铜片固定在散热片上。二极管及散热片和接触压力组合件位于电源块中间,二极管位于两散热片中间(一个小的前部散热片和一个高的后部散热片)。后部散热片与交流端子相连。上部二极管(阴极二极管)和下部二极管(阳极二极管)的安装方法如下:上部二极管(阴极二极管)

正向接至电源块正极母线,即二极管的前凸安装于前门;下部二极管(阳极二极管)正向接至交流端子,即二极管的前凸安装于后门。安装位置如图 3.41 所示。

若整流器进出线方式为上进下出,则两路三相交流输入的六根电缆装配在上部的端子上,直流输出电缆装配在下部的端子上。

图 3.37　整流器柜正视图

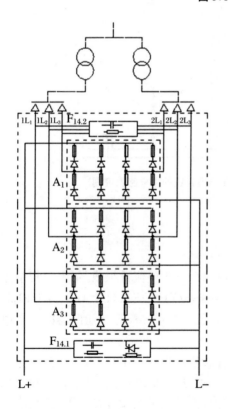
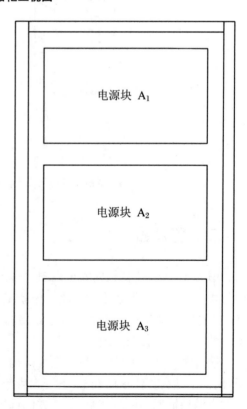

图 3.38　整流器二极管布置及电源模块布置图

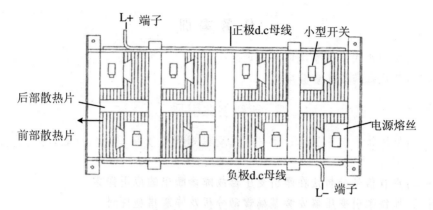

图 3.39 电源块正视图(简化)

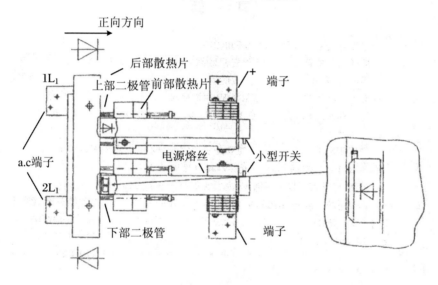

图 3.40 电源模块结构图

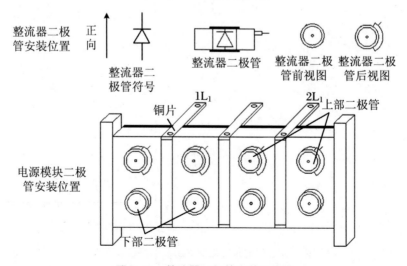

图 3.41 整流器二极管安装位置图

## 任 务 实 训

实训一:单相桥式半控整流电路实训。
实训二:整流器柜设备安装实训。

## 创新创业引导

引导一:将城轨牵引变压器设备与电气化铁道牵引变压器进行比较,并对比分析它们的参数,形成报告。
引导二:声音信号分析法在牵引变压器故障诊断中的应用探索。
引导三:地铁牵引变压器安装基础震动分析及降震措施探讨。

## 习 题

1. 变压器的主要用途是什么?
2. 城市轨道交通供电系统为什么用干式变压器?干式变压器比油浸式变压器有何优点?
3. 整流二极管如何选择?
4. 三相桥式整流电路是如何工作的?画出其波形图。
5. 城市轨道交通供电系统是如何构成二十四脉波整流电路的?
6. 对城市轨道交通供电系统整流器有何技术要求?
7. 城市轨道交通供电系统的 35 kV/0.4 kV 动力变压器应如何选择?
8. 主变电所的变压器应如何选择?
9. 变压器的操作应遵循什么原则?
10. 城市轨道交通牵引供电系统对整流器有何要求?
11. 变压器防护等级的含义是什么?
12. 变压器的日常维护包括哪些?

# 项目四 电气主接线

## 任务导入

电气主接线是为满足预定的功率传送和运行等要求而设计的表明高压电气设备之间相互连接关系的传送电能的电路。在城市轨道交通中,电气主接线的形式对供电可靠性、运行灵活性及经济合理性等起着决定性作用。同时它的接线方式能反映正常和事故情况下的供送电情况。所以学习和了解电气主接线是非常有必要的,也是进行牵引供电系统运行维护的基本要求。

## 能力目标

1. 掌握电气主接线的作用、基本要求。
2. 掌握常见主接线的基本形式。
3. 能正确分析不同主接线形式的应用范围。
4. 能看懂城市轨道交通系统中不同电压等级的主接线图。
5. 能根据电气主接线图进行供电方式的倒换操作。

## 任务一 认识主接线

电气主接线和高压配电装置是变电所的主体部分。主接线是进行变电所设计、施工和运营管理的重要依据。在今后工作中要养成按图设计、按图施工、按图检修和按图操作的习惯。

### 一、主接线与主接线图

**1. 主接线**

主接线是指由电力变压器、各种开关电器及配电线路,按一定顺序连接而成的表示电能输送和分配路线的电路,也称主电路,又称一次接线。主接线是城轨供电系统变电所方案设计的核心部分,也是整个供电系统的基本环节。

**2. 主接线图**

主接线常用主接线图(主电路图)表示,主接线图是用国家标准规定的电气设备图形符号按电流通过顺序排列,表示供电系统、电气设备或成套装置的基本组成和连接关系的功能性简图。由于交流供电系统通常是三相对称的,故一次接线图一般绘制成单线图,当三相不完全相同时,则用多线图表示。

主接线图中的电气设备状态按正常状态画出。所谓正常状态是指电路中无电压和外力作用下开关的状态,即断开状态。主接线图常用的图形符号如表4.1所示。

表4.1 常用的图形符号

| 序号 | 设备名称 | 图形符号 | 文字符号 | 序号 | 设备名称 | 图形符号 | 文字符号 |
|---|---|---|---|---|---|---|---|
| 1 | 交流发电机 |  | G 或 GS | 10 | 输电线路 |  | WL |
| 2 | 双绕组变压器 |  | T 或 TM | 11 | 母线 |  | WB |
| 3 | 三绕组变压器 |  | T 或 TM | 12 | 电缆终端头 |  | W |
| 4 | 电抗器 |  | L | 13 | 隔离开关 |  | Q 或 QS |
| 5 | 避雷器 |  | FV | 14 | 断路器 |  | Q 或 QF |
| 6 | 火花间隙 |  | FSG | 15 | 接触器 |  | K 或 KM |
| 7 | 电流互感器 |  | TA | 16 | 熔断器 |  | FU |
| 8 | 双绕组电压互感器 |  | TV | 17 | 跌落式熔断器 |  | FU |
| 9 | 三绕组电压互感器 |  | TT | 18 | 接地 |  | PE |

**3. 电气主接线主要作用**

① 电气主接线图是电气运行人员进行各种操作和事故处理的重要依据,因此电气运行人员必须熟悉本所电气主接线图,了解电路中各种电气设备的用途、性能,维护、检查项目和运行操作的步骤等。

② 电气主接线表明了变压器、断路器和线路等电气设备的数量、规格、连接方式及可能的运行方式。电气主接线直接关系着变电所电气设备的选择、配电装置的布置、继电保护和自动装置的确定,是变电所电气部分投资大小的决定性因素。

③ 电能生产的特点是发电、变电、输电和供用电是在同一时刻完成的,所以电气主接线直接关系着电力系统的安全、稳定、灵活和经济运行。

## 二、主接线的要求和图标画法

### 1. 电气主接线的要求

主接线设计应根据负荷容量大小、负荷性质、电源条件、变压器容量及台数、设备特点以及进出线回路数等综合分析来确定。主接线应力求简单、运行灵活、供电可靠、操作检修方便、节约投资和便于扩建等。在满足供电要求和可靠性的条件下,宜减少电压等级和简化接线。

当35~110 kV有两回路以上出线时,宜采用单母线或单母线分段接线。当110 kV线路为6回及以上,35~66 kV线路为8回及以上时,宜采用双母线接线。

变电站有两回路电源进线和两台主变压器时,主接线宜采用桥形接线。当电源线路较长时,宜采用内桥接线,为了提高可靠性和灵活性,可增设带隔离开关的跨条。当电源线路较短,需经常切除变压器或桥上有穿越功率时,宜采用外桥接线。

当变电站装有两台以上变压器时,6~20 kV侧电气主接线宜采用单母线分段接线,分段方式应满足当其中一台变压器停运时,有利于其他变压器的负荷分配。

当需要限制变电站6~20 kV线路的短路电流时,可采用下列措施:变压器分列运行;采用高阻抗变压器;在变压器回路中装设电抗器。

接在母线上的避雷器和电压互感器,可合用一组隔离开关。对接在变压器引出线上的避雷器,不宜装设隔离开关。

总之,电气主接线应满足以下基本要求:

① 保证必要的供电可靠性,保证电能质量。
② 具有一定的灵活性。
③ 操作应尽可能简单、方便。
④ 尽量减少一次投资和降低年运行费用。
⑤ 应具有扩建的可能性。

### 2. 主接线图标画法

主接线图和其他电路图不同,图中以单根连线代表交流电的三相导线,根据实际工作需要,在主接线图上可注明设备的型号、规格。如果仅画出主要一次设备,可作为倒闸操作用的模拟图。主接线的基本环节是变压器、引出线、断路器、闸刀和母线。

## 任 务 实 训

实训一:主接线图的识读实训,符号与实物图对应认知实训。
实训二:在主接线图上进行简单的停送电操作,并填写操作卡片。

# 任务二　主接线常见形式

母线又称为汇流排,是接收和分配电能的装置,它是电路中的一个电气节点。若母线发生故障,将使用户供电全部中断,所以在主接线的设计中,选择什么样的母线就特别重要。电气主接线可按是否有母线分为有母线型电气主接线和无母线型电气主接线。

有母线型电气主接线包括单母线型电气主接线和双母线型电气主接线。单母线又可分为单母线无分段、单母线有分段、单母线带旁路母线等形式;双母线又分为普通双母线、双母线分段、3/2 断路器、双母线带旁路母线等多种形式。无母线的主接线形式主要有单元接线、桥形接线和角形接线等。

## 一、无母线的主接线形式

### 1. 单元接线

发电机与变压器直接连接成一个单元,组成发电机－变压器组,也称为线路变压器组接线,如图 4.1 所示。

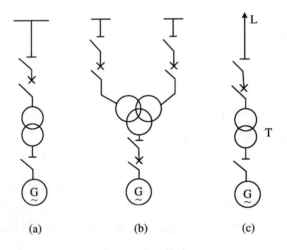

图 4.1　单元接线

单元接线的优点是接线简单,开关设备少,操作简单;不设发电机电压级母线,发电机和变压器低压侧短路的概率和短路电流相对于具有发电机电压级母线的有所减小。其缺点是不够灵活可靠,线路故障或检修时,变压器需停运;变压器故障或检修时,线路停止供电;任一元件故障或检修,均需整个配电间隔停电。

发电机组与主变压器容量有大小之分,因此单元接线的方式及采用的设备也有所区别。

对于大型机组通常采用分相封闭母线,如图 4.2(a)所示;对于小型机组可采用扩大单元接线,如图 4.2(b)所示。对于附近有高电压、大容量变电站的发电厂,可采用发电机－

变压器-线路组单元接线,如图4.2(c)所示。

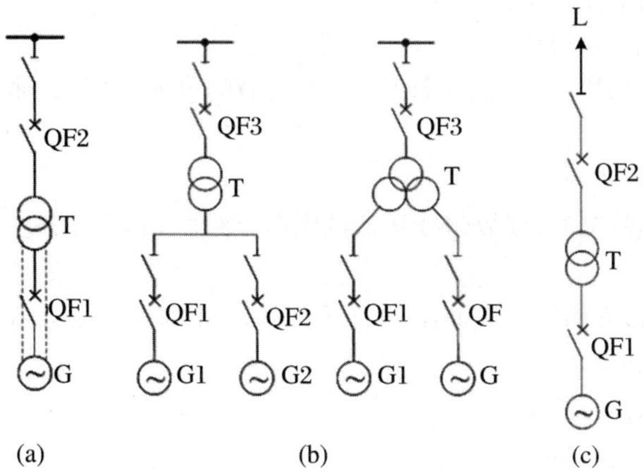

图4.2 不同类型的单元接线

单元接线方式有发电机出口安装断路器的接线方式与发电机出口不安装断路器的接线方式两种。带发电机出口断路器的接线方式的优点有很多:一是机组正常起停不需切换用户,只需操作发电机出口断路器,用电可靠性高;二是机组在发电机断路器以内发生故障时,只需跳开发电机断路器,减少机组事故时的操作量;三是对保护主变压器、高压厂用变压器有利;四是发电机断路器以内故障只需跳开发电机断路器,不需跳开主变压器高压侧断路器,对系统的电网结构影响较小,对电网有利;五是便于检修、调试,可缩短故障恢复时间,提高了机组利用率。这种接线方式也存在一些缺点:发电机出口断路器对开断能力要求非常高,制造难度大,价格昂贵。

**2. 桥形接线**

桥形接线根据断路器的位置,分为内桥接线和外桥接线两种方式,如图4.3所示。

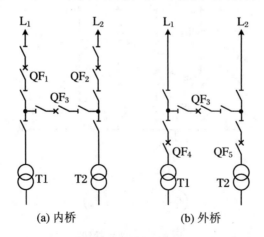

图4.3 桥形接线

(1)内桥接线形式的特点

① 线路发生故障时,仅故障线路的断路器跳闸,其余三条支路均可继续工作并保持相互联系,不影响变压器工作。

② 变压器故障会短时影响一条线路工作。
③ 正常运行时变压器操作复杂。
④ 线路停送电操作简单。

内桥接线方式适用于输电线路较长，发生故障的可能性较大，而变压器操作不频繁的场合。

(2) 外桥接线形式的特点

① 变压器发生故障时，仅故障变压器的断路器跳闸，其余三条支路均可继续工作并保持相互联系。
② 线路故障时，有两台高压断路器自动跳闸，并切除对应的一台变压器，需经倒闸操作才能恢复变压器工作。
③ 变压器投切操作简单。
④ 线路停送电操作复杂。

外桥接线方式适用于输电线路较短、变压器操作频繁或双回线路接入系统环网、系统有穿越功率流经本厂的场合。

桥形接线的优点是：投资小（无母线，四条回路用三台断路器），占地面积小。缺点是：可靠性差（内桥接线，变压器故障需停线路，外桥接线，线路故障需停变压器），不利于扩建。

## 三、有母线的主接线形式

**1. 单母线接线**

单母线接线是所有电源进线和引出线都连接于同一组母线上，如图 4.4 所示。单母线接线适应于出线回路少的小型变配电所，一般供三级负荷，两路电源进线的单母线可供二级负荷。

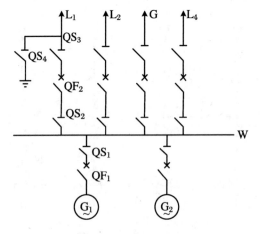

图 4.4　单母线接线

(1) 电气设备

W 为母线，用于电能的汇集和分配。

$QF_1$、$QF_2$ 为断路器，作用是接通和切断电路，有专门的灭弧装置，可用于切断或闭合负荷电流以及切断故障电流。

$QS_1$、$QS_2$ 为母线侧隔离开关,$QS_3$ 为线路侧隔离开关,$QS_4$ 为线路侧接地隔离开关(可与 $QS_3$ 用一台隔离开关实现)。隔离开关的作用是隔离电压,无专用灭弧装置,开合电流能力极低。

(2) 倒闸操作

电气设备由一种状态转换到另一种状态或系统改变运行方式时,需要一系列倒闸操作才能完成。倒闸操作主要是指拉开或合上某些断路器和隔离开关、拉开或合上某些直流操作回路、切除或投入某些继电保护和自动装置、改变某些继电保护和自动装置的整定值、拆除或装设临时接线、检查设备的绝缘等。

倒闸操作实例:

① 给出线 $L_1$ 送电:先合 $QS_2$,后合 $QS_3$,再合 $QF_2$。

② 给出线 $L_1$ 断电:先断 $QF_2$,后断 $QS_3$,再断 $QS_2$。

③ QF 和 QS 的操作顺序:保证隔离开关"先通后断"或在等电位状态下运行。

④ $QS_2$ 和 $QS_3$ 的操作顺序:通电时先通母线侧隔离开关,后通线路侧隔离开关;断电时相反。

⑤ 防止误操作的措施:操作票制度,QF 和 QS 之间加装电磁闭锁、机械闭锁或电脑钥匙。

(3) 单母线接线的优缺点

优点:接线简单清晰、设备少、投资小、操作方便、占地少,便于扩建和使用成套配电装置。

缺点:不够灵活,可靠性低,任一元件(母线及母线侧隔离开关)故障或检修时,所有回路必须全部停电;任一出线断路器检修时,该回路要停电;母线、母线侧隔离开关故障或断路器靠母线侧绝缘套管损坏时,所有回路必须全部停电。

(4) 适用范围

单母线接线只适用于容量小、线路少和对二、三级负荷供电的变电所。通常适用于一台发电机或一台主变压器的以下三种情况:

① 6~10 kV 配电装置的出线回路数不超过 5 回。

② 35~63 kV 配电装置的出线回路数不超过 3 回。

③ 110~220 kV 配电装置的出线回路数不超过 2 回。

**2. 单母线分段接线**

(1) 单母线分段运行方式

单母线分段接线如图 4.5 所示,单母线分段运行有两种运行形式,第一种分段断路器 $QF_d$ 闭合运行,两个电源分别接在两段母线上,两段母线上的负荷应均匀分配,两段母线电压相等。当一段母线发生故障时,继电保护将跳开分段断路器和故障侧电源断路器,另一侧可以继续运行。

第二种是分段断路器 $QF_d$ 断开运行,两个电源分接在两端段母线上,两段母线电压可能不相等。当任一电源故障时,其出口断路器自动断开,由备用电源自动投入装置自动接通分段断路器,保证全部引出线继续供电。

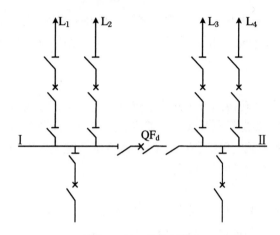

图 4.5 单母线分段接线

(2) 单母线分段接线的优缺点

优点:接线简单清晰、设备较少、操作方便、占地少,便于扩建和采用成套配电装置。当一段母线发生故障时,分段断路器自动将故障段切除,仅故障母线段停电,保证正常段母线段不间断供电,缩小停电范围;对重要用户由两侧共同供电,提高了供电可靠性。

缺点:当一段母线故障或检修时,与该段所连的所有电源和出线均需断开,单回供电用户要停电;任一出线断路器检修,该回路要停电。扩建时需向两个方面均衡扩建。

(3) 适用范围

具有两回电源线路,一、二回路转送线路和两台变压器的变电所。通常适用于以下三种情况:

① 6~10 kV 配电装置的出线回路数为 6 回及以上时。

② 35~63 kV 配电装置的出线回路数为 4~8 回。

③ 110~220 kV 配电装置的出线回路数为 3~4 回。

### 3. 单母线分段带旁路母线接线

单母线分段带旁路母线接线如图 4.6 所示,增设旁路母线 WBp 的目的是出线断路器检修时用旁路断路器代替其供电,使得该出线不停电。

(1) 1QF 检修,$L_1$ 不停电倒闸操作

① 投入 1QFp 的瞬时继电保护。

② 合 1QFp 两侧的隔离开关。

③ 合 1QFp 向旁路母线充电,检查旁路母线 WBp 有无故障。

④ 若旁路母线 WBp 良好,先将 1QFp 断开,退出 1QFp 的瞬时继电保护再投入定值与该线路继电保护装置的定值相同的保护,然后重新合入旁路断路器 1QFp。

⑤ 合 1QSp。

⑥ 拉开 1QF。

⑦ 拉开 $1QS_2$ 及 $1QS_1$。

(2) 1QF 检修后,恢复线路 $L_1$ 送电的倒闸操作

① 投入 1QF 的继电保护。

② 合 $1QS_1$ 及 $1QS_2$。

③ 合 1QF。

④ 拉开 1QSp。
⑤ 拉开 1QFp。
⑥ 拉开 1QFp 两边的隔离开关。

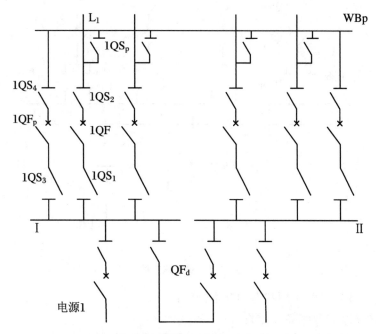

图 4.6 单母线分段带旁路母线接线

(3) 适用范围

6~10 kV 接线一般不设旁路母线；35~66 kV 可设不专设旁路断路器的旁路母线；110 kV 出线 6 回以上，220 kV 出线 4 回以上，宜用专设旁路断路器的旁路母线；出线断路器使用可靠性较高的 $SF_6$ 断路器时，可不设旁路母线。

有时为了减少投资，可不专设旁路断路器，而用母线分段断路器兼作旁路断路器，其供电可靠性高，一般用在 35 kV~110 kV 的变电所母线。

**4. 双母线接线**

双母线接线如图 4.7 所示，双母线运行时两组母线都是工作母线。

(1) 双母线接线的优缺点

优点：两条母线互为备用，一条母线检修时，另一条母线可以继续工作，不用中断对用户的供电；任一母线侧隔离开关检修时，只影响本支路供电；工作母线故障时，所有回路能迅速切换至备用母线而恢复供电；可将个别回路单独接在备用母线上进行特殊工作或试验。因而可靠性高，运行方式灵活，便于扩建。

缺点：工作母线故障会造成所有回路短时停电；出线断路器检修时，该回路要停电；开关设备多，投资及占地面积大；倒闸操作会出现短时停电，倒闸操作过程复杂，易误操作；一条母线检修，另一条单母线运行，可靠性降低。

(2) 倒母线

当双母线接线采用一组母线工作、一组母线备用的方式运行时，检修工作母线，可将工作母线经倒闸操作转换为备用状态之后，进行母线停电检修工作，这个操作称为倒母线。

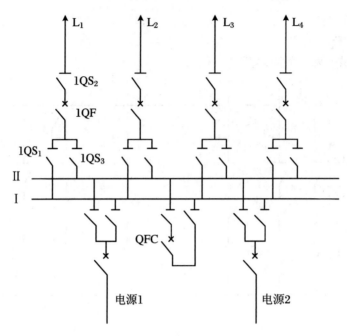

图 4.7 双母线接线

将工作母线 I 转换为备用状态的基本操作:
① 合母联断路器两侧隔离开关。
② 合母联断路器向备用母线充电,检验备用母线是否完好。
③ 切断母联断路器控制回路电源。
④ 依次合入与 II 组母线连接的母线隔离开关(除母联断路器外)。
⑤ 依次断开与 I 组母线连接的母线隔离开关(除母联断路器外)。
⑥ 投入母联断路器控制回路电源,拉开母联断路器及两侧隔离开关。

(3) 母线侧隔离开关检修

I 组母线为工作母线、II 组母线为备用母线时,需要检修出线 $L_1$ 的母线隔离开关 $1QS_1$,基本操作如下:
① 拉开断路器 1QF 和隔离开关 $1QS_1$ 和 $1QS_2$。
② 按照倒母线的操作步骤将电源 1 和 2 以及除 $L_1$ 外全部出线转移到 II 组母线上工作。
③ 拉开母联断路器及两侧隔离开关。

(4) 利用母联断路器切断出线

I 组母线为工作母线、II 组母线为备用母线时,出线断路器 1QF 拒动,利用母联断路器切断该出线,基本操作如下:
① 利用倒母线的操作步骤只将出线 $L_1$ 转移到 II 组母线上工作。
② 这时出线 $L_1$ 的工作电流由 I 组母线经母联断路器及两侧隔离开关到 $1QS_3$、1QF 及 $1QS_2$ 送出。
③ 拉开母联断路器及两侧隔离开关,可切断出线 $L_1$。

(5) 双母线接线的适用范围

双母线接线广泛应用于大、中型发电厂和变电所中。它一般适用于出线回路数或母线上电源较多、输送和穿越功率较大、母线故障后需要迅速恢复供电、母线或母线设备检修时不允许影响对用户供电以及可靠性和灵活性要求较高的场合。

① 短路容量大，出线带电抗器的 6～10 kV 配电装置。
② 35～66 kV 出线数目超过 8 回且连接电源较多、负荷较大的装置。
③ 110～220 kV 出线 5 回以上或者在系统中居重要位置，出线为 4 回及以上的装置。

(6) 针对双母线接线缺点的解决办法
① 在断路器和隔离开关之间装设闭锁装置，以避免隔离开关的误操作。
② 双母线分段运行，以缩小母线故障的影响范围。
③ 双母线带旁路运行，增设旁路母线，解决断路器检修时的停电问题。
④ 双母线双断路器接线。

## 任 务 实 训

实训一：绘制智能供配电系统电气主接线。
实训二：辨识出实训室设备的电气主接线形式。
实训三：在单母分段主接线图上进行相应的倒闸操作。

# 任务三　城市轨道交通牵引供电主接线形式

在城市轨道交通供电系统里，为便于理解，将电气主接线按电压等级划分为三部分：110 kV 侧、35 kV 侧、1500 V 侧电气主接线，下面分别进行介绍。

## 一、110 kV 侧电气主接线(高压侧)

主变电所高压侧主接线有线路－变压器组接线、内桥接线、外桥接线三种形式，如图 4.8 所示。

**1. 线路－变压器组接线**

主变电所两路高压电源进线(如 110 kV)可以都是专线，也可以是一路专线，另一路"T"接。高压侧主接线采用线路－变压器组、两断路器的形式，如图 4.8(a)所示。

这种接线的优点是接线简洁、高压设备少、占地少、投资省、继电保护简单。该接线方式的主变电所不设高压配电装置，一台主变压器退出时，其他主变压器能承担变电所供电范围内的全部一、二级负荷。线路－变压器组接线形式被广泛应用于城市轨道交通中。

**2. 内桥接线**

主变电所两路高压电源进线可以都是专线，也可以是一路专线，另一路"T"接。高压侧主线采用内桥接线形式，如图 4.8(b)所示。这种接线方式的优点是只有三台断路器，需要的断路器较少，而且线路故障检修简单方便，在正常运行方式下，桥联断路器打开，类似于线路－变压器组接线，两路线路各带一台主变压器。

因内桥接线线路侧装有断路器，线路的投入和切除十分方便。内桥接线适用于电源线路较长、故障率较高的场合,也被广泛应用于城市轨道交通中。

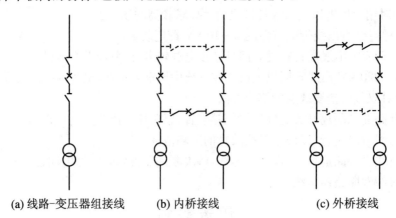

(a) 线路-变压器组接线　　(b) 内桥接线　　(c) 外桥接线

图 4.8　线路-变压器组接线及内、外桥接线

**3. 外桥接线**

主变电所两路高压电源进线可以都是专线,也可以是一路专线,另一路"T"接。高压侧主接线采用外桥接线形式,如图 4.8(c)所示。这种接线的优点是只有三台断路器,需要的断路器较少。

在正常运行方式下,外桥联断路器打开,两路线路各带一台主变压器。当一路进线电源失电后,外桥联断路器合闸,由另一路进线电源向分挂在两段母线上的两台主变压器供电,承担本主变电所范围内的全部一、二级用电负荷,根据供电系统负荷变动情况,确定三级负荷的切除与保留。

这种接线方式中线路的投入和切除不太方便,需操作两台断路器,并有一台主变压器暂时停运。桥联断路器检修时,两个回路均需解列运行;主变压器侧断路器检修时,主变压器需较长时期停运。

外桥接线适用于电源线路较短、故障率较少的场合。目前国内城市轨道交通主变电所基本不采用这种接线方式。

## 二、35 kV 侧电气主接线(中压侧)

目前,城市轨道交通主变电所中压侧一般采用单母线分段形式,并设置母线分段开关,如图 4.9 所示。

**1. 两套牵引整流机组分别接至两段母线**

在牵引变电所两段母线电压平衡或差别甚微的情况下,两套牵引整流机组分别接至两段母线,如图 4.10 所示。实践证明,这种接线形式效果并不理想,电源电压误差将导致牵引整流机组选择困难。

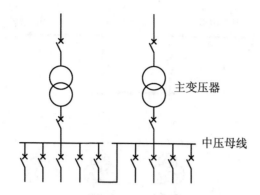

图 4.9 主变电所中压侧单母线分段接线

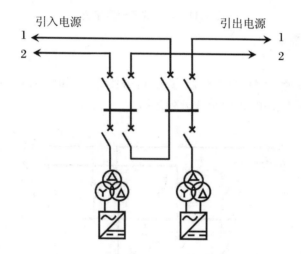

图 4.10 两套牵引整流机组分别接至两段母线

**2. 两套牵引整流机组同接一段母线**

将两套牵引整流机组接在同一段中压母线上,构成等效 24 脉波,利于谐波治理。当一套牵引整流机组因故障退出时,另一套牵引整流机组在过负荷允许的情况下,可以继续运行。

**3. 单母线接线**

(1) 接线形式

牵引变电所中压侧单母线不分段,如图 4.11 所示。母线引入两个电源,并根据实际条件和需要组建中压网络结构方案。

(2) 运行方式

正常运行:一个进线电源供电,并向相邻牵引变电所供电。

进线电源失电运行:当该进线电源失电退出后,经过解除相关联锁,出线电源可以自动转变成进线电源,由相邻变电所反向提供中压电源。

母线故障运行:牵引变电所退出运行,由相邻牵引变电所实施大双边供电方式,但需要一定的切换操作时间。

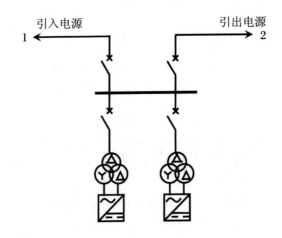

图 4.11　单母线不分段接线

**4．分段单母线接线**

(1) 接线形式

牵引变电所中压侧采用单母线分段方式,设分段开关,如图 4.12 所示。正常运行时,两个独立进线电源同时供电,两段母线分列运行。

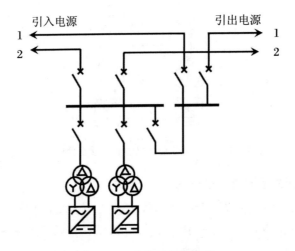

图 4.12　分段单母线接线

(2) 运行方式

正常运行:两个独立进线电源同时供电,两段母线并列运行。

进线电源失电运行:当一个进线电源失电退出,分段开关自动投入,由另一个进线电源向本牵引变电所的两段母线供电;当两个进线电源均失电退出,通过调度进行倒闸操作,由相邻变电所反向提供中压电源。

母线故障运行:当某一段母线退出时,闭锁分段开关自投功能,分段开关不投入运行,另一段母线继续运行。此时,若牵引整流机组在故障母线上,则整流机组退出运行,直流牵引系统通过内部操作实施大双边供电。当两段母线退出后,本牵引所即退出运行。

## 5. 三段母线接线

(1) 接线形式

该接线形式为两段进线电源母线和一段牵引整流机组工作母线,如图 4.13 所示。进线电源分别接至母线 Ⅰ、Ⅲ 段,整流机组接至 Ⅱ 段,母线 Ⅱ 段与 Ⅰ、Ⅲ 段分别用断路器分段,通过分段断路器进行两路电源进线的自动切换。

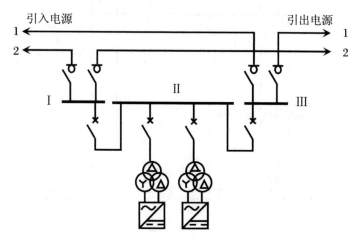

**图 4.13 三段母线接线**

(2) 运行方式

正常运行:一台分段断路器合闸,另一台分闸,两路中压进线电源分列运行,两套牵引整流机组并联运行。

进线电源失电运行:失电电源分段开关退出,另一台分段开关自动投入,维持两台整流机组并联运行。两路进线电源均失电,运行方式同分段单母线接线。

母线故障运行:母线 Ⅰ 段或 Ⅲ 段故障,不影响整流机组运行;母线 Ⅱ 段故障,两分段开关均跳闸,整流机组退出运行;母线 Ⅰ 段和 Ⅲ 段均故障,牵引变电所退出运行。直流牵引供电系统通过内部操作实施大双边供电。

# 三、1500 V 侧主接线(直流侧)

城轨交通 1500 V 侧主接线主要有四种常见接线形式,如表 4.2 所示。

**表 4.2 不同类型母线系统**

| | | |
|---|---|---|
| A 型单母线系统 | 进线为直流断路器 | 设置纵向电动隔离开关 |
| B 型单母线系统 | 进线为电动隔离开关 | 设置纵向电动隔离开关 |
| C 型双母线系统 | 进线为直流断路器 | 不设置纵向电动隔离开关 |
| D 型双母线系统 | 进线为直流断路器 | 设置纵向电动隔离开关 |

## 1. A 型单母线系统

(1) 接线形式

单母线系统,两路进线采用直流断路器,设置四路直流馈出线。牵引整流机组负极采用电动隔离开关。同一馈电区分段处上下行之间设纵向电动隔离开关。如图4.14所示。

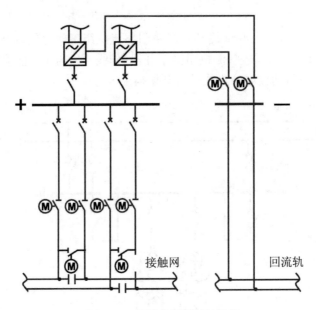

图4.14 A型单母线系统接线

（2）运行方式

正常运行：24脉波整流，双机组并列运行；直流进线开关、馈线开关、上网电动隔离开关均闭合，纵向电动隔离开关断开。该变电所与相邻变电所对同一供电分区实施正常双边供电。如图4.15所示。

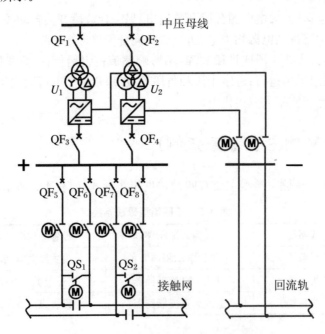

图4.15 A型单母线系统正常运行接线

单套整流机组退出运行:整流机组 $U_1$ 故障,进线开关 $QF_1$ 跳闸,$QF_3$ 联动跳闸。馈线开关 $QF_5 \sim QF_8$ 及上网电动隔离开关均闭合,纵向电动隔离开关 $QS_1$、$QS_2$ 断开。此系 12 脉波正常双边供电。如图 4.16 所示。

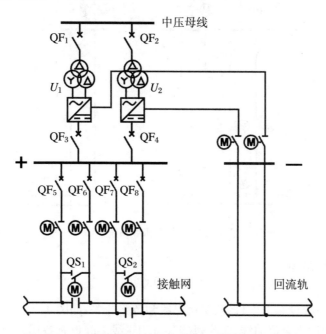

**图 4.16　A 型单母线系统单套整流机组退出运行接线**

两套整流机组退出运行:两套整流机组 $U_1$、$U_2$ 均故障退出,进线开关 $QF_1$、$QF_2$ 跳闸,$QF_3$、$QF_4$ 联动跳闸。控制中心对上传的保护信息进行判别,若非直流母线短路或框架保护动作,则 $QF_5 \sim QF_8$ 处于合闸,纵向隔离开关 $QS_1$、$QS_2$ 处于分闸。

直流母线退出运行:为切除开关柜直流母线碰壳故障,设置框架泄漏电流保护。当开关柜直流母线发生故障,框架保护联跳全部馈线开关、两套整流机组进线开关、上下行相邻牵引所相应馈出开关(相邻所开关可人工合闸)。控制中心遥分上网隔离开关,遥合纵向电动隔离开关 $QS_1$、$QS_2$,通过纵向隔离开关实施大双边供电。

单台馈线开关退出运行:单台馈线开关 $QF_5$ 退出时,$QF_5$ 及其对应上网电动隔离开关断开,相关的纵向电动隔离开关 $QS_1$ 合闸。

电分段两侧上(下)行两台馈线开关退出运行:上行 $QF_5$、QF6 退出,相应的上网隔离开关分闸,遥合 $QS_1$(满足合闸条件),构成大双边供电。下行 QF7、QF8 及相应的上网隔离开关处于合闸,$QS_2$ 处于分闸,保持正常双边供电。

**2. B 型单母线系统**

B 型单母线系统是在 A 型单母线系统基础上,将进线直流断路器改为电动隔离开关,如图 4.17 所示。其设备造价降低,但联锁关系复杂。另外母线发生故障时,中压开关跳闸时间较长,一般为 65 ms,不利于母线故障迅速切除。

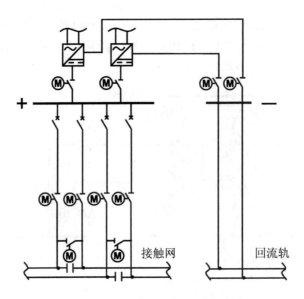

图 4.17　B 型单母线系统接线

### 3. C 型双母线系统

（1）接线形式

C 型双母线系统设有工作母线、备用母线和旁路开关,如图 4.18 所示。两路进线采用直流断路器,设置四路直流馈线,工作母线和备用母线之间设有备用直流开关,负极采用电动隔离开关。

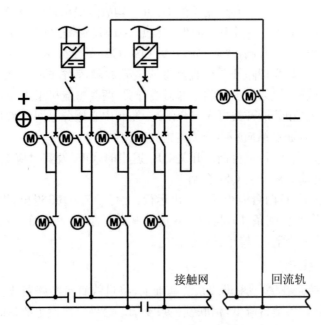

图 4.18　C 型双母线系统

（2）运行方式

正常运行:24 脉波整流,双机组并列运行;直流进线开关、馈线开关、上网电动隔离开关均闭合;馈线开关柜旁路电动隔离开关及备用开关处于断开状态。如图 4.19 所示。

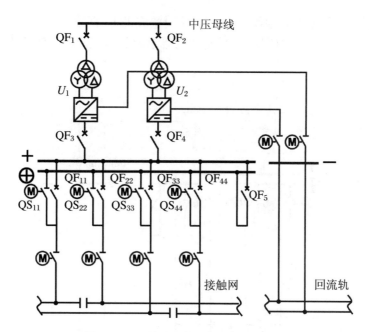

**图 4.19　C 型双母线系统正常运行接线**

单套牵引整流机组退出运行：运行方式与 A 型单母线系统相同。退出的牵引机组对应的直流进线开关断开，馈线开关及上网开关均闭合。旁路开关及备用开关处于断开状态。此系 12 脉波双边供电。

两套牵引整流机组退出运行：运行方式与 A 型单母线系统相同。直流进线开关 $QF_1 \sim QF_4$，旁路开关 $QS_{11}$、$QS_{22}$、$QS_{33}$、$QS_{44}$，备用开关 $QF_5$ 均断开，馈线开关 $QF_{11}$、$QF_{22}$、$QF_{33}$、$QF_{44}$ 合闸。

直流母线退出运行：直流母线退出时的联跳、分闸方式和时序与 A 型单母线系统相同。在 $QF_{11}$、$QF_{22}$、$QF_{33}$、$QF_{44}$ 分闸的前提下，控制中心遥分上下行相邻牵引变电所同一馈电分区的馈线开关。然后，按顺序遥合本所旁路开关、上下行相邻牵引变电所同一馈电分区的馈线开关，通过旁路开关和备用母线构成大双边供电。

智慧小问：试说明此运行方式下开关闭合情况，倒闸顺序如何？

单台馈线开关退出运行：单台馈线开关 $QF_{11}$ 退出，由备用开关 $QF_5$ 通过与该馈线开关并联的旁路开关 $QS_{11}$ 代替馈线开关继续运行，实施正常双边供电。

电分段两侧上(下)行两台馈线开关退出运行：上行两台馈线开关 $QF_{11}$、$QF_{22}$ 退出，可以通过相对应的旁路电动隔离开关和备用母线构成双边供电，与单台馈线开关 $QF_{11}$ 退出时运行方式相同。

馈线开关与备用开关同时退出运行：一台馈线开关 $QF_{11}$ 和备用开关 $QF_5$ 先后退出，对应的馈电分区可以通过旁路电动隔离开关和备用母线构成双边供电，也可以由相邻牵引变电所实施单边供电。其余馈线开关 $QF_{22}$、$QF_{33}$、$QF_{44}$ 保持正常双边供电。

**4．D 型双母线系统**

(1) 接线形式

在 C 型双母线系统基础上，同一馈电区电分段处上下行增加纵向电动隔离开关，能以此构成大双边供电,如图 4.20 所示。D 型在牵引整流机组、直流进线、直流母线、直流馈线开关故障或检修退出时,均能实现不影响供电要求,系统运行可靠性高,但造价高,联锁复杂。

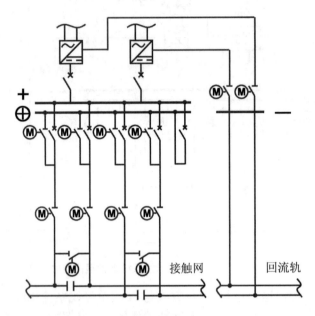

图 4.20　D 型双母线系统

(2) 运行方式

正常运行:与 C 型双母线相同,纵向电动隔离开关处于断开状态。

单台牵引整流机组退出运行:与 C 型双母线相同。

两台牵引整流机组退出运行:有两种方式,一种运行方式与 A 型单母线相同,对列车正常运行不构成影响;另一种方式可通过本牵引所纵向电动隔离开关 $QS_1$、$QS_2$ 构成大双边供电,倒闸期间对列车有短时间影响。

直流母线退出运行:有两种方式,一种运行方式与 C 型双母线相同;另一种方式可通过本牵引所纵向电动隔离开关 $QS_1$、$QS_2$ 构成大双边供电,倒闸期间对列车有短时间影响。

单台馈线开关退出运行:与 C 型双母线系统相同。

电分段两侧上(下)行两台馈线开关退出运行:与 C 型双母线系统相同。

馈线开关与备用开关退出运行:与 C 型双母线系统相同。

**5. 直流断路器**

直流牵引供电系统的故障危害比交流系统严重。当直流断路器触头不能有效断开故障时,电弧不易熄灭,容易引起燃烧和爆炸。选择直流断路器时,应满足最大预期短路电流稳态值、最小临界分断电流、开关的极限分断能力和临界分断电流要求。

**6. 电分段纵向电动隔离开关**

① 作为牵引变电所 4 个馈线开关的备用开关(大双边)。

② 构成正常双边供电。

③ 作为牵引变电所的备用开关。

## 任 务 实 训

实训一:110 kV 侧电源倒换实训。
实训二:35 kV 侧断路器检修退出运行操作。
实训三:1500 V 侧停送电操作实训。

# 任务四　典型主接线分析

## 一、主变一次接线

### 1. 桥式接线举例

当只有两台变压器和两条线路时,可采用桥式接线。桥式接线按照连接桥的位置可分为内桥式和外桥式接线。

图 4.21 所示为某地铁 35 kV 侧的内桥式接线,其连接桥设在变压器侧,连接桥上设有断路器。

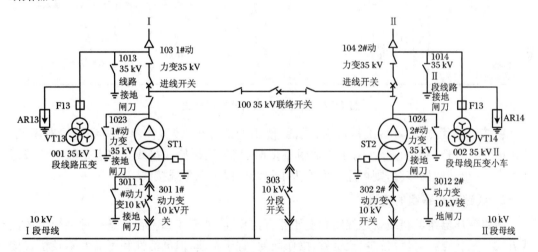

**图 4.21　某地铁 35 kV 侧的内桥式接线**

内桥接线的特点:两台断路器(103 和 104 动力变 35 kV 进线开关)接在进线电源线路上,因此进线电源线路的切除和投入是比较方便的。当线路发生短路故障时,仅故障线路的断路器断开,非故障线路仍可继续工作。但是当变压器(如 1♯变压器)故障时,与 1♯变压器连接的两台断路器(103 和 100)都将断开,1♯变压器所辖负荷将失电,此时可以合上 303 10 kV 分段开关,恢复 1♯变压器所辖负荷。断开 1♯变压器侧闸刀后,合上Ⅰ路进线断路器,100 35 kV 联络开关打开,Ⅰ路电源仍可作为Ⅱ路进线的后备。这种接线切除和投入变压器时,操作比较复杂。如切除 1♯变压器时,必须先断开 103 1♯动力变 35 kV 开关和 10 kV 开关,然后再断开 1♯动力变 35 kV 隔离闸刀。所以内桥接线适合于故障较多的长线路和变压器不需要经常切换的运行方式。

图4.22所示为某地铁中压侧外桥式接线,外桥接线的特点与内桥式相反。当1♯动力变压器发生故障或运行中需要切除时,只要断开103 1♯动力变35 kV进线开关即可,并不影响Ⅱ段的工作。若Ⅰ路进线故障,则103 1♯动力变35 kV进线开关要断开,100 35 kV联络开关应在断开状态,为此1♯动力变压器也将被切除。为了恢复1♯变压器的正常运行,必须在断开Ⅰ路线路隔离闸刀后,再接通103 1♯动力变35 kV进线开关和100 35 kV联络开关。因此外桥接线适用于线路较短和变压器为经济运行需要经常切换的情况。此外,当电力系统有穿越性功率经过变电所时,也应采用外桥接线,这时穿越性功率仅经过100 35 kV联络开关;若采用内桥接线时,则穿越性功率将经过三台断路器,其中任一台断路器故障或检修时,将影响穿越功率的传送。又如两条引出线接入环形电网时,也应采用外桥接线,使环形电网断开机会减少。

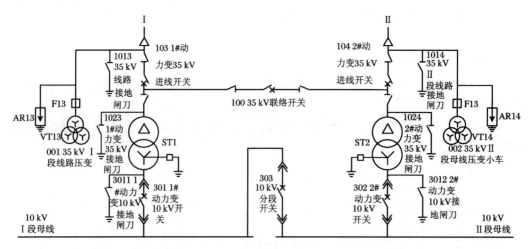

图4.22 某地铁中压侧外桥式接线

桥接线的优点及应用:工作可靠、灵活、使用的电器少、装置简单清晰和建造费用低。当配电装置建造初期负载较小、出线数目不多时,宜采用桥接式接线。缺点是随着负载逐步增大,其出线数增多时,则可逐步发展为单母线分段或双母线接线。

**2. 线路变压器组的接线**

线路变压器组的接线就是线路和变压器直接相连,如图4.23所示,是一种最简单的接线方式。其特点:一是设备少、投资省、操作简便、宜于扩建,但灵活性和可靠性不及桥式接线;二是线路和变压器可以看成是一个元件,速断保护可以按照躲开变压器低压侧线路出口处的短路来整定,由于变压器的阻抗一般较大,因此短路点的电流就大为减小,这样整定之后,电流速断就可以保护线路。

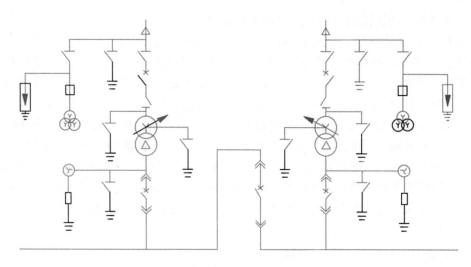

**图 4.23 某地铁线路变压器组接线**

### 3. 城轨主变电所 110 kV 一次接线

(1) 内桥接线方式

此种接线方式供电灵活性较好,两路电源互为备用。当一路电源故障退出运行时,可以通过桥断路器,实现另一路电源同时供两台变压器。

(2) 线路变压器组接线方式

此种接线方式供电灵活性比内桥接线方式稍差。当一路电源故障退出运行时,另一路电源则能继续供给主变电站原供电区域中的负荷。

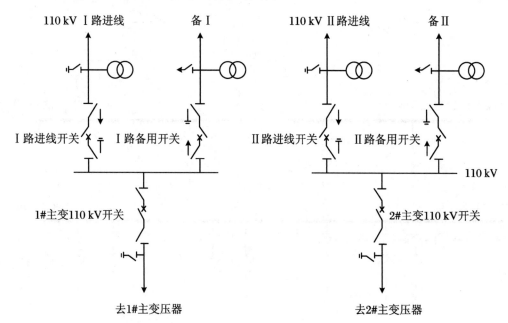

**图 4.24 某地铁主变电所 110 kV 一次接线**

(3) 环进环出线路变压器组接线方式

此种接线方式兼顾了地区高压配电作用,有利于城市电网与电源之间的联络,提高了地区电网可靠性,但增加了主变电所工程的投资。

因为进线和联络开关相当于市电网在本站的延伸,于是变压器开关相当于直接和市电网线路连接,故称这种接线方式为环进环出线路变压器组接线方式。实际上它是线路变压器组接线方式的一种。这种接线方式的高压侧与线路变压器组接线方式相比多了环进环出开关,虽然用的电器设备较多,但留出了发展的空间。

当上级变电所的馈线继电保护范围延伸至本线路及降压变压器低压侧时,允许在变压器的高压侧只装隔离开关。当变电所中短路电流不超过高压熔断器的遮断容量时,允许采用高压熔断器来保护主变压器。但是当变压器故障或检修时,整个线路必须停止工作,而环进环出线路变压器组接线方式就可避免这样的情况,只需断开变压器开关即可。它也可以满足电力系统有穿越性功率经过环进环出开关。这些是环进环出线路变压器组接线方式的优越性。

**4. 城轨主变电站 35 kV 一次接线**

图 4.25 为某地铁主变 110 kV 和 35 kV 接线图,其中 110 kV Ⅰ段和Ⅱ段、35 kV Ⅰ段和Ⅱ段分别为单母线接线,35 kV Ⅲ段和Ⅳ段为单母线分段接线,在大多数城轨主变中 35 kV 接线方式一般都为单母线分段接线。

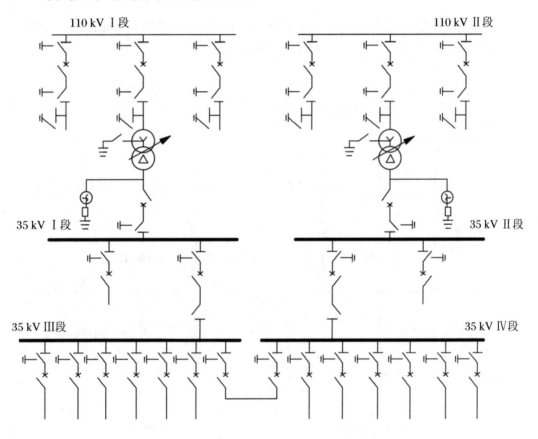

**图 4.25 某地铁主变 110 kV 和 35 kV 接线图**

图 4.25 中主变通过 35 kV Ⅰ/Ⅱ段向某号线供电,而该主变所辖负荷通过 35 kV Ⅲ/Ⅳ段母线馈出。正常运行时,Ⅲ/Ⅳ段母线 35 kV 分段开关处于分闸状态,自切装置投入。

当Ⅰ/Ⅱ段母线故障时,主变压器35 kV开关跳闸,35 kV Ⅰ/Ⅱ段母联开关跳闸,35 kV Ⅲ/Ⅳ段分段开关自切。此时某号开关站负荷自动被切除,保证所辖负荷供电。当Ⅲ/Ⅳ段母线故障时,35 kV Ⅰ/Ⅱ段母联开关跳闸,35 kV Ⅲ/Ⅳ段分段开关不自切,此时某号线馈线开关仍能保证供电。由此可以看出这样的接线方式使得本号线和其他号线的供电运行相互之间干扰最少。

## 二、中心和降压变一次接线

### 1. 中心变电所35 kV接线

中心变电所35 kV接线为线路变压器组接线,是从主变电所的35 kV Ⅰ/Ⅱ段母线上各引入一路电源构成线路变压器组接线方式。35 kV Ⅰ/Ⅱ路电源经动力变降压至10 kV,供给10 kV Ⅰ/Ⅱ段母线,并和各个降压所10 kV侧构成10 kV环网供电系统。如图4.26所示。

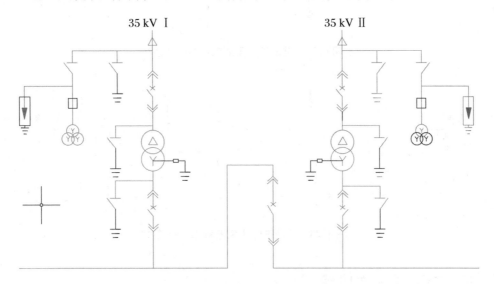

图4.26 某地铁中心变电所35 kV接线

### 2. 降压变电所10 kV接线

这种接线是在单母线的基础上将母线分为两段,由分段开关进行连接,称为单母线分段接线。如图4.27所示。Ⅰ/Ⅱ段母线上分别接10 kV进线、馈出线和电力变开关。当其中一段母线或分段开关小车需要清扫、维修时,可以拉开分段开关,摇出分段开关小车至检修位置,而另一段母线仍可照常工作。如果有一段母线发生故障,继电保护装置可迅速跳开10 kV电力变开关和故障母线上的电源开关;而没有故障的一段母线仍能继续工作。这样可达到很高的供电可靠性。

目前有些城轨降压变电所10 kV分段开关的自切功能在正常运行时一般都是退出的。

### 3. 降压变电所0.4 kV接线

降压变电所0.4 kV接线为单母线分段接线,如图4.28所示。这种接线方式的最大优点是供电可靠性高,任何一路失电,0.4 kV分段开关都会自切,保证失电段正常供电。与主变35 kV接线不同的是在0.4 kV Ⅰ/Ⅱ段母线上专门设有三类负荷开关,将所有三类负荷的出线都归纳其下,当 0.4 kV 分段开关自切时,失电段的三类负荷被自动切除,保证重要负荷的供电。另外在 0.4 kV Ⅰ/Ⅱ 段母线上还各设有补偿电容器组,根据本所 0.4 kV 电力系统无功负荷情况自动进行补偿。当功率因素低于 0.8 时自动逐步投入电容器组,当功率因素高于 0.95 以上时,自动逐步退出电容器组。

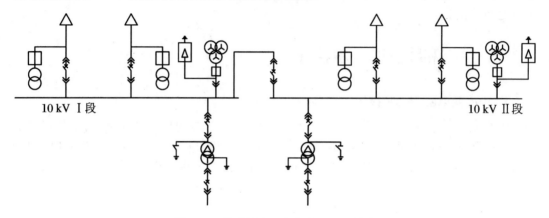

图 4.27　某地铁降压变电所 10 kV 接线

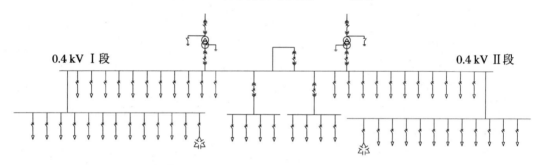

图 4.28　某地铁降压变电所 0.4 kV 接线

## 三、牵引变一次接线

**1. 35 kV 接线**

城轨牵引变电站的 35 kV 接线为单母线接线方式,从图 4.29(a)和图 4.29(b)可以看到,母线上 35 kV 进线和联络开关各一台,整流变开关两台,这样的接线方式结构清晰简单,倒闸操作方便,节省投资。两者的区别是,前者 35 kV 开关是安装式的,后者是小车式的。前者维修开关时,要将母线和线路改为检修状态,而后者只需将开关小车拉至仓外检修位置,就可对开关进行检修。在进线开关一侧,都有测量线路电压的电压互感器或电容感应式来电显示器,如图 4.29(b)中的 VT1 和 VT2,观察线路电压很方便。打开线路开关,合上线路接地闸刀,就可以进行线路检修。此时本站电源由另一条联络线路供给,不受线路检修影响。为了防止牵引变电站遭受雷击,在进线线路一侧装有避雷器,如图 4.29(b)中的 AR1 和 AR2。一般在整流变 35 kV 一侧都设有接地闸刀,方便检修,如图 4.29(b)所示。而在图 4.29(a)中,整流变 35 kV 侧接地,需要先拉开整流变 35 kV 开关,将整流变 35 kV 三位置闸刀合于接地位置,再合上整流变 35 kV 开关。

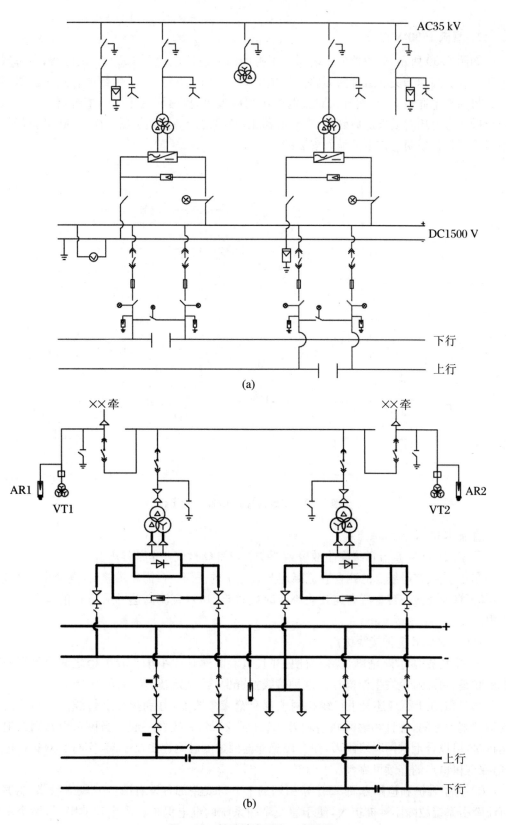

图 4.29 某地铁牵引变一次接线

## 2. 直流 1500 V 接线

如图 4.30 所示，整流器的正端通过正极闸刀将直流电送到 1500 V 正母线，正母线通过四台直流高速开关和触网闸刀将直流电分别送到上、下行触网，供给电客列车。电客列车又将回流电通过车轮、钢轨和回流电缆送到回流箱，再由回流箱送回整流器负端。为了防止操作过电压对设备造成破坏，在整流器正、负极之间并接避雷器。而 1500 V 正母线上的避雷器是为了防止雷电浪涌而安装的。

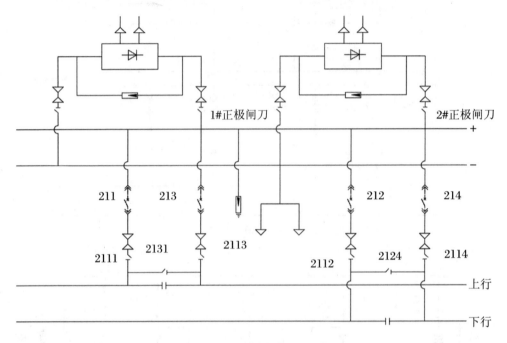

图 4.30 某地铁直流 1500 V 侧接线

直流 1500 V 接线缺点：
① 当 1500 V 直流母线发生故障或要清扫、检修时，就要全部停电。
② 当连接在母线上的四台直流高速开关柜中的任何一台需要维修时，需要全部停电。
③ 修理任何一台直流高速开关小车时(211－214)，直流高速开关所在的线路一定要停电。

直流 1500 V 这种接线优点：
① 接线结构简单、清晰、操作简便，并且直流高速开关小车与开关柜之间容易形成可靠的联锁，可以避免发生误操作。这种接线投资少，运行费用相对较低。
② 无论在上行线还是下行线触网上都有绝缘分段器，分别接在上行线和下行线的两台触网闸刀之间，并且和触网联络闸刀(2131 或 2124)并接在一起。当该牵引站因故退出运行时，可以合上触网联络闸刀，使分段绝缘器两边的触网连接在一起，实行大双边供电方式，保证供电点的连续可靠性。
③ 为了维护和检修方便，每个牵引站的上下行线路都各设有两台分段绝缘器，能够使直流牵引系统故障不会被扩大，便于直流牵引系统的继电保护。当出现故障时，两个牵引站的直流高速开关发生联跳，故障就被限制在两个绝缘分段之间，不会扩大，便于查找。在

确定直流高速开关保护整定值时,只需考虑两个绝缘分段器之间,所有列车运行的工况就可以了。这样更容易识别故障电流和正常电流。

## 任 务 实 训

实训一:地铁牵引混合所电气主接线识读与绘制。
实训二:某牵引混合所主接线各侧主接线绘制。
实训三:变压器倒换操作实训。

## 创新创业引导

引导一:对城轨和电气化铁道里不同电压等级处主接线形式进行对比分析,形成报告。
引导二:城市轨道交通能馈式牵引供电系统可靠性、疲劳损伤评估及维护维修方法探讨。

## 习　题

1. 什么是变电所的电气主接线？对电气主接线有哪些基本要求？
2. 电气主接线有哪些基本类型？各有什么特点？
3. 画出主变电所的主接线示意图,并说明其原理。
4. 画出牵引变电所的主接线示意图,并说明其原理。
5. 画出降压变电所的主接线示意图,并说明其原理。
6. 内桥接线与外桥接线的区别。
7. 双 T 接线的特点。

# 项目五　二次系统

## 任 务 导 入

二次系统是对一次系统有保护、检测、控制作用的系统,为一次系统的稳定运行保驾护航,没有二次系统的守护,一次系统就是裸系统,发生任何一个小问题都有可能引发大的问题,甚至摧毁整个系统,所以,对于轨道交通供电系统的安全、稳定、可靠运行,二次系统起了至关重要的作用。作为供电从业人员,了解和掌握二次系统非常有必要。

## 能 力 目 标

1. 掌握二次系统的作用、类型、表示方法。
2. 能够进行二次图的识读。
3. 能够绘制简单的二次图。
4. 能够根据要求绘制二次接线图,并进行正确的接线操作。
5. 能够进行二次系统的故障查找。

# 任务一　认识二次电气图

## 一、电气图概念与分类

**1. 电气图的概念**

电气图是用电气图形符号、带注释的围框或简化外形表示电气系统或设备中各组成部分之间相互关系及其连接关系的一种简图。

电气图是电气工程语言,每一位电气工程技术人员都需熟悉电气图,对于从事变配电系统电气运行、检修、安装和管理的工作人员,应具有较强的电气识图能力。

二次电气图是用于反映二次系统的工作原理、组成、连接关系等的一种电气工程图。二次系统的特点是连接导线多,二次设备动作程序多,工作原理复杂,工作电源种类多,故二次系统相对一次系统要复杂很多。

**2. 电气图的分类**

(1) 系统图或框图

用符号或带注释的框,概略表示系统或分系统的基本组成、相互关系及其主要特征的一种简图。

(2) 电路图

用图形符号并按其工作顺序排列,详细表示电路、设备或成套装置的全部组成和连接关系,而不考虑其实际位置的一种简图。

(3) 功能图

表示理论或理想的电路而不涉及实现方法的一种简图。

(4) 逻辑图

主要用二进制逻辑单元图形符号绘制的一种简图,只表示功能而不涉及实现方法的纯逻辑图。

(5) 功能表图

表示控制系统的作用和状态的一种简图。它采用图形符号和文字叙述相结合的表示方法,用以全面描述控制系统的控制过程、功能和特征。

(6) 等效电路图

表示理论或理想的元件及其连接关系的一种功能图,供分析和计算电路特性和状态之用。

(7) 程序图

详细表示程序单元和程序片及其互连关系的一种简图。

(8) 端子功能图

表示功能单元全部外接端子,并用功能图、功能表图或文字表示其内部功能的一种简图,端子功能图主要用于电路图中。

(9) 设备元件表

成套装置、设备和装置中各组成部分和相应数据列成的表格。

(10) 接线图或接线表

表示成套装置、设备或装置连接关系,用以进行接线和检查的一种简图或表格。

(11) 单元接线图或单元接线表

表示成套装置或设备中一个结构单元内的连接关系的一种接线图或接线表。

(12) 互连接线图或互连接线表

表示成套装置或设备的不同结构单元之间连接关系的一种接线图或接线表。

(13) 端子接线图或端子接线表

表示成套装置或设备中一个结构单元的端子以及接在端子上的外部接线的一种接线图或接线表。

(14) 电缆配置图或电缆配置表

提供电缆两端位置,必要时还包括电缆功能、特性和路径等信息的一种接线图或接线表。

(15) 数据单

对特定项目给出详细的资料。

(16) 位置简图或位置图

表示成套装置、设备或装置中各个项目的位置的一种简图或一种图。

## 二、电气图形符号、文字符号和项目代号

**1. 图形符号**

用图样或其他文件以表达一个设备或概念的图形、标记或字符,统称为图形符号。图形符号均按无电压、无外力作用的正常状态表示。

选用图形符号的原则:应尽可能采用优选形;在满足需要的前提下,尽可能采用最简单的形式;在同一图号的图中只能选用同一种图形形式。

大多数图形符号的取向是任意的。在不会引起错误理解的情况下,可根据图面布置的需要将符号旋转或取其镜像。

**2. 文字符号**

在电气图中,除了用图形符号来表示各种设备、元件等外,还在图形符号旁标注相应的文字符号,以区分不同的设备、元件,以及同类设备或元件中不同功能的设备或元件。

文字符号组合形式为基本文字符号+辅助符号,其中基本文字符号又包括单字母符号和双字母符号,前者按电气设备、装置、元器件的种类划分为23个大类,后者由一个表示种类的单字母符号和另一个表示功能或状态特性的辅助文字符号组成,所以文字符号组合形式又可以表示为基本符号+辅助符号+数字序号。

**3. 项目代号**

项目代号是用于识别图、图表、表格中和设备上的项目种类,并提供项目的层次关系、实际位置等信息的一种特定的代码。

电气图上通常用一个图形符号表示基本件、部件、组件、功能单元、设备、系统等。

(1) 种类代号

种类代号是用以识别项目种类的代号,前缀是"-"。它可由一个或几个字母组成,形式为-1 2 3,其中-为前缀符号,1为种类字母代码,2为数字序号,3为功能代号。

在一张图上分开表示的同一项目的相似部分可在种类代号之后用圆点隔开的数字来区分。在一张图上需要说明某项目的功能,可在某种类代号后面补充一个后缀。在系统图或电路图中,由若干项目组成的复合项目都用虚线或点画线围框包围起来,同时在各个围框外标明其种类代号。

(2) 高层代号

高层代号是指系统或设备中任何较高层次项目的代号,前缀是"="。

一个完整的系统或成套设备可以分为几部分,其中较高层次的部分都分别给出高层代号,表明相互间的隶属关系。

用英文缩写字母或数字,或用英文缩写字母和数字组合构成代号。例如,=P,表示测量系统或者测量设备,=P=A,表示某测量系统(P)的部件(A)。

(3) 位置代号

位置代号是指项目在组件、设备、系统或建筑物中的实际位置的代号,前缀是"+"。

位置代号可根据实际情况,按项目所在区室的简化名称选定英文缩写字母,并用英文缩写字母和数字组成,如图5.1所示。例如,+4,表示第4号开关柜;+B+4,表示B排开关柜;+106+A+4表示106号室的A排开关柜的第4号开关柜。

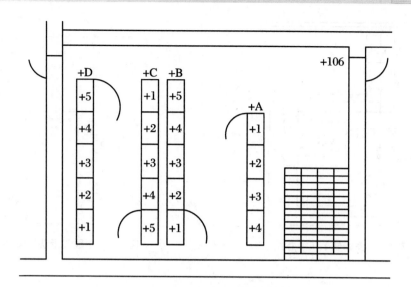

**图 5.1 设备的实际位置布置图**

(4) 端子代号

端子代号是用以同外电路进行电气连接的导电件的代号,常用于表示接线端子、插头、插座、连接片等元件上的端子,前缀是":"。

当项目端子有标记时,端子代号必须与此标记相一致;如没有标记,则应在图上自行设定。

端子代号采用数字或大写拉丁字母构成,也可采用大写字母与数字组合。

例如,＋MC－A1－X1:3 表示位于 6kV 配电装置(＋MC)的 1 号开关柜(－A1)的 1 号端子排(－X1)的第 3 号端子。

## 三、电气图的基本表示方法

### 1. 电路的表示方法

导线电缆符号、信号通路及元器件和设备的引线统称为连接线。表示方法有多线表示法、单线表示法、混合表示法。

(1) 多线表示法

多线表示法是每根连接线或导线各用一条图线表示,如图 5.2 所示。

(2) 单线表示法

单线表示法是两根或两根以上的连接线或导线在图上只用一条图线表示,如图 5.3 所示。

(3) 混合表示法

混合表示法是在同一图中,必要时组合采用单线表示法和多线表示法,如图 5.4 所示。

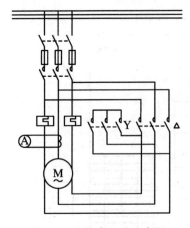 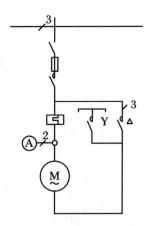

图 5.2 多线表示法示意图　　　　图 5.3 单线表示法示意图

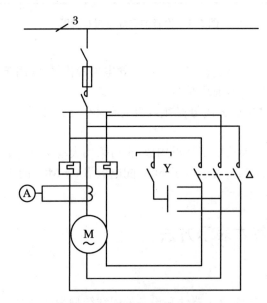

图 5.4 混合表示法示意图

**2. 电气元件的表示方法**

电气元件的布置有集中表示法、分开表示法、半集中表示法。

(1) 集中表示法

集中表示法是把一个元件的各组成部分的图形符号绘制在一起，如图 5.5 所示。

(2) 分开表示法

分开表示法是把一个元件的各组成部分的图形符号在图上分开表示，并用项目代号表示它们之间的关系，如表 5.2 所示。

(3) 半集中表示法

半集中表示法是把一个元件的某些组成部分的图形符号在图上分开布置，并用机械连接线表示它们之间的关系，如表 5.3 所示。

表 5.1 集中表示法

| 示例 | 集中表示法 | 名称 | 附注 |
|---|---|---|---|
| 1 | 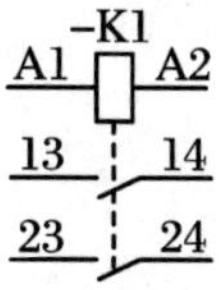 (继电器 -K1，端子 A1 A2，触点 13-14，23-24) | 继电器 | 可用半集中表示法或分开表示法表示 |
| 2 | 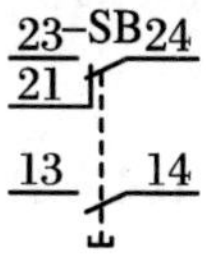 (按钮开关 -SB，23-24/21，13-14) | 按钮开关 | 可用半集中表示法或分开表示法表示 |
| 3 | 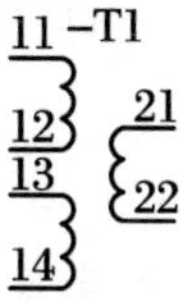 (三绕组变压器 -T1，11/12/13/14，21/22) | 三绕组变压器 | 可用分开提示法表示 |

表 5.2 分开表示法

| 示例 | 分开表示法 |
|---|---|
| 1 | 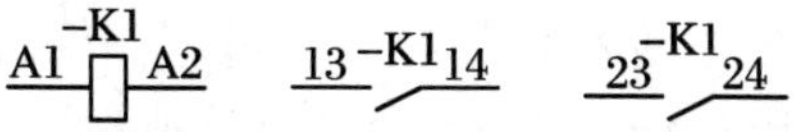 -K1 A1-A2， 13-K1-14， 23-K1-24 |
| 2 | 13-SB-14， 23-SB-24/21 |
| 3 | -T1 绕组 11/12/13/14， -T1 绕组 21/22 |

表 5.3 半集中表示法

| 示例 | 半集中表示法 |
|---|---|
| 1 | 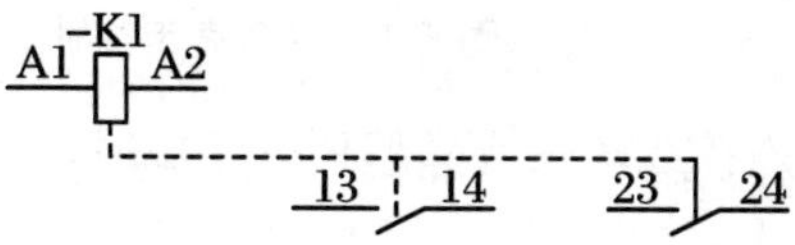 -K1 A1-A2，虚线连接 13-14，23-24 |
| 2 | 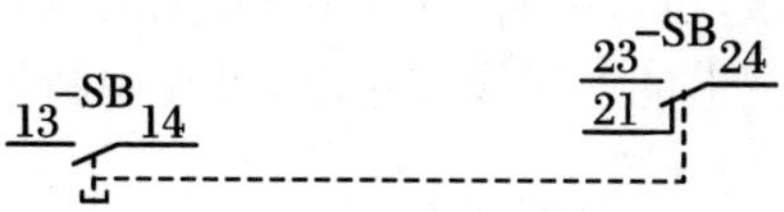 13-SB-14，23-SB-24/21，虚线连接 |

## 3. 元件工作状态的表示方法

对于在非激励或不工作的状态或位置是按无电压、无外力作用的状态画成的。对于具有可动部分的元器件通常采用以下表示方法：

① 单稳态的机电元件，如继电器、接触器在不带电状态。
② 断路器、负荷开关和隔离开关在断开位置。
③ 带零位的手动控制开关在零位位置。
④ 机械操作开关，如行程开关，在非工作的状态或位置，即搁置时的情况。

## 4. 图线的布置

图线的布置的原则是表示导线、信号通路、连接线等的图线一般应为直线，即横平竖直的原则，尽可能减少交叉和弯折。

水平布置时将设备和元件按行布置，一般使得其连接线成水平布置；垂直布置时将设备和元件按列排列，连接线成垂直布置。

## 5. 电路或元件的布局

功能布局法：简图中元件符号的布置，只考虑元件功能关系，而不考虑实际位置，按因果关系将各功能组从左到右或从上到下布置。

位置布局法：简图中元件符号的布置对应于该元件实际位置。

## 6. 连接线去向和接线关系的表示法

连接线去向和接线关系的表示有连续表示法和中断表示法。连续表示法是将连接线头尾用导线连通的方法；中断表示法是将连接线在中间中断，再用符号表示导线的去向。

连接线中断可用于以下三种情况，如图5.5所示。

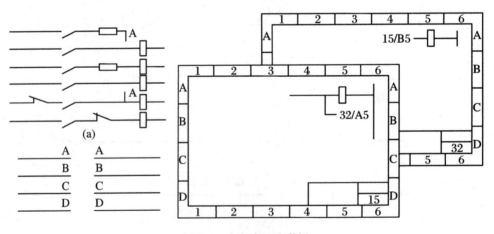

图 5.5 中断表示法举例

① 当穿越图面的连接线较长或穿越稠密区域时，允许将连接线中断，且在中断处加相应标记。
② 去向相同的线组，也可中断，且在中断处加相应的标记。
③ 连接到另一张图上的连接线应中断，且在中断处注明图号、张次、图幅分区代号等标记。

## 任 务 实 训

实训一:对照本校实训设备,查看设备在二次图中的表示方法。
实训二:进行二次图识别,查看设备在二次图中连接关系。

# 任务二 二次电路图

二次电气图的用途是阐述二次系统的电气工作原理,提供装接和使用信息。二次电气图分为二次电路图和二次接线图,前者用于阐述电气工作原理,后者用于描述装接关系。

二次电路图分为集中式二次电路图、分开式二次电路图、半集中式二次电路图三种。

## 一、集中式二次电路图

集中式二次电路图以前也称为整体式原理电路图。它是把二次设备或装置各组成部分的图形符号,按照其相互关系、动作原理集中绘制在一起的电路,以整体的形式表示各二次设备之间的电气连接,一般将一次系统的有关部分画在一起,如图 5.6 所示。

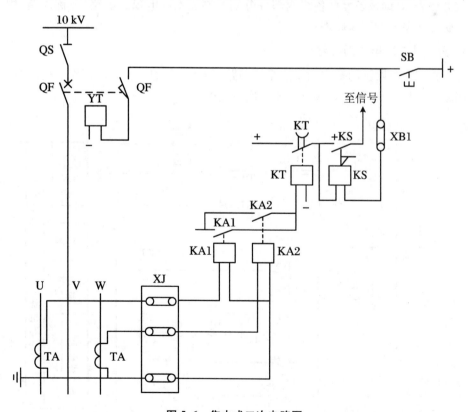

图 5.6 集中式二次电路图

**1. 工作原理**

图 5.6 为集中式二次电路图,其工作原理与动作顺序如下:当 10 kV 线路故障时,连接于电流互感器 TA 的电流继电器 KA1 - KA2 动作,其动合触点闭合接通 KT 线圈;经过一定延时后,其动合触点闭合,发出跳闸脉冲使跳闸线圈 YT 带电,断路器 QF 跳闸,切除故障;同时 KS 接通,动合触点闭合发出信号。

**2. 集中式二次电路图的特点**

① 集中式二次电路图是以设备、元件为中心绘制的电路图,各种设备元件均以集中的形式表示,可通过它对二次系统有一个明确的整体概念。

② 在集中式二次电路图中,往往将有关的一次系统及主要的一次设备简要地绘制在二次电路图的一旁,以便更加清晰、具体地表明二次系统对一次系统的监视、测量、保护等功能。

③ 在集中式二次电路图中,各种二次设备元件的内部结构、连接线、接线端子一般不予画出,以便突出二次系统的整体工作原理。

④ 不能按集中式二次电路图去接线、查线。

## 二、分开式二次电路图

分开式二次电路图以前也称为展开式原理接线图。它是将二次系统中的设备元件按分开式方法表示,即设备元件各组成部分分别绘制在不同电源的电路(亦称回路)中,主要用于说明二次系统的工作原理。

**1. 分开式二次电路图回路**

分开式二次电路图的基本出发点是按回路展开绘制,如交流电流回路、交流电压回路、直流回路等。如图 5.7 所示,为分开式二次电路图。

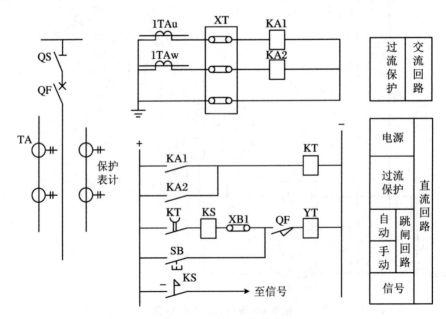

图 5.7 分开式二次电路图

① 交流电流回路，电源是电流互感器二次绕组，负载是电流继电器的线圈 KA1 和 KA2。

② 直流电压回路，电源是直流电压(+、-)，负载是时间继电器线圈 KT 和断路器 QF 的跳闸线圈 YT。

③ 直流信号回路，电源是直流电压(+、-)，负载是信号电器(未画出)。

**2. 分开式二次电路图的特点**

① 以回路为中心绘制，将各个设备元件的不同组成部分分别画在不同回路中。

② 同一设备元件的不同组成部分标注同一个文字符号，通过文字符号来反映它们之间的联系。

③ 在每个回路中，依次从上到下排列成若干行(当水平布置时)或从左到右排列成若干列(当垂直布置时)。行从上到下按系统动作顺序排列，每行元件的排列一般也按动作顺序从左到右排列。

④ 在水平布置中，每一回路的右侧一般都有简单的文字说明，用以说明电路的名称、功能等。

⑤ 各回路的供电电源，除电流互感器外，一般都是通过各种电源小母线引入的。

⑥ 为了安装接线和维护检修，在分开式二次电路图中，对每个回路及其元件间的连接线一般标注回路标号。

分开式二次电路图的优点是图线清晰，在水平布置中，横向排列，符合人们的阅读习惯，易于阅读，便于按图接线、查找。比较复杂的二次系统，均采用分开式二次电路图。二次电气工程图一般也是采用分开式二次电路图。

## 三、回路标号

回路标号一般由3位或3位以下的数字组成。当需要标明回路的相别和其他特征时，可在数字前加上必要的文字符号。

按等电位原则标注，即在电气回路中连于一点的所有导线用同一数字标注具有相同回路的标号。当回路经过开关或继电器触点时，因为在触点断开时触点两端已不是等电位，所以应给予不同的标号。

直流回路标号从正电源开始，以奇数顺序标号，直到最后一个主要电压降元件，然后再按偶数顺序标号直至负电源，如图5.8所示。交流回路也按这个原则标号，如图5.9所示。

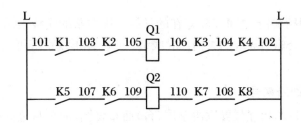

**图5.8 直流回路标号**

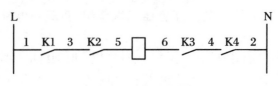

图 5.9　交流回路标号

**任 务 实 训**

实训一:二次电路图认知实训。
实训二:认识回路标号实训。

# 任务三　二次接线图

## 一、二次接线图的概念

二次接线图是表示二次设备连接关系的一种简图,是二次系统进行布置、安装、接线、查找、调试、维修和故障分析处理的主要依据。

二次接线图主要分为单元接线图、互连接线图、端子接线图、电缆配置图,按接线图的一般规定,图中应标示出:项目及其相对位置,项目代号;端子间的连接关系,端子代号;导线型式、截面积、导线号;需要补充说明的其他内容。

**1. 接线图的表示方法**

(1) 项目

应尽量采用简化外形(圆形、方形、矩形)来表示,必要时也允许用图形符号表示。在图形符号近旁标出与电路图项目一致的项目代号。

(2) 端子

一般端子用图形符号"O"表示,可拆卸的端子用"Ø"表示。用简化外形表示项目时,其上的端子可不画符号,只用端子代号表示。各端子宜按相对位置表示。

(3) 缆线

用连续的实线表示端子之间实际存在的导线。用中断的实线表示端子之间实际存在的导线,同时在中断处标明导线的去向。导线组、电缆、缆形线束等可用单实线或加粗的单实线表示。

**2. 电路图中的回路编号**

在接线图中,项目的相互位置取决于屏(台)面布置图,而项目之间的连接关系则由电路图确定。为了正确连接每个项目,确保电路图的逻辑功能,对电路图中的回路应进行编号。回路编号一般由三个及以下的数字组成;对于交流回路,为了区分相别,在数字前面加上 U、V、W、N 等文字符号;对于比较重要的常规回路给予了固定的编号。

## 二、单元接线图

单元接线图是表示成套装置(或设备)中一个结构单元(即可独立运用的组件或由零件、部件和组件构成的组合体)内部的连接关系。单元外部(单元之间)的连接关系不包括在内,但需注明相关接线图的图号。为了清楚地表示连接关系,单元接线图按装置或设备的背面布置而绘制。

屏背面接线图是以屏面布置图为基础,并以二次电路图为依据绘制而成的接线图。

### 1. 项目的表示与布置

单元内的元器件、部件和设备等项目,一般采用简化外形符号(圆形、正方形、矩形)来表示。一些简单的元件可以采用一般符号。各设备的引出端子,应按实际排列顺序画出,设备的内部接线一般不需要画出。对于安装在屏正面的设备,从屏后看不见轮廓者,其边框应用虚线表示。

项目的布置是根据屏背面的视图,将代表项目的简化外形符号或一般符号等按项目的相对位置布置,要保证项目的相对位置正确。

### 2. 项目的标注

单元接线图中,在各个项目图形的上方应加以标注,如图 5.10 所示,标注内容有:安装单位编号及设备顺序号,与分开二次电路图相一致的该项目的文字符号,与设备表相一致的该项目的型号。

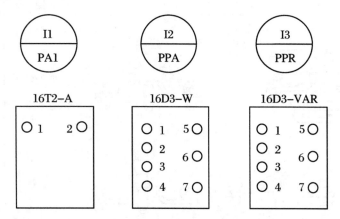

图 5.10 单元接线图项目标注方法

### 3. 导线的表示

导线的表示形式有中断线、连续线、多线、单线表示法,在电气工程图中,一般采用中断线表示导线。在中断线表示法中,为了便于识别导线的去向,需要对导线进行标记。

导线的标记方法有相对标记法,在本端的端子处标记远端所连接的端子的号,如图 5.11所示。

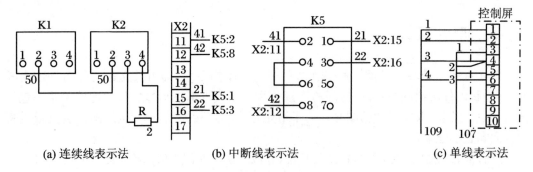

图 5.11 连接导线的表示方法

## 三、端子接线图

端子是用以连接器件和外部导线的导电件,是二次接线中不可缺少的配件。端子的种类有一般端子、连接端子、特殊端子、试验端子等,如图 5.12 所示。端子接线图表示一个结构单元的端子及其与外部导线的连接关系,但不包括单元内部连接关系,必要时可提供相关图号。

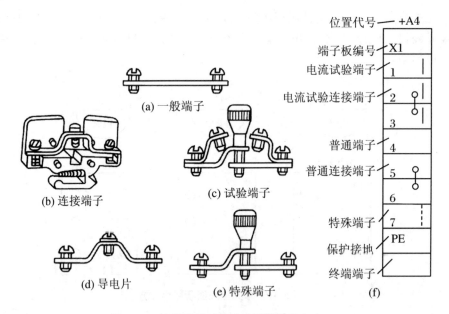

图 5.12 接线端子形式及端子排表示方法

习惯上,电气工程中,端子接线图也同时表示出端子排与内部设备的连接关系。端子接线图的视图与接线面的视图一致,即布线时面对端子排的那个方向绘制,如图 5.13 所示。

**1. 端子排设计原则**

端子排连接的回路有:

① 屏内设备与屏外设备的连接、同一屏上各安装单位之间的连接以及为节省控制电缆,需要经本屏转接的转接回路(过渡回路),均应经过端子排。

② 屏内设备与直接接在小母线上的设备（或熔断器、电阻、隔离开关等）的连接，一般应经过端子排。

③ 各安装单位主要保护的正电源一般经过端子排，其负电源应在屏内设备之间接成环形，环的两端分别接到端子排。其他回路一般均在屏内连接。

**2. 端子排配置的原则**

端子排的配置应满足运行、检修、调试的要求，并尽可能与屏上设备的位置相对应。每一个安装单位应有独立的端子排，按回路分组顺序排列。垂直布置的自上而下配置，水平布置的由左至右配置。

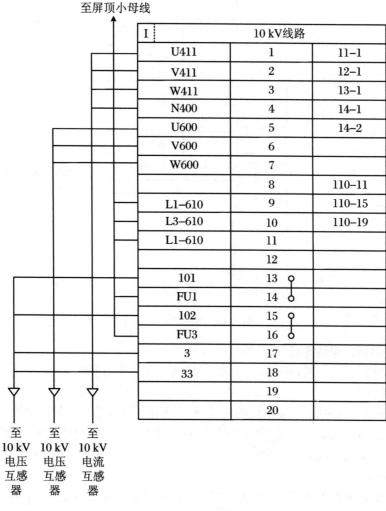

图 5.13 端子排接线图

**3. 端子排的排列顺序**

端子排的排列如图 5.14 所示。

① 交流电流回路（不包括自动调整调励装置的电流回路）。按每组电流互感器分组，同一保护方式的电流回路一般排在一起，其中又按标号数字大小由上而下排列，并按 U、V、W、N 排列。

② 交流电压回路(不包括自动调整调励装置的电压回路)。按每组电压互感器分组,同一保护方式的电压回路一般排在一起,其中又按标号数字大小排列,并按 U、V、W、L、W、N 排列。

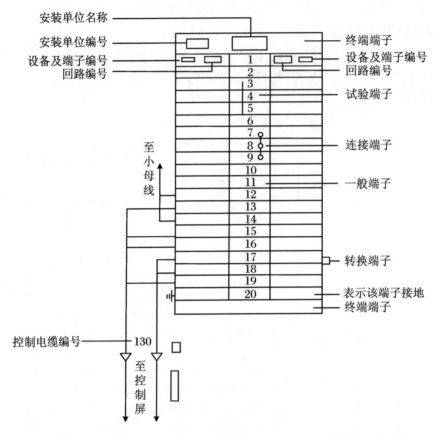

图 5.14 端子排的排列

③ 信号回路。按预告、位置及事故信号分组。

④ 控制回路。按各组熔断器分组,每组里面先排正极性回路,由小到大;再排负极性回路,由大到小。

⑤ 转接回路。先排本安装单位的转接端子,再排其他安装单位的转接端子。

⑥ 其他回路。按运动装置、励磁保护、自动调励装置的电流电压和联锁回路分组。

⑦ 当一个安装单位的端子过多,或一个屏上仅有一个安装单位时,可将端子排成组地布置在屏的两侧。

⑧ 每一安装单位的端子排应编有顺序号,并应尽量在最后留 2~5 个端子作为备用。当条件许可时,各组端子排之间也宜留有 1~2 个备用端子。在端子排两端应有终端端子。

⑨ 室内、屋外端子箱的端子排列,亦应按交流电流回路、交流电压回路和直流回路等组成排列。

⑩ 每组电流互感器的二次侧,一般在配电装置端子箱内经过端子连接成星形或三角形等接线方式。

⑪ 一个端子的每端一般接一根导线,导线截面一般不超过 6 mm²。特殊情况下个别

端子允许最多接两根导线。

## 四、屏面布置图

屏面布置图是一种采用简化外形符号（框形符号），表示屏面设备布置的位置简图，是屏的一种正面视图。屏面布置图是加工制造屏、盘和安装屏、盘上设备的依据。这种图与单元接线图相对应，可供安装接线、查线，核对屏内设备的名称、位置、用途，以及拆装、维修等使用。

### 1. 二次设备屏

二次设备屏类型有以下两种：

纯二次设备屏主要用于电站、变电所、大型电气设备的控制室中。如各种控制屏、信号屏、继电保护屏等。

一次、二次设备混合安装的屏，一般是在屏内装一次设备，在屏面装操作手柄及各种二次设备。如电工仪表、继电器、信号灯等，常见的高、低压配电屏就属于这种类型。

### 2. 屏面布置图的特点

① 屏面布置的项目通常用正方形、长方形、圆形等框形符号或简化外形符号表示。个别项目也可采用一般符号。

② 符号的大小及其间距尽可能按比例绘制，但某些较小的符号允许适当放大绘制。

③ 符号内或符号旁可以标注与电路图中相对应的文字代号。如仪表符号内标注"A""V"等代号，继电器符号内标注"KA"" KV"等代号。

④ 屏面上的各种二次设备，通常是从上至下依次布置指示仪表、光字牌、继电器、信号灯、按钮、控制开关和必要的模拟线路。

### 3. 屏面布置图的举例

如图5.15所示，各项目按相对位置布置；各项目一般采用框形符号表示，但信号灯、按钮、连接片等采用一般符号；项目的大小没有完全按实际尺寸画出，但项目的中心间距则标注了严格的尺寸。

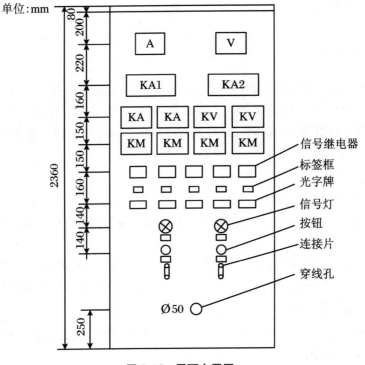

图 5.15 屏面布置图

## 任 务 实 训

实训一:根据端子排接线图的要求,查找实训装置内端子排图是否达标。
实训二:实训室设备的屏面布置图识读。

# 任务四　变电所二次系统

变配电所二次系统是指用来控制、指示、监测和保护一次系统运行的电路,又称二次系统或二次回路。主要包括控制系统、测量系统、信号系统、保护系统以及各种自动化装置。

按电源性质分类,它有直流回路和交流回路。交流回路又分交流电流回路和交流电压回路。交流电流回路由电流互感器供电,交流电压回路由电压互感器供电。

按用途分类,它有断路器控制回路、信号回路、测量回路、继电保护回路和自动装置回路等。

## 一、操作电源

变配电所的操作电源是保证各种二次回路正常工作的基本能源,包括以下几种:带镉镍电池的硅整流直流操作电源,带电容器储能的硅整流直流操作电源,交流操作电源。

**1. 带镉镍电池的硅整流直流操作电源**

如图 5.16 所示,(a)图是镉镍电池组及硅整流直流系统,(b)图是镉镍电池组接线。其特点是供电可靠性高,但投资相对较大,一般用于重要的用户变配电所。

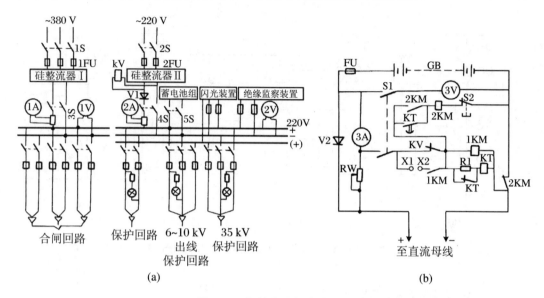

图 5.16 镉镍电池组直流系统

**2. 带电容储能装置的硅整流直流系统**

图 5.17 所示为带电容储能装置的硅整流直流系统。其特点是投资省,运行维护方便,但可靠性不如蓄电池。

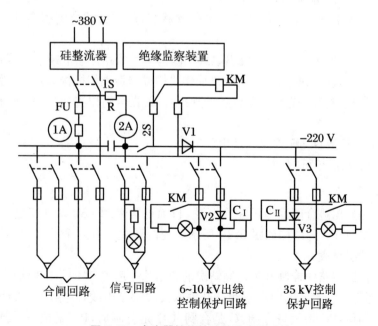

图 5.17 电容器储能的硅整流直流系统

### 3. 交流操作电源

如图 5.18 所示，(a) 为直接动作式，(b) 为中间电流互感器动作式，(c) 为去分流跳闸式。其特点是可使二次回路简化，投资减小，且工作可靠性高，维护方便，但不适于复杂回路。

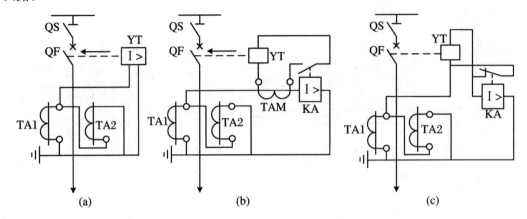

图 5.18 交流操作的过电流保护原理接线图

## 二、断路器控制回路

### 1. 对断路器控制回路的基本要求

① 应能监视电源及跳合闸回路的完好性。

② 跳合闸完成后，应能自动解除跳合闸命令脉冲。

③ 应能指示断路器正常合闸和跳闸的位置状态，并在自动合闸和自动跳闸时有明显的指示信号。

④ 断路器事故跳闸时，能自动发出事故跳闸信号。断路器事故跳闸信号的启动回路，应按不对应原则接线。当断路器采用电磁操作机构或弹簧操作机构时，利用控制开关的触点与断路器的辅助触点构成不对应关系，即控制开关在合闸位置而断路器已跳闸时，启动事故跳闸信号。

⑤ 能够防止断路器跳跃现象的发生。

⑥ 接线应力求简单可靠。

### 2. 控制开关

控制开关是发出跳合闸命令的主令开关，目前通常采用 LW 系列组合式万能转换开关。LW 系列控制开关的结构如图 5.19 所示。控制开关共有六个位置，在各种操作位置时触点的通断情况见表 5.4。

在断路器控制回路中控制开关通断情况的表示除采用表 5.4 的图表法以外，还可以用图 5.20 的图形符号表示。图中水平线是开关的接线端子引线，六条垂直虚线表示手柄六个不同的操作挡位：PC 是预备合闸，C 是合闸，CD 是合闸后，PT 是预备跳闸，T 是跳闸，TD 是跳闸后，水平线下面的黑点表示在此位置时该对触电是闭合的。

(a) 实物图

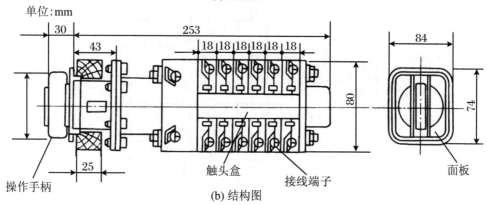

(b) 结构图

**图 5.19 LW 系列控制开关**

**表 5.4 LW2-Z-1a、4、6a、40、20、20/F8 型控制开关触点图表**

| 手柄和触点盒形式 | | F-8 | 1a | | 4 | | 6a | | |
|---|---|---|---|---|---|---|---|---|---|
| 触点号 | | | 1-3 | 2-4 | 5-8 | 6-7 | 9-10 | 9-12 | 10-11 |
| 位置 | 分闸后 | ← | × | | | | | | × |
| | 预备合闸 | ↑ | × | | | | × | | |
| | 合闸 | ↗ | | | × | | | × | |
| | 合闸后 | ↑ | × | | | | × | × | |
| | 预备分闸 | ← | | × | | | | | × |
| | 分闸 | ↙ | | | | × | | | × |

| 手柄和触点盒形式 | | 40 | | | 20 | | | 20 | | |
|---|---|---|---|---|---|---|---|---|---|---|
| 触点号 | | 13-14 | 14-15 | 13-16 | 17-19 | 17-18 | 18-20 | 21-23 | 21-22 | 22-24 |
| 位置 | 分闸后 | | × | | | × | | | | × |
| | 预备合闸 | × | | | × | | | × | | |
| | 合闸 | | | × | × | | | × | | |
| | 合闸后 | | | × | × | × | | × | × | |
| | 预备分闸 | × | | | | | | | | |
| | 分闸 | | × | | | | × | | | × |

注:"×"表示触点接通。

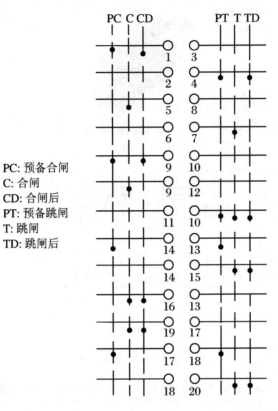

图 5.20　LW2－Z－1a、4、6a、40、20/F8 型触点通断图形符号

**3．不同类型的断路器控制回路**

① 图 5.21 所示为采用电磁操动机构的断路器控制回路。

② 图 5.22 所示为弹簧操动机构的断路器控制电路。

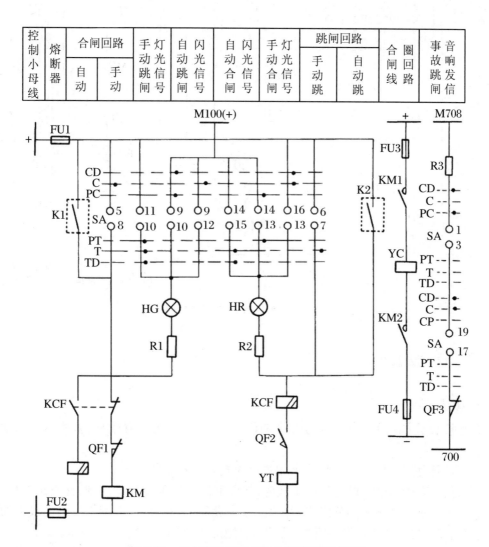

图 5.21 采用电磁操动机构的断路器控制回路

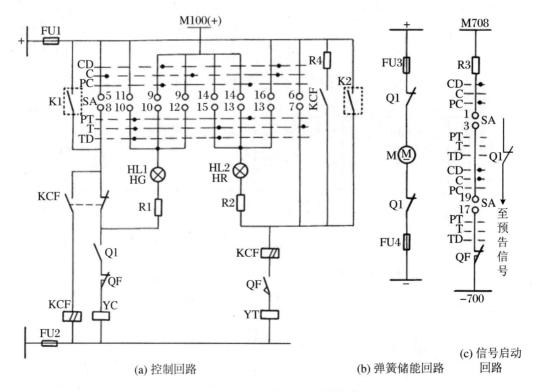

(a) 控制回路　　(b) 弹簧储能回路　　(c) 信号启动回路

图 5.22　弹簧操动机构的断路器控制电路

## 三、信号回路

**1. 概述**

信号按表示方法分为灯光信号和音响信号；按用途分为位置信号、事故信号和预告信号。

位置信号是用于指示开关电器、控制电器位置状态的信号。

事故信号是指当电气设备发生事故时，故障回路的断路器立即跳闸，并发出的信号。事故信号由音响和灯光两部分组成，音响信号一般是指蜂鸣器或电喇叭发出的较强的音响，同时断路器位置指示灯发出闪光指明事故对象。如图 5.23、图 5.24 所示。

预告信号是指当电气设备出现不正常的运行状态时，虽不使断路器立即跳闸，但要发出预告信号，帮助值班人员及时发现故障及隐患，以便采取适当的措施加以处理，防止故障扩大。预告信号也由音响和灯光两部分构成，即由警铃发出的音响信号和标有故障性质的光字牌灯光信号。常见的预告信号有变压器过负荷、断路器跳合闸线圈断线、变压器轻瓦斯保护动作、变压器油温过高、变压器通风故障、电压互感器二次回路断线、交直流回路绝缘损坏、一点接地及直流电压过高或过低等。如图 5.25 所示。

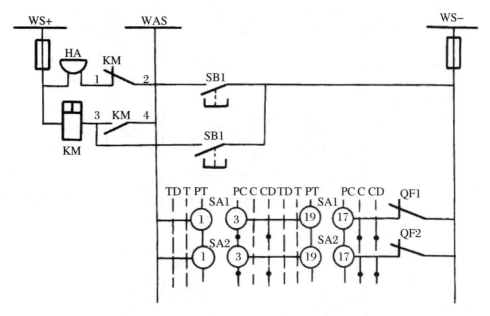

图 5.23 中央复归不能重复动作的事故信号装置

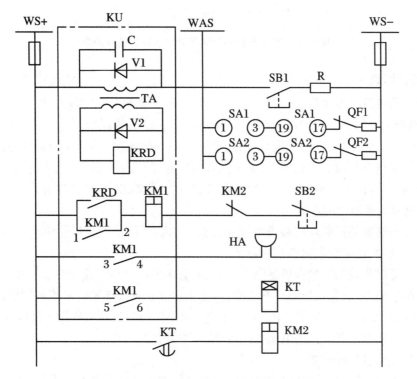

图 5.24 中央复归能重复动作的事故信号装置

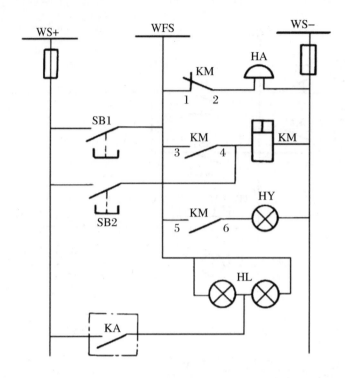

图 5.25　中央复归不能重复动作的预告信号装置

**2．测量回路**

变配电所的测量监察回路,主要供运行人员了解和掌握电气设备和动力设备的工作情况,以及电能的输送和分配情况,以便及时调整、控制设备的运行状态,分析和处理事故。因此,测量监察回路对保证电能质量、保证变配电所的安全运行具有十分重要的作用。

测量是通过测量仪表实现的,而测量仪表又要通过互感器反映一次系统状况。所以要实现测量与监察,需要正确地配置互感器和仪表。如图 5.26、图 5.27 所示。

(1) 电流互感器的配置

凡装有断路器的回路均应装设电流互感器。未装断路器的变压器中性点以及变压器的出口等回路中,也应装设电流互感器。

电流互感器装设的数量应满足测量仪表、继电保护和自动装置的要求。在中性点直接接地的三相电网中,电流互感器按三相配置;在中性点非直接接地的三相电网中,电流互感器按二相配置;变压器回路按三相配置。继电保护用电流互感器,应尽可能减小或消除不保护区。同一网络中各线路的电流互感器,均应配置在同名相上。

(2) 电压互感器的配置

电压互感器的配置,除应满足测量仪表、继电保护和自动装置的要求外,还应考虑绝缘监察装置的要求。每段母线都必须装设电压互感器,以供测量、保护等用。6～10 kV 母线装设一只三相五柱式或三只单相电压互感器;35 kV 以上母线一般装设三只单相电压互感器。

(3) 电气测量仪表的配置

电路中主要的运行参数有电流、电压、功率、电能、频率、温度和绝缘电阻等。因此应装设的电气测量仪表有:电流表、电压表、频率表、有功功率表、无功功率表、有功电能表和无功电能表等。

电路中应装设仪表的种类、个数及仪表的准确度等级,应符合《电工测量仪表装置设计技术规程》的有关规定。

在电源进线上,或经供电部门同意的电能计量点,必须装设带计费的有功电度表和无功电度表,而且宜采用全国统一标准的电能计量柜。为了指示负荷电流,进线上还应装设一只电流表。

变配电所的每段母线上,必须装设电压表测量电压。在中性点非有效接地的系统中,各段母线上还应装设绝缘监视装置。

35~110 kV 或 6~10 kV 的电力变压器,应装设电流表、有功功率表、无功功率表、有功电度表和无功电度表各一只;6~10 kV 或 0.4 kV 的电力变压器,在高压侧装设电流表和有功电度表各一只,如为单独经济核算单位的变压器,还应装设一只无功电度表。

并联电力电容器组的总回路上,应装设三只电流表,分别测量三相电流,并应装设一只无功电度表。

3~10 kV 的配电线路,应装设电流表、有功和无功电度表各一只。如不是送往单独经济核算单位的,可不装无功电度表。当线路负荷在 5000 kVA 及以上时,可再装设一只有功功率表。380 V 的电源进线或变压器低压侧,各相应装一只电流表。如果变压器高压侧未装电度表,低压侧还应装设有功电度表一只。低压动力线路上应装设一只电流表。在低压照明线路及三相负荷不平衡率大于 15% 的线路上,应装设三只电流表,分别测量三相电流。如需计量电能,一般应装设一只三相四线有功电度表。

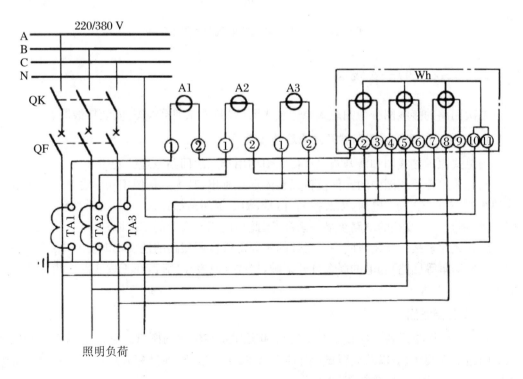

图 5.26　低压 220/380 V 照明线路电气测量仪表回路

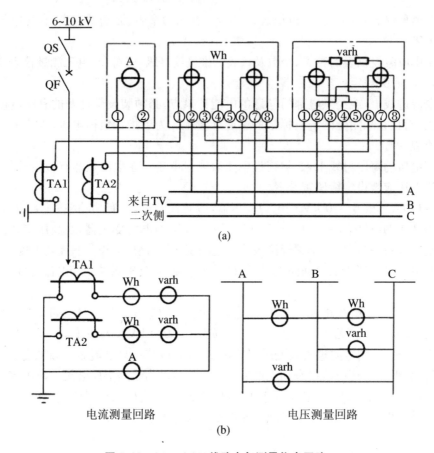

图 5.27  36～10 kV 线路电气测量仪表回路

## 四、二次回路接线图

二次回路的接线图分为归总式原理接线图、展开式原理接线图、安装接线图。

### 1. 归总式原理接线图和展开式原理接线图

归总式原理接线图和展开式原理接线图均用于二次回路原理的表述。

归总式原理接线图中的元件设备以整体形式画出,其优点是便于初学者学习。但是在这种图中,交直流电流、电压,以及控制、信号、测量等回路都画在一起,逻辑性较差,不便于阅读,特别是对于复杂的电路更显得杂乱,因此只能用于简单的二次回路。

展开式原理接线图是将同一个元件的不同部件按照回路的性质(如电流、电压,以及控制、信号、测量等回路)和电的联系分开来画,接线清晰易于阅读,在工程实践中得到了广泛的应用。

### 2. 安装接线图

安装接线图是反映二次设备及其连接和实际安装位置的图纸。它主要用于变配电所二次回路的安装接线,以及运行试验中对二次线路的检查、维修和故障处理。它分为屏面布置图、端子排图、屏后接线图。

(1) 屏面布置图

二次屏的屏面布置图是二次设备在屏上安装的依据。屏面布置图中的设备尺寸及设备间距都要按比例准确地绘出,屏面设备的排列布置一般应满足下列要求:

① 便于观察。在运行中需经常监视的仪表,一般布置在离地面 1.8 m 上下的位置;属于同一电路的相同性质的仪表,布置时应互相靠近;信号设备的布置要明显易辨。

② 便于操作和调整。控制开关、调节手轮、按钮的高度一般距地 0.8~1.5 m。

③ 检修试验安全、方便。

④ 设备布置要紧凑合理、协调美观。

图 5.28 为 110 kV 线路控制屏的屏面布置图。电流表、功率表位于最上几排,距地面高度为 1.5~2.2 m,下面为光字牌、转换开关、同期开关等。再下面为模拟母线、隔离开关位置指示器、信号灯具以及控制开关等。为了便于运行管理和设计,通常将二次设备、器具和接线划分为不同的安装单位。通常将属于可独立运行的一个一次电路的二次设备,划分为一个安装单元。图 5.28 中,110 kV 线路的控制屏有两个安装单元。

图 5.29 为继电保护屏的屏面布置图。图中一些不需经常观察的继电器,皆布置在屏的上部,而运行中需要监视和检查的继电器,应位于屏的中部,离地面高度约为 1.5 m。通常按电流继电器、电压继电器、中间继电器的顺序,由上而下依次排列,下面放置较大的继电器和信号继电器,最下面布置连接片和试验部件。

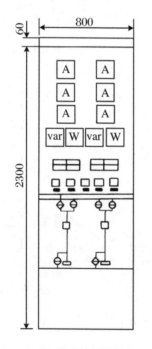

图 5.28 110 kV 线路控制屏的屏面布置图

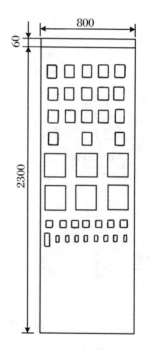

图 5.29 继电保护屏的屏面布置图

(2) 端子排图

在各种控制、保护、信号等二次屏屏后的左右两侧,均装设有接线端子排,它由各种接线端子组合而成。

接线端子和端子排是二次接线中专门用来接线的配件,凡屏内设备与屏外设备及屏顶小母线接连时,必须经过端子排;同一屏内不同安装单位的设备互相连接时,也要经过端子排;而同一屏内同一安装单位的设备互相连接时,则不需经过端子排。

根据结构形式和用途,接线端子可以分成下列几种类型:

① 一般端子,又称普通端子,用于同一个回路导线的直接连接,为用量最多的端子。其导电片如图 5.30(a)所示。

② 连接端子,通过绝缘座上部的中间缺口,用导电片把相邻的端子连在一起,用于连接有分支的二次回路导线。其外形如图 5.30(b)所示,导电片如图 5.30(c)所示。

③ 试验端子,用于运行试验时不允许断开的电流互感器回路中,如图 5.30(e)所示。

④ 连接型试验端子,同时具有试验端子和连接端子的作用,和试验端子相似,所不同的是其绝缘座上部的中间有一缺口,应用在彼此连接的电流试验回路中。

⑤ 特殊端子,用于需要很方便断开的二次回路中,如图 5.30(d)所示。

⑥ 终端端子,用于固定或分离不同安装单元的端子。

图 5.30(f)为端子排的表示方法,在端子排中,每个端子要按一定的规律进行排列,同时还要按排列顺序进行编号。

端子排的排列应遵照如下原则:不同安装单位的端子应分别排列,不得混杂在一起;端子排一般采用竖向排列,且应排列在靠近本安装单位设备的那一侧;每一个安装单位端子排的端子应按一定次序排列,以便于寻找端子。其排列次序为交流电流回路、交流电压回路、信号回路、控制回路、其他回路。

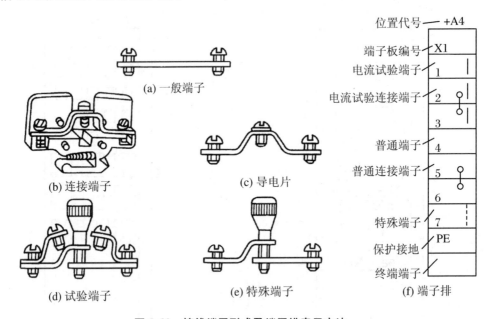

图 5.30 接线端子形式及端子排表示方法

(3) 屏后接线图

屏后接线图标明了屏上设备引出端子之间的连接情况,以及设备与端子排之间的连接情况。屏后接线图是二次屏组装过程中配线的依据,也是现场安装施工、调试试验和运行时的重要参考图纸。它是以展开图、屏面布置图和端子排图为依据绘制的。

绘制屏后接线图的基本原则和方法如下:

① 屏后接线图是背视图,看图者的位置应在屏后,所以其左右方向正好与屏面布置图

相反。

② 屏上各设备的实际尺寸已由平面布置图决定，所以画屏后接线图时，设备外形可采用简化外形表示，如方形、圆形、矩形等，必要时也可采用规定的图形符号表示。图形不需要按比例绘制，但要保证设备间的相对位置正确。各设备的引出端子应注明编号，并按实际排列顺序画出。设备内部接线一般不必画出，或只画出有关的线圈和触点。从屏后看不见的设备轮廓，其边框应用虚线表示。

③ 设备与设备、设备与端子排等之间，连接导线的表示方法有两种。连续线表示两端子之间导线的线条是连续的，如图 5.31(a)所示。这种表示法线条较多，只适用于较简单接线的情况。中断线表示两端子之间导线的线条是中断的，在中断处采用相对编号法。如甲、乙两端子相连，则在甲处标乙，在乙处标甲，如图 5.31(b)所示。由图可见，端子排 X2 的 11 号端子与继电器 K5 的 2 号端子连接，X2 的 12 号端子与 K5 的 8 号端子连接等。中断线表示法省略了导线的线条，使接线图清晰，故在工程实际中应用广泛。对于导线组、二次电缆及线束等，可用单线表示，如图 5.31(c)所示。

④ 屏上设备间的连接线，应尽可能以最短线连接，不应迂回曲折。

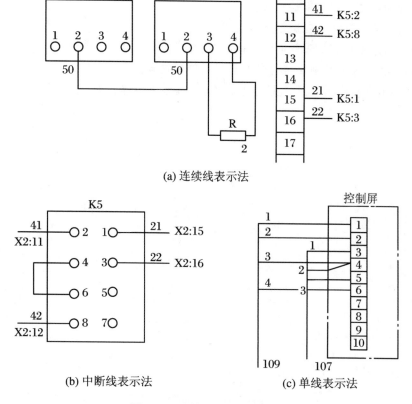

图 5.31 连接导线的表示方法

## 任 务 实 训

实训一：断路器控制回路二次图识读。

实训二：断路器分合闸回路接线并调试实训。

实训三：识别实训室设备现有二次图，根据现有二次图，根据集中式二次图绘制展开式二次图。

## 创新创业引导

引导一：对城轨和电气化铁道二次回路功能及形式对比分析，形成报告。
引导二：变电所开关柜新型二次试验仪方法及装置研究。
引导三：隔离开关二次回路故障快速定位方法及装置研究。

## 习　题

1. 什么叫一次回路？什么叫二次回路？
2. 变电所二次回路的作用是什么？
3. 二次设备由哪些部分组成？二次回路由哪些部分组成？
4. 控制室安装有哪些二次设备用盘？
5. 二次接线图按其用途可以分为几种？
6. 二次原理图有什么特点？
7. 二次接线端子的用途是什么？
8. 断路器的控制回路应满足什么要求？
9. 控制回路为什么要采取电气防跳措施？
10. 断路器分合闸控制回路为什么要用其辅助接点？
11. 断路器电动合闸一般常见的故障现象有哪些？其原因是什么？

# 项目六　接地系统与过电压保护

### 任 务 导 入

接地系统是城市轨道交通供电系统非常重要的环节。科学接地是维护系统和设备运行可靠性、稳定性,保护设备和人身安全,防止雷电危害,抑制电磁干扰必不可少的措施。接地处理正确与否,对供电系统安全运行、保护设备绝缘免受异常过电压破坏、防止人身遭受电击有重要的作用。因此,掌握接地系统和过电压保护是相关人员进行牵引供电系统运行维护的重要前提。

### 能 力 目 标

1. 掌握城市轨道交通供电系统接地种类。
2. 掌握弱电接地、强电接地、综合接地的含义。
3. 掌握供电系统接地方式。
4. 掌握过电压保护方式。

## 任务一　接地系统

### 一、接地系统概念

接地系统描述的是供电系统中电气装置或电气设备的某些导电部分与地的电气连接关系。在供电系统中,接地的范围很广,凡是电气系统及设备都涉及接地问题。接地问题就是要说明电气系统及设备对地的关系。其中"地"的概念包括大地,或指范围更加广泛、能用来代替大地的等效导体,比如飞机、轮船的金属外壳等。另外需要说明的是,"不接地"也是接地的一种形式。

在城市轨道交通工程中,关于地的概念也有很多,有大地、结构地、牵引系统地等,其中牵引系统地是指直流牵引供电系统回流用的走行轨。

在供电系统接地论述中,接地一般指与变电所接地母排直接连接,或通过设备中的接地排与变电所接地母排连接,而不是指与埋在大地内的接地极直接连接。

## 二、接地分类

按照供电系统电流制式和频率接地可划分为交流供电系统的工频接地、直流牵引供电系统的接地和雷电及过电压的冲击接地。按照供电系统电压等级它可划分为高压系统的接地、中压系统的接地和低压系统的接地。目前接地的分类多按其作用进行划分。接地按其作用可分为两类,其一为功能性接地,这是为了系统正常运行的可靠性及异常情况下保障系统的稳定性而设置的,如工作接地、电磁兼容接地等,主变压器、配电变压器的中性点接地就属于工作接地。其二为保护性接地,这是以人身安全和设备安全为目的的,如保护接地、防雷及过电压接地、防静电接地等。

**1. 功能性接地**

(1) 工作接地

工作接地处理系统内电源端带电导体的接地问题,是为了保证供电系统的正常运行,防止系统振荡,保证继电保护的可靠性。工作接地采用直接接地方式,可在系统发生接地故障时,产生较大的接地故障电流,使继电保护迅速动作,切除故障回路。

(2) 电磁兼容接地

电磁兼容接地是为了保证器件、电路、设备或系统在其电磁环境中能够正常工作,且不对该电磁环境中的任何器件、电路、设备或系统造成不能承受的电磁干扰。

**2. 保护性接地**

(1) 保护接地

保护接地是为了在电气设备绝缘损坏或产生漏电时,防止正常运行不带电的电气设备、外露可导电部分或电气装置外露可导电部分带电而导致电击危险。保护接地能够在设备绝缘破坏时,降低电气设备外露可导电部分对地的电压,从而降低人身接触该可导电部分对地的接触电压。保护接地还为接地故障电流提供了返回电源的通路,但只有系统接地为直接接地或小电阻接地时,才会形成较大的故障电流,使保护装置快速动作切除故障回路。

(2) 防雷接地及内部过电压接地

防雷接地是为雷电流提供导入大地的通路,防止或减轻建筑物、构筑物、电气设备等遭受雷电流的破坏,防止人身遭受雷击。防雷接地分直击雷接地和雷电感应过电压保护装置的接地。直击雷通过防雷装置进行防护,防雷装置由接闪器、防雷引下线和接地极组成,直击雷的接地就是将接闪器引导的雷电流经过防雷引下线引至接地极。对雷电感应过电压应设置避雷器保护,避雷器安装在配电装置(如开关柜)内,避雷器一端与相线连接,另一端接地,当雷电感应过电压超过避雷器的放电值时,避雷器被击穿,从而保护电气设备绝缘不被损坏。

内部过电压设备的接地也是为系统运行产生的异常电磁能量提供向大地释放的通路,避免设备绝缘破坏。内部过电压保护设备是避雷器或阻容吸收装置,一端接在相线上,另一端接地,当内部过电压超过避雷器的放电值时,避雷器被击穿,从而保护电气设备绝缘不被损坏。

## 三、综合接地系统

综合接地系统是指供电系统和需要接地的其他设备系统的各种接地采用共同接地极,

目前城市轨道交通工程多采用综合接地系统。

供电系统中,同时存在多个用于不同目的、不同用途的接地系统,这一点在接地分类中已进行了说明。在交流系统中任一电压等级都同时存在工作接地和保护接地的问题,例如,110/35 kV 主变电所中存在 110 kV 设备的保护接地、35 kV 系统的工作接地、35 kV 设备的保护接地;车站 35/0.4 kV 降压变电所中存在 35 kV 设备的保护接地、0.4 kV 系统的工作接地、0.4 kV 设备的保护接地。

城市轨道交通工程中的通信等其他设备系统也需要设置保证设备正常工作以及设备和人身安全的工作接地、防雷接地和保护接地,因此,一个车站内要求接地的系统和设备很多。从接地装置的要求上,可以共用接地装置,也可以分设,但分设接地装置时强电和弱电接地装置需要相距 20 m 以上。在分开设置不同的接地装置时,若距离不能满足要求,将存在由于接地装置电位不同所带来的不安全因素,不同接地导体之间的耦合影响也难以避免,会引起相互干扰。因此,目前城市轨道交通工程多采用综合接地系统。

综合接地系统是指供电系统和需要接地的其他设备系统的系统接地、保护接地、电磁兼容接地和防雷接地等采用共同的接地装置,并实施等电位联结措施。各类接地可以采用单独的接地线,但接地极和等电位面是共用的,不存在不同接地系统接地导体之间的耦合问题,也避免了采用不同接地导体所产生的电位不同问题。综合接地装置的接地电阻值根据接入设备的要求和人身安全防护的要求等方面综合确定,综合接地装置的接地电阻值必须不大于接入设备所要求的最小接地电阻值。

综合接地系统一般由共用接地极引出两个接地母排,即一个强电接地母排,一个弱电接地母排,分别用于供电系统和通信信号等弱电系统的各类接地,如图 6.1 所示。

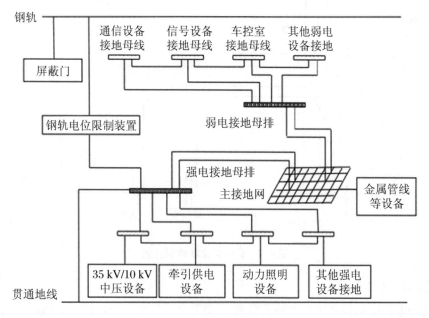

图 6.1 综合接地系统示意图

## 四、等电位联结

在电气装置间或某一空间内,将金属可导电部分,包括电气装置外露可导电部分和电气装置外部可导电部分,以恰当的方式互相联结,使其电位相等或相近,此类连接称为等电位联结。对设备和人身安全造成危害的电气问题,都不是因为电位的高低引起的,人身遭受电击、电气火灾的发生和电子信息设备的损坏,其主要原因是由电位差引起的放电。消除或减少电位差,是消除此类电气灾害的有效措施。采用等电位联结可以有效消除或减小各部分之间的电位差,有效防止人身遭受电击、电气火灾等事故的发生。

等电位联结可分为总等电位联结、辅助等电位联结和局部等电位联结。

**1. 总等电位联结**

总等电位联结是将可导电部分,包括总保护导体、总接地导体或总接地端子,建筑物内的金属管道(通风、空调、水管等)和可利用的建筑物金属部分进行连接,如图6.2所示,以降低车站、建筑物内间接接触电压和不同金属部件间的电位差,并消除自建筑物外经电气线路和各种金属管道引入危险故障电压的危害。

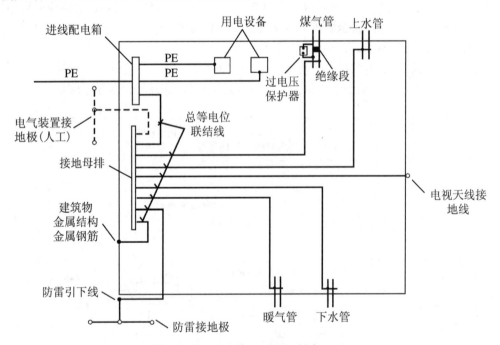

图 6.2 总等电位联结示意图

**2. 辅助等电位联结**

辅助等电位联结是将可同时触及的两个或几个可导电部分,进行电气连通,使它们之间的故障接触电压小于接触电压安全限值。

**3. 局部等电位联结**

局部等电位联结是在某一个局部电气装置范围内,通过局部等电位联结板,将该范围内电气设备外露可导电部分和外部可导电部分等进行电气连通,使该局部范围内,故障接触电压小于接触电压安全限值。

等电位联结是安全接地的重要内容,是间接接触防护的主要措施,它不强调与地的联结,强调人身所能同时接触到的、电气系统中正常运行不带电而异常时可能带电的设备外露可导电部分(金属外壳)和设备外部可导电部分相互之间的电气连接,从而避免或减小两者或多者之间的电位差,防止人身发生触电危险。

总等电位和局部等电位联结能够避免从接触的可导电物体外部引入的异常电位造成的接触电压危害,如雷击、中压系统接地故障引起的异常高电位的危害。辅助等电位联结能够避免被接触可导电物本身,如低压设备外壳所在系统漏电带来异常电位的危害。

## 五、交流供电系统的接地

交流接地系统包括高压、中压和低压配电系统的工作接地、保护接地、防雷及过电压接地等。

城轨交流供电系统的电压等级一般有 110 kV、35 kV、10 kV、0.4 kV 等,其接地内容包括工作接地、电磁兼容接地等功能性接地和电气装置的接地、防雷接地、过电压设备接地等保护性接地。

系统的工作接地包括电源中性点、中性线、保护中性线、电流互感器、电压互感器、三工位负荷开关、接地开关等接地。电源中性点、中性线、保护中性线的接地是指主变压器、配电变压器中性点与变电所接地母排直接连接。电流互感器、电压互感器、三工位负荷开关、接地开关等设备或电气元件均设在成套开关设备中,这些接地不直接与变电所接地母排单独连接,而是先与开关设备中的接地排相连,再通过设备的保护接地线与变电所接地母排相连。

电气装置的保护接地指各种电气装置外露可导电部分与变电所接地母排的电气连接;防雷接地指接闪器通过防雷引下线与大地连接;过电压设备的接地是为防止过电压击穿设备绝缘而设置的避雷器的接地,避雷器也设在开关设备内,因此避雷器的接地端与开关设备接地排相连接,通过开关设备的保护接地线与变电所接地母排连接,实现接地。

**1. 低压配电系统中性点接地方式**

低压系统的工作接地分为中性点直接接地和不接地两种方式。在具体中,我国采用国际电工委员会(IEC)标准,将工作接地和低压电气设备接地进行组合,形成了 TN、TT、IT 三种接地。其中第一个字母表示电源端与地的关系,T 表示电源端有一点直接接地,即中性点直接接地;I 表示电源端所有带电部分不接地或有一点通过阻抗接地,即中性点不接地。第二个字母表示电气装置的外露可导电部分与地的关系,T 表示电气装置的外露可导电部分直接接地,此接地点在电气上独立于电源端的接地点;N 表示电气装置的外露可导电部分与电源接地点有直接电气连接。

中性线(N 线)的功能:一是用来接额定电压为相电压的单相用电设备;二是用来传导三相系统中的不平衡电流和单相电流;三是用来减小负荷中性点的电位偏移。

保护线(PE 线)是保障人身安全,防止发生触电事故的接地线。系统中所有设备的外露可导电部分(指正常不带电压但故障情况下能带电压的易被触及的导电部分,如金属外壳、金属构架等),通过保护线(PE 线)接地,可在设备发生接地故障时减小触电危险。

保护中性线（PEN 线）兼有中性线（N 线）和保护线（PE 线）的功能。这种保护中性线在我国统一称为零线，俗称地线。

下面对由 TN、TT、IT 三种接地构成的低压配电系统分别进行介绍。

(1) TN 系统

电源端有一点直接接地，电气装置的外露可导电部分通过中性导体或保护导体连接到此接地点。根据中性导体和保护导体的组合情况，TN 系统有三种。

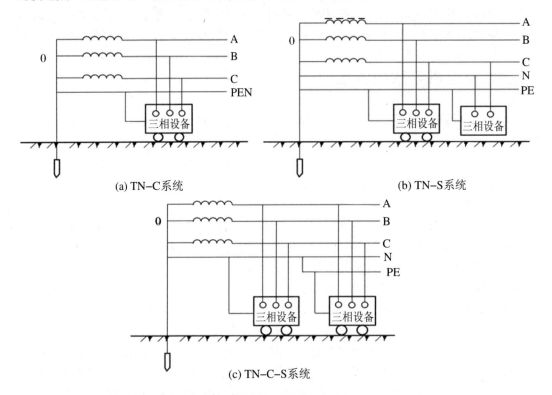

图 6.3　TN 系统

① TN-S 系统：整个系统的中性导体和保护导体是分开的，如图 6.3(a)所示。

② TN-C 系统：整个系统的中性导体和保护导体是合一的，如图 6.3(b)所示。

③ TN-C-S 系统：系统中一部分线路的中性导体和保护导体是合一的，如图 6.3(c)所示。

(2) TT 系统

电源端有一点直接接地，电气装置的外露可导电部分直接接地，此接地点在电气上独立于电源端的接地点，如图 6.4 所示。

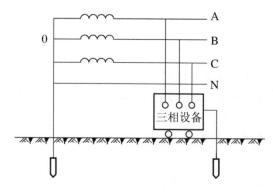

图 6.4 TT 系统

(3) IT 系统

电源端的带电部分不接地或有一点通过高阻抗接地，电气装置的外露可导电部分直接接地，如图 6.5 所示。

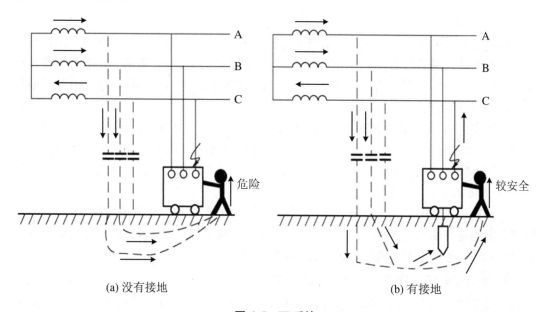

(a) 没有接地　　　　　　　　　　(b) 有接地

图 6.5 IT 系统

**2. 保护接地**

交流设备的保护接地用于处理电气装置或电气设备的外露可导电部分，即金属外壳与地的关系。无论系统接地采用什么形式，交流系统电气装置的外露可导电部分均要接地。实施保护接地可以降低预期接触电压，提供接地故障电流回路，为过电压保护装置接地提供条件，实现等电位联结。

对于变电所内的电气设备，外露可导电部分直接通过接地线与接地母排进行电气连接。交流电气设备的接地包括以下范围：

① 主变压器、牵引变压器、配电变压器的底座和外壳。
② 交流高压封闭式组合电器(GIS)和箱式变电所的金属箱体。
③ 中压、低压开关设备的金属外壳。

④ 交直流电源屏的金属外壳。
⑤ 电气用各类金属构架、支架。
⑥ 电缆桥架和金属线槽。
⑦ 电力电缆、控制电缆穿线金属管。
⑧ 电力电缆、控制电缆的金属护套和外铠装等。

## 六、直流牵引供电系统的接地

城市轨道交通工程的直流接地系统有别于其他工程的接地系统,由直流牵引供电系统的工作接地、保护接地、防雷及过电压接地组成。

城市轨道交通工程的牵引供电制式多采用直流 750 V 或直流 1500 V,直流牵引供电系统的主要设备有牵引整流器、直流开关设备、上网开关设备、钢轨电位限制装置、接触网、回流轨等。

**1. 系统接地方式**

城轨直流牵引供电系统的负极相当于交流系统的中性点,直流牵引供电的工作接地就是负极对地关系问题。为减小直流杂散电流对金属结构的腐蚀,直流牵引供电的工作接地采用不接地系统,即正常情况下系统设备的所有正极和负极均与地绝缘。这里的"地"既包括大地,也包括结构地。

采用走行轨回流,在直流大双边越区供电情况下,走行轨对地电位将高于正常双边供电,有时会超过允许值。另外在运行过程中,走行轨也可能出现不明原因的电位升高。此时为保护乘客及运行人员的安全,可通过钢轨电位限制装置将走行轨与地进行短时电气连接,以钳制走行轨对地电位。

走行轨对地电位超过允许限值时,为避免乘客上下车受到跨步电压的影响,钢轨电位限制装置本应将走行轨与结构地短时连接,但考虑到杂散电流问题,目前做法是将走行轨与电位同结构地基本相当的外引接地装置短时连接。

**2. 牵引变电所内直流牵引供电设备的接地**

牵引整流器、直流开关设备,包括直流进线柜、直流馈线柜、负母线柜、钢轨电位限制装置等,都安装于牵引变电所内,其外露可导电部分,即金属外壳不与地直接电气连接,而是通过直流框架泄漏保护装置与地形成单点电气连接。

金属外壳与基础槽钢之间设有硬质绝缘板,设备固定采用绝缘安装方法。当系统标称电压为 750 V 时,绝缘电阻一般不小于 50 kΩ;当标称电压为 1500 V 时,绝缘电阻一般不小于 100 kΩ。各设备金属外壳之间采用电缆实现电气连接,一般在负母线柜接地端子单点通过电缆与直流框架泄漏保护装置连接后,接至变电所接地母排,实现变电所内直流牵引供电设备单点接地。

**3. 区间直流上网开关设备的接地**

区间直流上网开关包括区间检修线隔离开关设备的接地,可以有以下四种方式:

① 当上网开关设备设在站台的独立设备房间或牵引变电所内时,将其纳入直流开关柜的框架泄漏保护中。在发生设备外壳漏电时,框架保护联跳直流馈出断路器。上网开关

设备安装要求与牵引变电所内直流牵引供电设备相同,金属外壳与基础槽钢之间设置硬质绝缘板。这种方式需增加接地电缆。

② 采用非金属绝缘外壳,当柜内发生直流漏电时,设备外壳不会带直流异常电位,也没有杂散电流泄漏问题。这种方式设备投资较高。

③ 设备外壳与基础槽钢之间设置硬质绝缘板,设备外壳与附近走行轨电气连接,发生直流漏电时会产生系统正负短路,直流馈线保护动作并切除故障,这种方式要求设备操作维护只能在直流停电后进行,应用受限。

④ 设备金属外壳直接与附近结构钢筋电气连接,相当于交流低压 IT 系统的接地方式,这种方式需要保证并保持正极对外壳的绝缘,使正常泄漏的直流电流不对结构钢筋产生腐蚀,并需要在正极碰壳发生时能迅速切除故障或报警。

**4. 车辆段、停车场直流上网开关等设备的接地**

车辆段、停车场范围大,直流上网开关设备与检修设备的数量多、分布广,内部金属管线较多。直流上网开关等设备的接地问题可通过柜内设置绝缘护板、绝缘电缆支架或采用非金属绝缘外壳等措施解决。

## 七、接地装置及接地电阻要求

接地装置是完成系统、设备接地功能的材料和设备的总称,包括接地母排、接地线和接地极等,接地装置的重要参数之一是接地电阻。接地装置的接地电阻值应始终满足各接地系统接地电阻最小值的要求,接地装置的各个组成部分应有足够的截面,满足在接地故障的条件下的动热稳定,接地装置的材质和规格在其所处环境内应具备抗机械损伤、腐蚀和其他有害影响的能力。

接地母排为汇集各系统、设备接地线并与接地极电气连接的金属导体,接地母排多采用铜材,以减少接触电阻。接地极即为埋设在大地中的金属导体,当水平埋设时称为水平接地极,当垂直埋设时称为垂直接地极。若接地极为一组水平埋设、相互连接的导体网格,则称其为水平接地网。若接地极由水平接地网和垂直接地极构成,则称其为复合接地网。车站结构钢筋等可以作为自然接地极,若接地电阻不能满足要求,还应敷设人工接地极,并能分别测量其接地电阻值。为减少土壤对接地极的腐蚀,延长接地极的使用寿命,接地极多采用铜材,由接地极或接地网引至接地母排的接地线与接地极材质相同。变电所内设备接地线多采用镀锌扁钢。当接地系统中相互连接的接地线等采用不同材质时,需要考虑不同金属间的腐蚀问题。

**1. 变电所的接地装置**

变电所的接地极设置要综合考虑防雷接地、系统接地和保护接地的需要。为了均衡变电所地面的电位分布,降低对人身可能造成伤害的接触电压和跨步电压,变电所应采用水平接地极为主、外缘闭合的复合接地网,垂直接地体设置在防雷引下线附近,并根据需要可在接地网中敷设若干水平导体作为均压带。

复合接地网的工频接地电阻与接地网的面积的平方根成反比。在土壤电阻率相同的情况下,接地网的尺寸一经确定,其接地电阻就基本确定。在接地网内增加导体对减小接地电阻的作用不大,这是因为内部导体被四周的导体所屏蔽,电流绝大部分都是由地网边缘导体流出的。在接地网内增加水平导体是为了减小跨步电压。当接地网敷设于钢筋混凝土结构底板下方时,由于结构钢筋的均衡电位作用,可不再设置水平均压带。

在工频时,接地电阻之所以和接地网的面积的平方根成反比,是因为在工频电流作用下,接地网的电位分布均匀,全部地网导体都能起到散流作用。

雷电冲击电流的等值频率很高,接地体自身的电感阻碍电流向远处流动,结果使得接地体得不到充分利用。在冲击电流的作用下,由于接地体本身的电感作用,地网导体上的电位分布很不均匀,离冲击电流注入点愈远的地方,接地体上的电位就愈低,甚至为零,其变化规律按指数衰减。因此,接地极在冲击电流作用下,只有电流注入附近一小块范围内的导体起散流作用。不论水平接地网有多大,在冲击电流作用下其散流的有效面积却是一定的,有效面积外部导体上的冲击电压接近于零。

不同电阻率情况下的有效面积如表 6.1 所示。

表 6.1 不同电阻率情况下的有效面积

| $\rho(\Omega \cdot m)$ | 50 | 100 | 500 | 1 000 | 2 000 |
|---|---|---|---|---|---|
| 有效面积($m^2$) | 400 | 625 | 1 600 | 2 500 | 3 600 |

接地装置,包括接地线的各个组成部分,将通过接地故障电流,故应有足够的截面以满足接地故障电流的热稳定性要求。

① 在直接接地或小电阻接地系统中,接地线的截面应按照流过接地故障电流进行热稳定校验。钢接地线的短时温度不应超过 400 ℃,铜接地线不应超过 450 ℃。

② 校验不接地、消弧线圈接地和高电阻接地系统中接地线的热稳定性时,明敷接地线的长时间温度不应大于 150 ℃,暗敷接地线不应大于 100 ℃。

③ 接地线的热稳定校验中,根据热稳定条件,接地线的最小截面计算公式为

$$S \geqslant \frac{I\sqrt{t}}{C}$$

式中,$S$ 为接地线的最小截面($mm^2$);$I$ 为流过接地线的接地故障电流(A);$t$ 为故障的等效持续时间;$C$ 为接地线材料的热稳定系数。

④ 根据热稳定条件,未考虑腐蚀时,接地装置接地极的截面不宜小于该接地装置接地线截面的 75%。

**2. 接地电阻**

接地电阻允许值与系统接地方式以及高、中、低压是否共用接地装置有关。无论枢纽变电所还是其他变电所,涉及低压设备的接地问题,其各电压等级的接地都是同一个接地装置。

① 电源系统中性点非直接接地的接地装置的接地电阻计算公式为

$$R \leqslant \frac{120}{I}$$

式中,$R$ 为考虑到季节变化的最大接地电阻(Ω),$I$ 为计算用的接地故障电流(A),接地电阻不应大于 4 Ω。

② 电源中性点直接接地或小电阻接地,接地装置的接地电阻计算公式为

$$R \leqslant \frac{2000}{I}$$

式中，$R$ 考虑到季节变化的最大接地电阻（Ω），$I$ 计算用的接地故障电流（A）。

由于在电源中性点接地的情况下，接地故障电流较大，对地电位有较大的抬升，若低压配电系统采用 TN 接地，低压配电设备外壳将有较高的异常电位，应采取总等电位联结措施，消除对人身的伤害。

## 任 务 实 训

实训一：实地查看接地引下线等装置，理解接地的几个基本概念。
实训二：查看本校实训室低压供电系统的中性点接地方式是哪一种。

# 任务二　过电压保护

## 一、过电压

过电压是指电气设备或线路上出现超过正常工作要求的电压升高。在电力系统中，按照过电压产生的原因，可将其分为内部过电压和外部过电压两大类。

### 1．内部过电压

内部过电压，指供配电系统内部由于开关操作、参数不利组合、单相接地等原因，使电力系统的工作状态突然改变，在其过渡过程中引起的过电压。内部过电压又可分为操作过电压、谐振过电压、暂态过电压。

操作过电压是由系统内部开关操作导致的负荷骤变，或由于短路等原因出现断续性电弧而引起的过电压，常见的有空载线路合闸和重合闸过电压、切除空载线路过电压、切断空载变压器过电压和弧光接地过电压。对 110 kV 以下系统一般不需要采取专门措施限制工频过电压。

谐振过电压是电力系统中电感、电容等储能元件在某些接线方式下与电源频率发生谐振所造成的瞬间高电压。一般按起因分为线性谐振过电压、铁磁谐振过电压和参量谐振过电压。

限制谐振要适当调整电网的参数，避免谐振发生，出现谐振时要缩短谐振的时间，降低谐振的振幅，削弱谐振的影响，一般是采用电阻阻尼进行抑制。

限制消弧线圈与导线对地电容的串联线性谐振的方法是采用欠补偿或过补偿运行方式。

避免变压器高压侧发生不对称接地故障，断路器非全相或不同期动作而产生的零序过电压，要求断路器三相同期动作，减少在高压侧使用熔断器。这有利于限制断相引起的铁磁谐振过电压。

限制电压互感器饱和引起的铁磁谐振过电压，可采用励磁特性较好的电磁式电压互感器或电容式电压互感器。若采用带开口三角形绕组电压互感器，也可在零序回路中加阻尼电阻。

开断空载变压器操作过电压的能量不大,其对绝缘的作用不超过雷电冲击波的作用,可采用阀式避雷器保护。

对于 10 kV 容量较小的变压器,当采用真空断路器时,操作过电压的保护也可采用阻容吸收装置。

暂态过电压是由于断路器操作或发生短路故障而使电力系统经历过渡过程以后重新达到某种暂时稳定的情况下所出现的过电压,又称工频电压升高。常见的有:在工频电源作用下,由于远距离空载线路电容效应的积累,使沿线电压分布不等,末端电压最高的空载长线电容效应;不对称短路接地引起的电压升高;输电线路因发生故障而被迫突然甩掉负荷时,由于电源电动势尚未及时自动调节而引起的过电压。

内部过电压的幅值一般不超过电网额定电压的 3~3.5 倍,对供电系统的危害较小,且电气设备和线路的绝缘强度有一定的富余量。

**2. 外部过电压**

外部过电压又称雷电过电压或大气过电压,是由大气中的雷云对地面放电而引起的,雷电过电压一般分为直击雷、间接雷击和雷电侵入波三种类型。

直击雷是遭受直击雷时产生的过电压。经验表明,直击雷时雷电流可高达几百千安,雷电电压可达几百万伏。遭受直击雷时难免发生灾难性结果,因此必须采取防御措施。

间接雷击,又简称感应雷,是雷电对设备、线路或其他物体的静电感应或电磁感应所引起的过电压。

雷电侵入波是感应雷的另一种表现,是直击雷或感应雷在电力线路的附近、地面或杆塔顶点感应产生的冲击电压波,它沿着导线以光速向两侧流动,故又称过电压行波。行波沿着电力线路侵入变配电所或其他建筑物,并在变压器内部引起行波反射,产生很高的过电压。据统计,雷电侵入波造成的雷害事故,占所有雷害事故的 50%~70%。

# 二、防雷保护

**1. 雷电的危害**

雷电的形成伴随着巨大的电流和极高的电压,在它的放电过程中会产生极大的破坏力。雷电的危害主要有以下几方面:

(1) 雷电的热效应

雷电产生强大的热能使金属熔化,可烧断输电导线,摧毁用电设备,甚至引起火灾和爆炸。

(2) 雷电的机械效应

雷电产生强大的电动力可以击毁电杆,破坏建筑物,人畜亦不能幸免。

(3) 雷电的闪络放电

雷电产生的高电压会引起绝缘子烧坏、断路器跳闸,导致供电线路停电。

**3. 防雷保护及装置**

基于此,变电所的防雷保护要保护建筑物等不受雷击损害,应有防御直击雷、感应雷和雷电侵入波的不同措施和防雷设备,故变电所的防雷保护常采用以下措施:

(1) 直击雷的防御

直击雷的防御主要需设法把直击雷迅速流散到大地中去。一般采用避雷针、避雷线、避雷网等避雷装置来防直击雷，如果变电所位于附近的高大建(构)筑物上的避雷针保护范围内，或者变电所本身是在室内的，则不必考虑直击雷的防护。

(2) 感应雷的防御

对建筑物最有效的防护措施是把建筑物内的所有金属物，如设备外壳、管道、构架等均进行可靠接地，混凝土内的钢筋应绑扎或焊成闭合回路。对 35 kV 进线，一般采用在沿进线 500～600 m 的这一段距离安装避雷线并可靠地接地，同时在进线上安装避雷器即可满足要求。对 6～10 kV 进线可以不装避雷线，只要在线路上装设阀式避雷器即可，如图 6.6 所示。

图 6.6 中接在母线上的避雷器主要是保护变压器不受雷电波危害，在安装时应尽量靠近变压器，其接地线应与变压器低压侧接地的中性点及金属外壳一起接地。

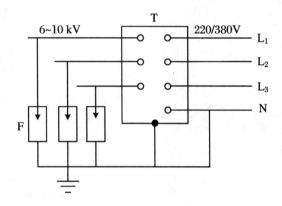

图 6.6 变压器防雷保护

(3) 雷电侵入波的防御

避雷器装设在输电线路进线处或 10 kV 母线上，如图 6.7 所示。如有条件可采用 30～50 m 的电缆段埋地引入，在架空线终端杆上也可装设避雷器。避雷器的接地线应与电缆金属外壳相连后直接接地，并连入公共地网。

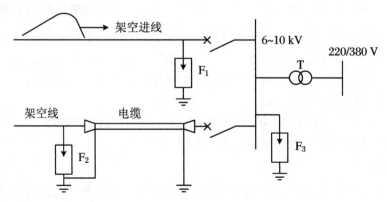

图 6.7 防雷电波入侵接线图

## 三、常用防雷装置

**1. 避雷针**

避雷针属于接闪器,它是用镀锌圆钢或焊接钢管制成,头部呈尖形。避雷针的下端经引下线与接地装置焊接,形成可靠连接。避雷针通常安装在构架、支柱或建筑物上。

由于避雷针安装高度高于被保护物,又与大地相连,因此,当雷电先导临近地面时,避雷针能使雷电场发生畸变,改变雷电先导的通道方向,将之引向避雷针的本体。一旦雷电经避雷针放电,强大的雷电流就经避雷针、引下线泄放至大地,从而避免被保护物遭受雷击。从这一意义上说,避雷针实质上是"引雷针",而不是"避雷针",如图6.8、图6.9所示。

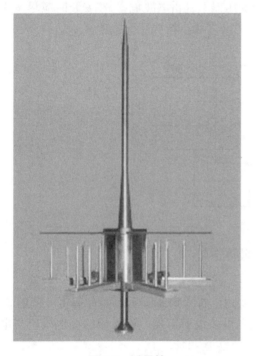

图6.8 避雷针

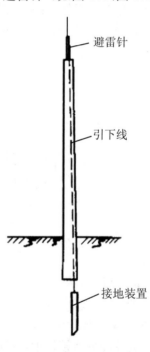

6.9 避雷针结构示意图

避雷针接地必须良好,接地电阻不宜超过 10 Ω;35 kV 及以下变配电所的避雷针应单独装设支架,避雷针与被保护设备之间的空气距离不小于 5 m;独立避雷针应有自己专用的接地装置,接地装置与变配电所接地网间的地中距离不应小于 3 m;避雷针及接地装置与道路入口等的距离不小于 3 m。

在避雷针下方有一个安全区域,处在这个安全区域内的被保护物遭受直接雷击的概率非常小,该区域被称为避雷针的保护范围,如图6.10所示。

**2. 避雷线**

避雷线的原理及作用与避雷针基本相同,它主要用于保护架空线路,因此又称为架空地线。避雷线的材料为 35 mm$^2$ 的镀锌钢线,分单根和双根两种,双根的保护范围大一些。单根架空避雷线的保护范围如图6.11所示。避雷线一般架设在架空线路导线的上方,用引下线与接地装置连接,以保护架空线路免受直接雷击。

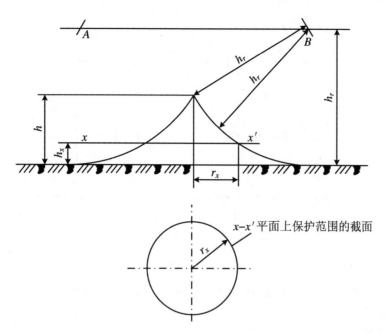

**图 6.10 单根避雷针的防护范围**

经验表明，架设避雷线是防雷的有效措施。但是它的造价高，所以只在 63 kV 以上的架空线路上才沿全线装设，35 kV 的架空线路上只在进、出变电所的一段线路上装设，而 10 kV 及以下线路上一般不装避雷线。

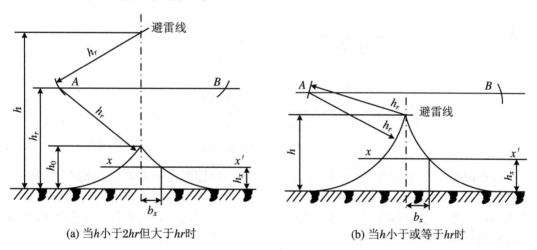

(a) 当 $h$ 小于 $2h_r$ 但大于 $h_r$ 时　　　　　(b) 当 $h$ 小于或等于 $h_r$ 时

**图 6.11 单根架空避雷线的保护范围**

### 3. 避雷器

避雷器用来防止线路的感应雷及沿线路侵入的过电压波对变电所内的电气设备造成的损害。它一般接于各段母线与架空线的进出口处，装在被保护设备的电源侧，与被保护设备并联，如图 6.12 所示。

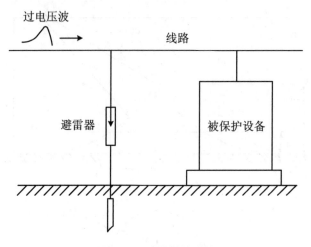

图 6.12 避雷器的连接

避雷器主要有保护间隙、管式避雷器、阀式避雷器、排气式避雷器、角型避雷器和金属氧化物避雷器等。

(1) 保护间隙

保护间隙是最简单的防雷设备,其结构如图 6.13 所示。

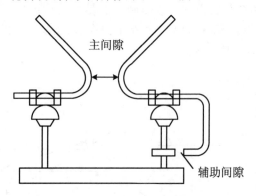

图 6.13 保护间隙示意图

保护间隙一般用镀锌圆钢制成,由主间隙和辅助间隙两部分组成。主间隙做成角形,水平安装,以便灭弧。为了防止主间隙被外来物体短路而引起误动作,在主间隙的下方串联有辅助间隙。因为保护间隙灭弧能力弱,一般要求与自动重合闸装置配合使用,以提高供电的可靠性。

(2) 管式避雷器

管式避雷器主要用于变配电所的进线保护和线路绝缘弱点的保护,保护性能较好的管式避雷器可用于保护配电变压器,如图 6.14 所示。

管式避雷器由灭弧管内间隙和外间隙组成。灭弧管一般用纤维胶木等能在高温下产生气体的材料制成。当雷电波过电压来临时,管式避雷器的内、外间隙被击穿,雷电流通过接地线泄入大地。接踵而来的工频电流产生强烈的电弧,电弧燃烧管壁并产生大量气体从管口喷出,很快地吹灭电弧。同时外部间隙恢复绝缘,使灭弧管或避雷器与系统隔开,系统恢复正常运行。

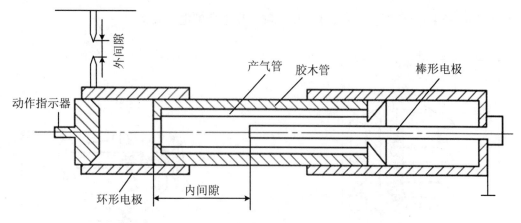

图 6.14　管式避雷器结构示意图

(3) 阀式避雷器

阀式避雷器由火花间隙和阀片组成,装在密封的磁套管内,如图 6.15、图 6.16 所示。

图 6.15　阀式避雷器实物

阀式避雷器的火花间隙组是由多个单间隙串联组成的。正常运行时,间隙介质处于绝缘状态,仅有极小的泄漏电流通过阀片。当系统出现雷电过电压时,火花间隙很快被击穿,使雷电冲击电流很容易通过阀性电阻被引入大地。阀片在大的冲击电流下电阻由高变低,所以冲击电流在其上产生的压降(残压)较低,此时,作用在被保护设备上的电压只是避雷器的残压,从而使电气设备得到保护。

阀式避雷器主要分为普通阀式避雷器和磁吹阀式避雷器两大类。普通阀式避雷器有 FS 和 FZ 两种系列;磁吹阀式避雷器有 FCD 和 FCZ 两种系列。阀式避雷器型号中的符号含义:F——阀式避雷器,S——配(变)电作用,Z——电站用,Y——线路用,D——旋转电机用,C——具有磁吹放电间隙。

FS 系列阀式避雷器的结构如图 6.16(a) 所示,此系列避雷器阀片直径较小,通流容量较低,一般用于保护变配电设备和线路。FZ 系列阀式避雷器的结构如图 6.16(b) 所示,此系列避雷器阀片直径较大,且火花间隙并联了具有非线性的碳化硅电阻,通流容量较大,一一般用于保护 35 kV 及以上大、中型工厂中总降压变电所的电气设备。

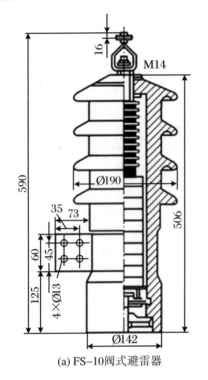 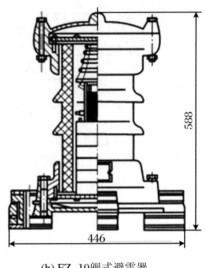

(a) FS-10 阀式避雷器　　　　　　(b) FZ-10 阀式避雷器

**图 6.16　阀式避雷器的结构**

磁吹阀式避雷器(FCD 型)的内部附有磁吹装置来加速火花间隙中电弧的熄灭,专门用来保护重要的或绝缘较为薄弱的设备,如高压电动机等。

## 任 务 实 训

实训一:检查实训室、学校及周边建筑的防雷装置及避雷形式。
实训二:检查宿舍内防雷接地的保护措施。

## 创新创业引导

引导一:对城轨和电气化铁道防雷接地措施与设备形式对比分析,形成报告。
引导二:输配电线路接地电阻对防雷技术影响分析探讨。
引导三:防雷接地装置在电气保护中的位置研究。

## 习　题

1. 何谓接地、接地体和接地线?
2. 何谓对地电压、接触电压和跨步电压?
3. 何谓工作接地、保护接地、保护接零和重复接地?
4. 保护接地和保护接零有何异同?
5. 同一个系统中,为什么不能同时设置保护接地和保护接零?
6. 变电所的接地装置设在何处? 如何敷设? 对接地电阻有何要求?

7. 为什么同一台变压器供电的 380/220 V 系统中不能采用部分设备保护接地,另一部分设备保护接零?

8. 电力系统过电压种类有哪几类? 其形成原因是什么?

9. 避雷针和避雷线的作用是什么? 它们的保护范围是如何确定的?

# 项目七　牵引变电所运行维护

## 任 务 导 入

变电所运行维护是从事城轨供电系统相关工作人员的主要工作内容。在长期的运行维护中,变电所形成了行之有效的管理机制和运行模式,工作人员必须掌握。

## 能 力 目 标

1. 掌握变电所的管理制度、人员职责。
2. 掌握变电所的值班、倒闸、巡视和设备运行的有关要求。
3. 掌握牵引变电所的常见故障及处理方法。
4. 掌握突发事件的应急处理。

## 任务一　牵引变电所运行检修管理

变电所运行管理的任务是掌握设备状态和运行规律,分析运行数据,找出共性和个性问题,提出解决方案,指导检修工作,保证设备正常运行。

### 一、运行管理的主要内容

(1) 图纸管理

除应妥善保管竣工图纸外,还要将竣工图纸与实物进行校核,更改与实物的不符之处,添加需要内容,重新制成本段图纸。新图图标中应有设计单位、设计人、施工单位等内容。

(2) 设备台账履历管理

设备台账履历按所属铁路局要求编制,并将有关数据及时录入公司生产报表系统。设备履历应能反映设备及其主要零部件的更换和技术数据的调整变化情况。

(3) 保护定值管理

继电保护定值确定后,不得随意改动。当发现保护定值不合理时,应按规定办理有关手续后再行修改,并妥善保管定值变更依据。同时将定值的变更情况(如变更原因、变更依据、修改时间及变更前后的定值等)记录在《保护装置整定值》中。《保护装置整定值》每年应更新一次,电子版的更新周期应适当缩短。更新后的《保护装置整定值》要及时下发到相应变电所(开闭所),同时报公司生产技术部和实验室。

(4) 设备分界管理

妥善保管设备分界文件；按要求与相关单位签订设备检修管理分界协议；合理划分内部检修分界和检修范围。

(5) 月(年)度设备运行分析

要对设备的运行状况做出总体评价，对运行中发现、发生的问题进行汇总分类，找出原因，提出指导意见或解决问题的办法、措施，月度分析还要对上月问题的整改情况进行总结，并按规定上报。

(6) 故障(事故)分析

收集设备故障(事故)资料，对设备故障(事故)等进行分析，并按规定上报。

(7) 季节性工作管理

按要求做好防汛、防寒等季节性管理工作。

(8) 表报管理

按要求填写上报各种报表。

(9) 技术培训

采取多种形式对员工进行专业技术培训。

## 二、检修管理的任务

牵引变电设备检修管理的主要任务是编制、上报、下达检修和试验计划，并指导、督促检修和试验计划的实施及临时生产任务的完成，巡视检查设备检修质量；分析检修情况，积累、总结检修经验，不断改进工艺，提高设备检修质量，确保设备安全可靠运行。

① 编制、上报、下达检修计划。检修计划按要求编制和申报，年度计划同时报公司生产技术部核备；其他计划及时录入公司供电生产管理系统。

随着设备运行时间的延长，维管段可根据设备的运行情况，及时提报设备大修、更新、改造计划，待批准后实施。

② 指导、督促检修计划的实施和临时生产任务的完成。

③ 月(年)度设备检修分析。要对设备的检修情况做出总体评价，对当月(年)的检修任务的完成情况、检修质量进行总结，找出检修中存在的问题及原因，制定解决问题的方法和措施；统计分析设备缺陷，制定对应措施，合理调整后续检修计划。分析报告应按规定上报。

④ 组织完成临时性生产任务。

## 三、运行组织及有关人员的职责

**1. 运行组织**

公司所属牵引变电所均为无人值班、有人值守模式。平时在所人员不得少于2人，其中1名为安全等级不低于三级的值守员，另1名为安全等级不低于二级的助理值守员。

牵引供电系统设有供电调度，所内设备的倒闸作业，投撤继电保护、自动装置和远动装置以及需一次设备停电检修试验工作，均须有调度的命令方可进行。但当遇有危及人身和设备安全的紧急情况,值守员可先断开有关断路器和隔离开关,然后再报告供电调度。变电所值守人员应接受供电调度的指挥。

#### 2. 有关人员的职责

(1) 变电所所长职责

① 在工长的领导和上级业务部门的指导下,负责本所的全面工作。

② 组织、领导本所供电设备的值守、巡视和简单维护工作。

③ 督促、检查值守人员及时、正确地填写值守日志和有关记录、报表。

④ 及时发现和准确、迅速处理故障,并将处理情况报告供电调度和维管段(分段)生产调度。

⑤ 确保图纸、资料、工具、备品备件和文件保管完好。

⑥ 监督值守人员遵守各项规章制度,组织值守人员进行技术业务学习,熟悉掌握设备性能,不断提高业务水平。

⑦ 完成工长和业务指导部门交办的其他工作。

(2) 变电所值守人员职责

① 在所长的领导下,负责本所供电设备的值守、巡视和简单维护工作。

② 熟悉设备性能,掌握设备状态,监视设备运行。

③ 按供电调度命令进行倒闸作业,做好作业地点的安全措施,办理准许及结束作业的手续。

④ 及时、正确地填写值守日志和有关记录、报表。

⑤ 及时发现设备故障,并向供电调度和生产调度报告。

⑥ 妥善保管图纸、资料、工具、备品备件和文件。

⑦ 保持所内清洁,禁止无关人员进入所内。

⑧ 配合检修车间的检修和故障抢修工作。

⑨ 完成所长交办的其他工作。

## 四、值守及交、接班制度

牵引变电所自投运开始应制定值守及交接班制度,以确保证常运行。

#### 1. 值守制度

① 值守人员应接受电力调度的统一指挥,保证安全、可靠供电。

② 每班应不少于2人。当班值守人员不得擅离职守,非当班人员有事离开须经所长批准。

③ 值守人员应掌握相关技术,熟悉相关业务。

④ 正确执行电力调度的命令,按规定进行倒闸、工作票办理,并做好安全措施,参加有关的验收工作。

⑤ 按规定及时、正确地填写各种运行记录和报表。

⑥ 按规定巡视设备。巡视周期一般为每班至少一次,每周至少进行一次夜间闭灯巡视。当发现设备缺陷、异常现象,或发生事故时,应尽力妥善地处理,并及时向电力调度和生产调度报告,并做好相关记录。

⑦ 严格执行有关规章、制度、命令及指示。
⑧ 管好仪表、工具、安全用具、备品、钥匙及图纸、资料。
⑨ 接班前、值守中均应禁止饮酒。
⑩ 控制室应保持安静。外来人员入所须按有关规定办理手续。

**2. 交接班制度**

① 交接班必须按照规定的时间严肃、认真地进行。

② 交班人员应向接班人员介绍设备运行情况及有关事项，接班人员阅读值守日志及有关记录，熟悉上一班的情况，离开值守岗位时间较长的接班人员，还要了解离所期间发生的新情况。

③ 交接班人员共同巡视设备，检查信号装置和安全设施是否良好完备；共同检查工具、仪表、备品和安全用具等是否完备。

④ 接班人员确认无问题后，交接双方在值守日志上签字，交接工作内容方算完成。

⑤ 办理交接班手续时，交接班人员应分别在值守日志上签字。

⑥ 正在处理故障或进行倒闸作业时不得进行交接班，交接班过程中发生故障时，应停止交接班，并由交班人员处理，接班人员协助处理。故障处理完毕或告一段落后方可进行交接。未办理完交接班手续，交班人员不得离开岗位，应继续担当值守工作。

## 五、应备的记录、技术资料和工具、备品

牵引变电所在运行中应备有下列记录、资料和工具、备品。

**1. 记录**

① 值守日志。
② 设备缺陷记录。
③ 保护装置动作及断路器自动跳闸记录。
④ 保护装置整定记录。
⑤ 避雷器动作记录。
⑥ 主变压器过负荷记录。
⑦ 倒闸操作命令记录。
⑧ 作业命令记录。
⑨ 来客登记本。
⑩ 设备检修记录。

**2. 资料**

① 图纸：一次接线图、二次接线图、交直流系统图和电缆手册等。
② 设备说明书。
③ 安全用具和绝缘工具的试验结果。
④ 保护装置的整定值。
⑤ 设备台账履历。
⑥ 规程：《牵引变电所安全工作规程、运行检修规程》及所属有关文件。

**3. 安全用具、绝缘工具**

① 绝缘手套、绝缘靴。
② 绝缘胶垫。
③ 绝缘拉杆(令克棒)。
④ 绝缘夹钳。
⑤ 验电器。
⑥ 接地杆、接地线。
⑦ 临时防护栅、绝缘挡板。
⑧ 防护绳带。
⑨ 警告牌、警示牌。
⑩ 安全帽。
⑪ 防护镜。

**4. 常用工具、备品。**

① 熔断管(丝、片)。
② 信号灯泡。
③ 常用螺栓、螺母、垫片。
④ 常用电工工具。
⑤ 钢卷尺。
⑥ 梯子。
⑦ 万用表。
⑧ 兆欧表。
⑨ 钳型表。
⑩ 清洁工具:如吸尘器、毛刷等。
⑪ 其他易耗材料、零件。

任 务 实 训

实训一:角色扮演,对交接班内容设置情景,进行演练。
实训二:基本工具使用,对现有工具进行归类整理。

# 任务二　电气设备的巡视与运行

## 一、巡视的类型和周期

巡视有正常巡视和特殊巡视两种。

**1. 正常巡视**

正常巡视包括交接班、班中、熄灯巡视等。班中巡视每天至少1次,熄灯巡视每周至少

1 次。

### 2. 特殊巡视

① 恶劣天气,如雾、雪、大风、雷雨天气,应适当增加巡视次数。大雾天气,重点检查绝缘部件有无雾闪放电。雨雪交加天气,重点检查绝缘部件和导线的覆冰情况。雨天,重点检查绝缘部件有无闪络放电,基础、支柱、房屋有无下沉和倾斜,室外端子箱、电缆沟和屋顶有无渗漏水和积水等。雷电后,重点检查绝缘部件有无破损、裂纹和放电现象,避雷针尖有无熔化现象,避雷器动作记录器动作情况等。狂风后,重点检查设备和母线上有无杂物悬挂及断线等情况。气温剧烈变化(骤冷、骤热)时,重点检查充油设备有无渗漏油,油位是否正常,充气设备有无漏气,气压是否正常,各连接部有无松动、过热,母线有无过紧、过松现象。

② 断路器自动跳闸后,应对有关设备进行巡视。

③ 设备过负荷,或负荷有显著增加及设备异常时应进行巡视。

④ 设备经过大修、改造或长期停用后重新投入系统运行时,新安装的设备加入系统运行时,应进行巡视。

⑤ 新装或大修后的变压器投入运行后 24 小时内,每 2 小时巡视 1 次。

⑥ 上级要求时,应进行巡视。

## 二、巡视的方法和安全事项

巡视设备时应按规定路线进行。巡视人员要人到、心到、位置到,看、听、嗅相结合。

值守员巡视时,要事先通知供电调度或助理值班员;其他人巡视时要经值守员同意。在巡视时不得进行其他工作。

当 1 人单独巡视时,禁止移开、越过高压设备的防护栅或进入高压分间。如必须移开高压设备的防护栅或进入高压分间时,要与带电部分保持足够的安全距离,并要有安全等级不低于三级的人员在场监护。

巡视后,巡视人员应按要求做好相关记录。对发现的问题应采取临时处理措施,确保设备安全运行。巡视的一般项目和要求有:

① 绝缘体应清洁、无破损和裂纹、无放电痕迹及现象,瓷釉剥落面积不得超过 300 $mm^2$。

② 电气连接部分(引线、二次接线)应连接牢固,接触良好,无过热、断股和散股,不过紧或过松。

③ 设备音响正常,无异味。

④ 充油设备的油标、油阀、油位、油温、油色应正常,充油、充胶、充气设备应无渗漏、喷油现象。充气设备气压和气体状态应正常。

⑤ 设备安装牢固,无倾斜,外壳应无严重锈蚀,接地良好,基础、支架应无严重破损和剥落。设备室和围栅应完好并锁住。

## 三、巡视的特殊项目和要求

设备巡视除前述的一般项目和要求外,还要注意每种设备的特殊点,分述如下:

**1. 变压器**

① 防爆筒玻璃应无破裂,密封良好。
② 瓦斯继电器内应无气体。
③ 冷却装置、风扇电机应齐全,运行应正常。
④ 调压开关装置位置指示正确。

**2. 气体断路器**

① 气压表(或气体密度表)应指示正确。
② 分合闸指示器应与实际状态相符。
③ 分合闸计数器指示正确。

**3. 真空断路器**

① 动静触头应接触良好,无发热现象。
② 玻璃真空灭弧室内无光辉,铜部件应保持光洁。
③ 闭锁杆位置正确,止轮器良好。
④ 分合闸位置指示器应与实际情况相符。

**4. 隔离开关**

① 闸刀位置应正确,分闸角度或距离应符合规定。
② 触头应接触良好,无严重烧伤。
③ 电动操作机构分合闸指示器应与实际状态相符。机构箱密封良好,部件完好无锈蚀。
④ 手动操作机构应加锁。

**5. 负荷开关**

① 接触部分、触头或软连接应无变色、无发光及异声。
② 各种传动及连接零件无变形、无损坏。

**6. 接地保护放电装置**

① 放电电容应无渗漏油、膨胀、变形。
② 放电间隙应光滑,无烧损现象。
③ 动作次数计数器应指示正确。

**7. 电容补偿装置**

① 电容器外壳应无膨胀、无变形,接缝应无开裂、无渗漏油。
② 熔断器、放电回路及附属装置应完好。
③ 电抗器无异声异味,空心电抗器线圈本体及附近铁磁件无过热现象;油浸式电抗器油位正常符合要求,无渗油现象。
④ 室内温度应符合规定,通风应良好。

**8. 高压母线和引线**

① 多股线应无松股、无断股。
② 硬母线应无断裂、无脱漆。

### 9. 电缆及电缆沟

① 电缆沟盖板应齐全、无严重破损，沟内无积水、无杂物。

② 电缆外皮应无断裂、无锈蚀，其裸露部分无损伤。电缆头及接线盒密封良好，接头应无发热、放电及杂物。

### 10. 端子箱

① 箱体应清洁、牢固，不倾斜，密封应良好。

② 箱内端子排应完好、清洁、连接整齐、牢固、接触良好。闸刀接触良好、无烧伤，熔断器不松动。箱体内外无严重锈蚀。

### 11. 避雷器

① 各节连接应正直，整体无严重倾斜，均压环安装应水平。

② 放电记录器应完好。

### 12. 避雷针

避雷针应无倾斜、无弯曲，针头无熔化。

### 13. 直流电源装置

① 装置及风扇工作正常，无异响、无异味、无过热。

② 充电方式正确。

③ 电流、电压、绝缘监察数据显示正常。

④ 蓄电池及托板表面清洁，无渗漏液现象；极柱间连接片及连接线安装牢固，接触良好，无腐蚀现象。

⑤ 蓄电池部件完好，无脱落、无损坏。

### 14. 控制室

① 盘(台)上的设备清洁，锈蚀面积不超过规定，安装牢固。

② 试验信号装置和各种显示装置指示正常。

③ 转换开关、继电保护和自动装置压板以及切换开关的位置、标示牌应正确，并与记录相符。

④ 开关、端子安装牢固，接触良好，无过热和烧伤痕迹。

⑤ 二次回路空气开关、信号小刀闸投退位置应正确，端子排的连片、跨接线应正常。

⑥ 微机保护、综合自动化主界面显示正确(特别要通过显示屏检查运行主变差动保护的差动电流是否显示正常，馈线保护的电压、电流、相位显示是否正常)，工作正常。

⑦ 所用电及事故照明正常。

⑧ 模拟盘与实际运行方式相符。

## 四、电气设备运行

为了保证安全可靠地供电，所内电气设备的安全运行是基础。所以，值守人员要了解和熟悉设备的运行要求和注意事项，做到值守心中有数，发现问题能及时、准确、快速处理。

### 1. 主变压器的运行

(1) 音响监视

正常运行的声音是均匀的"嗡嗡"声,声音大小随负荷变化,负荷越重声音越大。当不均匀或有杂音时应认真地分析并找出原因。

(2) 负荷监视

开通运营初期的变压器一般不会经常满负荷,随着运营时间的延长,列车数量可能增加,这时会满负荷,甚至过负荷。变压器在设计制造时就考虑到这些,允许一定的过负荷。变电所为此还专门设置了过负荷保护,一般分两段,Ⅰ段用于信号,Ⅱ段用于跳闸。

当变压器出现满负荷或过负荷时,值守人员应做好以下工作:

① 监视仪表,记录过负荷的数值和持续时间。
② 监视变压器音响和油温、油位及冷却装置的运行状况。
③ 检查运行的变压器、断路器、隔离开关、母线及引线等有无过热现象。
④ 注意保护装置的运行情况。

(3) 电压监视

运行主变电压的过高或过低,对牵引机车和主变自身有着不同程度的影响,严重时会使设备损坏。变压器运行中的电压监视应注意:电源侧电压原边不应超过额定电压的5%,特殊情况不得超过10%。

(4) 油质、油位、油温和温升的监视

① 油质。变压器油是起绝缘和冷却作用的,但在空气中的氧、高温及其他因素作用下,油会不断地氧化,即所谓"老化",从而降低绝缘性能。运行中应不断地监视油质,值守人员日常巡视中判断油质好坏主要以瓦斯继电器观察孔中油的颜色为依据。新鲜油的颜色应是透明清澈的浅黄色或天蓝色。油在"老化"过程中会形成沥青、炭渣和污物,颜色转暗,"老化"严重时呈棕色。当油呈棕色或含有大量杂质时,应予以处理或更换。

② 油位。油枕中油位过低,可能引起瓦斯继电器动作;若油位低于箱盖,空气可从箱盖缝隙进入,使油氧化和受潮,降低绝缘效果。油枕中油位过高,则会造成呼吸器失效和溢油。

油枕油位计上画有相当于变压器停电状态时油温分别为 +40 ℃、+20 ℃、-20 ℃ 的三个油面标志线。运行中的油位应处在与当时变压器油温大致相符的范围内。高压套管油标的油位应处在与当时环境温度大致相符的油位线上,或油面在油表高度的 2/3 处。

③ 油温。运行中一般监视变压器上层油温。油浸自冷变压器环境温度为 30 ℃,上层油温为 55 ℃ 时,可按额定容量运行,但上层油温最高不得超过 85 ℃。油浸风冷变压器上层油温不应超过 85 ℃,最高不超过 95 ℃。超过 55 ℃ 时应启动通风电机,超过 65 ℃ 时会发出主变过热信号。

④ 温升。变压器上层油温与环境温度的差值称为变压器的温升。对 A 级绝缘的变压器(电力变压器均为 A 级绝缘),当环境温度为 40 ℃ 时,按国家标准规定线圈的容许温升为 65 ℃,由于线圈的平均温度比油面温度高 10 ℃ 左右,也就是上层油温的容许温升为 55 ℃。

当变压器的上层油温超过规定值或温升异常时,值守人员要:检查变压器负荷,并与正常情况进行比较;检查油温表及测温系统是否正常;检查冷却系统及通风电机运行情况。

(5) 附属装置在运行中的注意事项

① 冷却装置。对运行中的风冷变压器,应把通风控制开关放在自动启动位置。若变压器上层油温已超过 55 ℃,而风扇电机未启动,应加强监视,并尽快查明原因,必要时可手动启动风扇应急。

② 呼吸器。应注意检查玻璃罩是否破损，油封碗中的变压器油是否过脏或量少，如是则应换油或补油。

干燥剂一般应采用变色硅胶。变色硅胶干燥时呈蓝色，吸潮后变为粉红色。当呼吸器内有 3/5 以上的硅胶变色时，应及时更换。

③ 瓦斯继电器。新装或大修后的变压器投入运行 24 小时内，应加强监视。瓦斯继电器的轻瓦斯动作属正常现象，放气后，信号即可恢复。

(6) 变压器停运的条件

当变压器有下列情况之一，则须立即停止运行：

① 变压器声音很大且不均匀或有爆裂声。

② 油枕、防爆管或压力释放器喷油。

③ 冷却及油温测量系统正常，但油温较在相同条件下运行时高出 10 ℃ 以上或不断上升。

④ 套管严重破损和放电。

⑤ 由于漏油致使油位不断下降或低于下限。

⑥ 油色不正常（隔膜式油枕除外）或油内有碳质等杂物。

⑦ 变压器着火。

⑧ 重瓦斯保护动作。

⑨ 因变压器内部故障引起差动保护动作。

(7) 长期停用和检修后的变压器投入运行前的检查

除按正常巡视项目检查外，还要检查下列各项：

① 分接开关位置应合适，且三相一致，有载调压开关位置应符合要求，相位符合要求。

② 各散热器、油枕、热虹吸装置、防爆管等处阀门应打开，散热器、油箱上部残存的空气应排除。

③ 按规定试验合格。

④ 保护装置应正常。

⑤ 检修时所做的安全设施应拆除，变压器顶部应无遗留工具和杂物等。

对固定备用和热备用中的主变，均应定期充电，或主备轮流运行，以防因长期停用而受潮。轮换时间一般为一个月左右。

(8) 变压器的冲击试验

新安装或大修后的变压器应经过三次空载合闸冲击试验，无异常可转入空载运行，空载运行 25~48 h 无异常时方可接入负荷运行。

## 2. 断路器的运行

断路器要建立专门记录，逐台统计其自动跳闸次数，当自动跳闸次数达到规定数值时应进行检修。发现断路器拒动时应立即停止运行。断路器跳闸时，发现气体颜色极不正常、气压低于下限值、触头严重烧伤、不对位时应立即停止使用。断路器每次自动跳闸后，要立即查明原因，采取措施尽快恢复供电。同时值守人员要对断路器及其回路上连接的有关设备进行检查，具体项目和要求如下：

① 气体断路器的气体的颜色、压力是否正常；对处于分闸状态的断路器应检查其触头的烧伤情况。

② 真空断路器的真空灭弧室是否有损坏。

③ 变压器的外部状态及油位、油温、油色、音响是否正常。
④ 母线及引线是否变形和过热。
⑤ 避雷器是否动作过。
⑥ 各种绝缘子、套管等有无破损和放电痕迹。

**3．互感器的运行**

互感器在投入运行前要检查一、二次接地端子及外壳接地应是否良好，对电流互感器还应保证二次无开路，电压互感器应保证二次无短路，并检查其高低压熔断器是否完好。互感器投入运行后要检查有关表计，指示应正确。

切换电压互感器或断开其二次侧熔断器时，应采取措施防止有关保护装置误动作。当互感器有下列情况之一者须立即停止运行：

① 高压侧熔器连续烧断两次。
② 音响很大且不均匀或有爆裂声。
③ 有异味或冒烟。
④ 喷油或着火。
⑤ 由于漏油使油位不断下降或低于下限。
⑥ 严重的火花放电现象。

电压互感器的高压侧通常采用 RN2 型熔断器，它具有限制短路电流的作用，外形与 RN1 型相似，使用时应特别注意。

**4．电容器的运行**

电容器的运行温度是保证电容器安全运行和使用年限的重要条件。变电所中电容补偿装置的电容器一般都是靠空气自然冷却的，所以周围空气温度对电容器的运行温度影响很大。所以电容室应设有温度计，夏季室温达 40 ℃ 及以上时，应开启通风机进行散热。

电容器的寿命随着电压的升高而缩短，电压过高会导致电容器损坏。运行电压升高和电压波形的畸变将会引起电容器过电流和过负荷。所以，变电所电容器一般设有过压或过流保护。

另外，变电所全所停电后将所有馈线断路器断开，恢复送电时，在馈线送出前，母线电压较高，对电容不利；同时，空载变压器投入时，可能和电容器组发生谐振，引起过流保护动作。故全所停电时，必须将电容器组退出运行。

电容器组断电再投入，必须在自放电完毕后进行。为了满足电容器组自放电需要，电容补偿装置均设有放电线圈，自放电时间一般在 20 min 以上。

特别要注意的是运行中的电容器支架是带电的，人员进入时，必须对电容器逐个放电，并在电容器组两端接地后才可作业。

**5．高压母线的运行**

母线的作用是汇集、分配、传送电能。变电所内高压母线不应有补强，如发现母线或引线断股或局部烧伤时，应整根更换。

对运行母线的监视重点是接头温度。当环境温度为 25 ℃ 时，运行中裸导线接头长期允许工作温度为 70 ℃，接触面有锡可靠覆盖时为 85 ℃，有银可靠覆盖时为 95 ℃，闪光焊接的为 100 ℃。可使用红外线测温仪对其检测。

### 6. 继电保护与自动装置的运行

凡设有继电保护装置的电气设备,不得无继电保护运行,必要时经过供电调度的批准,允许在部分继电保护暂时撤出的情况下运行。主变压器的重瓦斯和差动保护不得同时撤除。

### 7. 直流电源装置的运行

直流操作母线电压波动不应超过额定值的±5%。运行中的蓄电池,应经常处于浮充电状态,并定期进行核对性充放电。

当蓄电池进行核对性充放电时,在放电完之后应立即充电,一般情况下,当放电容量达到70%时即应充电,若因处理故障蓄电池放出50%的容量时应立即充电。蓄电池的充放电电流不得超过其允许的最大电流。蓄电池的绝缘电阻值:电压为110 V时不小于0.1 MΩ;电压为220 V时不小于0.2 MΩ。

## 任 务 实 训

实训一:牵引变电所牵引变压器巡视操作。
实训二:牵引变电所整流器柜巡视操作。
实训三:牵引变电所不同电压等级开关柜巡视操作。

# 任务三　牵引变电所倒闸操作

## 一、倒闸操作的概念及一般规定

### 1. 电气设备的工作状态

运行中的电气设备分运行、热备用、冷备用、检修四种不同的工作状态。

运行状态是指设备回路的隔离开关、断路器均在合闸位置,从而把电源与受电端电路连通,使设备处于带电运行的工作状态。

热备用状态是指设备回路只断开断路器,而隔离开关仍在合闸位置,即设备随时准备带电运行的工作状态。

冷备用状态是指设备回路的断路器、隔离开关均在断开位置,若转入运行须经倒闸操作才能达到工作状态。

检修状态是指设备所有来电方向的断路器、隔离开关均已断开,并装设了接地线及临时防护栅和标示牌,处于正在进行检修(含试验)的工作状态。

### 2. 倒闸操作的含义

欲将电气设备由一种状态转换成另一种状态,需要断开或合上某些断路器和隔离开关,其中还包括断开或合上相应的直流操作回路,以及撤除或投入某些继电保护及自动装置,拆除或安装临时接地线等,这些操作称为倒闸操作。

**3．倒闸操作的一般规定**

无人值班有人值守的变电所，正常时由供电调度进行倒闸，只有在故障或特殊情况下才会由值守人员倒闸。

供电调度进行倒闸操作时，值守人员接到供电调度通知后，应监视设备动作情况，及时向供电调度员汇报并在值守日志上做好记录。

值守人员进行倒闸操作，必须有供电调度员发布的倒闸操作命令。值班员受令复诵，供电调度员确认无误后，给予命令编号和批准时间。对于每个倒闸命令，发令人和受令人双方均要填写倒闸操作命令记录。

倒闸操作必须由助理值守员操作，值守员监护。值守员在接到倒闸命令后，要先在模拟盘上进行模拟操作，确认无误后立即进行倒闸。手动操作时，操作人和监护人必须穿绝缘靴、戴安全帽，同时操作人还要戴绝缘手套。

在执行倒闸任务时，监护人要手持操作命令或操作卡片以及倒闸表与操作人共同核对设备位置，手指眼看，呼唤应答，准确、迅速操作。隔离开关的倒闸操作要准确迅速，中途不得停留和发生冲击。

倒闸作业完成后，值守员要立即向供电调度报告，供电调度员及时发布完成时间，至此倒闸作业结束。

遇有危及人身和设备安全的紧急情况，值班人员可先行断开有关的断路器和隔离开关，再报告供电调度，但再合闸时必须有供电调度员的命令。

供电调度员下达的倒闸和作业命令除遇有危及人身及设备安全的紧急情况外，均必须有命令编号和批准时间，没有命令编号和批准时间的命令无效。

## 二、倒闸操作标准化

标准化操作是保障人身和设备安全的一项重要措施。它包括两项内容，即操作术语标准化和操作程序标准化。

**1．操作术语标准化**

标准化操作术语如表7.1所示。

表7.1　变电所常用的标准操作术语

| 序号 | 操作术语 | 含义 |
| --- | --- | --- |
| 1 | 报告数字时：幺、两、三、四、五、六、七、八、九、洞、幺洞、幺幺、两幺、两两 | 相应为：一、二、三、四、五、六、七、八、九、零、一零、一一、二一、二二 |
| 2 | 设备试运行 | 设备新安装、大修或事故、故障处理后投入系统运行一段时间，用以进行必要的试验或检查，视具体情况可随时停止运行 |
| 3 | 设备停用 | 运行中设备停止运行 |
| 4 | 倒闸投入 | 停用设备恢复运行 |
| 5 | 准备倒闸 | 从宣布时开始即算进入倒闸操作期间，并应执行有关要求和规定 |

续表

| 序号 | 操作术语 | 含 义 |
|---|---|---|
| 6 | 开始模拟操作 | 开始在模拟图上按操作卡片或倒闸表的顺序逐项读票、复诵,并操作 |
| 7 | 开始操作 | 开始在实际设备上按操作卡片或倒闸表的顺序逐项读票、复诵,确认并操作 |
| 8 | 倒闸结束 | 倒闸命令完成并消令,转入正常值班 |
| 9 | 发令时间 | 电力调度开始下达命令的时间 |
| 10 | 批准时间 | 值班员(接令人)复诵发令时间、命令内容、发令人、受令人姓名、操作卡片编号后,电力调度发布命令号及批准时间(即准许倒闸开始操作的时间) |
| 11 | 完成时间 | 倒闸操作全部结束后,值班员汇报××号命令完成的时间 |
| 12 | ××时(读成点,下同)××分×××跳闸、××动作 | 此系断路器自动跳闸时的用语,指××时××分×××断路器(该断路器的运行编号)跳闸,同时××(保护名称)动作 |
| 13 | ××时××分×××跳闸,××动作,重合成功(重合不成功,重合闸撤除,重合闸拒动)、××欧(微安,公里)(或探测仪拒动,撤除) | 馈电线断路器跳闸时,××时××分×××断路器跳闸,××保护动作,重合闸动作使断路器合闸成功(或不成功,或该装置未投入运行,或发生拒绝动作),××欧(微安,公里为接触网故障探测装置的动作即指示情况) |
| 14 | ××时××分×××强送第×次成功 | ××时×分×××断路器由操作强行合闸送电第×次成功 |
| 15 | ××时××分×××强送第×次不成功,××动作,××欧(微安或公里)(或探测仪拒动,撤除) | ××时××分×××断路器由操作强行合闸送电第×次不成功,××动作保护,接触网故障探测装置显示情况 |
| 16 | 断(拉)开或合上×××(××××) | 断(拉)开或合上×××断路器(××××)隔离开关 |
| 17 | 拉出或推上×××手车 | 将运行编号为×××的手车式断路器拉出至试验位置,使隔离动、静触指分开;或推上手车至运行位置,使隔离动静、触指合上 |
| 18 | 验明无电或有电 | 指线路或设备停电时检查验证隔离开关一侧或断路器两侧已无电;送电时则检查验证隔离开关或断路器负荷侧应有电 |

**2. 操作程序标准化**

倒闸操作一般按以下程序进行：

（1）接令

当供电调度宣布"××变电所接令"后，接着发布发令时间、命令内容、操作卡片编号及发令人姓名。值守员抄令并复诵全部内容，随后告知受令人姓名。在上述受命过程中，助理值守员始终监护值守员的受令，并校核其复诵内容与记录是否相符。经发、受令双方核对无误后，供电调度发布命令号及批准时间。倒闸命令要填写在《倒闸操作命令记录》中。

（2）模拟操作

在模拟盘上进行模拟操作，确认无误后进入后续程序。

（3）穿戴安全防护用品

如穿绝缘靴、戴安全帽和绝缘手套等。

（4）正式操作

值守员及助理值班员，到达操作位置即核对设备名称、编号。在相互确认正确无误后，值守员宣读操作命令（或操作卡片、倒闸表），并站在助理值守员左侧稍后处进行监护；助理值守员站在设备前用右手进行操作。操作过程中应逐项呼唤应答，即每进行一步操作监护人均用右手指点应操作的设备，操作人则予以复诵，以达到双方共同确认、保证无误的目的。

（5）检查确认

根据设备的机械指示、信号指示灯、验电显示器以及表计变化等确认设备的实际位置与操作目的是否相符。

（6）消令

前述程序完成并经确认达到操作目的后，值守员即向供电调度报告："××变电所××号命令完成"，并报出自己的姓名。供电调度则应给出命令完成时间并通报本人姓名，即"××号命令××时××分完成，×××（姓名）"。至此，值守员即可宣布"倒闸结束"。

（7）复查

倒闸结束后，由值守员对设备的技术状况进行复查。

## 三、操作卡片及倒闸表

为了保证电气设备倒闸操作的正确与安全，变电所运行伊始即将常见的倒闸操作编制成固定的操作卡片，供电调度进行倒闸操作时按该卡片进行。遇有临时改变运行方式的操作而无操作卡片者，由供电调度编写倒闸表。变电所运行正常时一般不会使用该表。但当远动故障或通信瘫痪时，可能会使用该表。这里对其进行简要的介绍。

**1. 编写操作卡片及倒闸表的原则**

① 停电时的操作程序：先断开负荷侧后断开电源侧；先断开断路器后断开隔离开关。送电时，与上述操作程序相反。

② 隔离开关分闸时，先断开主闸刀后闭合接地闸刀；合闸时，与上述程序相反。

③ 禁止带负荷进行隔离开关的倒闸作业和在接地闸刀闭合的状态下强行闭合主闸刀。

④ 与断路器并联的隔离开关,只有当断路器闭合时方可操作隔离开关。

⑤ 凡涉及母线停电或送电的倒闸操作,均应先断开并联电容补偿装置,只有当母线送电操作完成后才能重新投入该装置。

**2. 应填入操作卡片或倒闸表的项目**

① 应开、合的断路器和隔离开关(包括主闸刀、接地闸刀),应推上、拉出的断路器手车。

② 检查断路器和隔离开关的实际分、合位置及手车断路器的手车实际位置。

③ 安装或拆除接地线。

④ 检查接地线是否拆除。

⑤ 安装或拆除的高、低压熔断器。

⑥ 投入或撤除保护装置或回路;投入或撤除自动装置。

⑦ 验明有电、无电。单一的操作,如拉开接地闸刀或拆除一组接地线等可直接以命令内容的方式发布的,不必编写倒闸表。

**3. 隔离开关可操作的负荷**

当回路中未装断路器时可用隔离开关进行下列操作:

① 开、合电压互感器和避雷器。

② 开、合母线和直接接在母线上的设备的电容电流。

③ 开、合变压器中性点的接地线(当中性点上接有消弧线圈时,只有在电力系统没有接地故障的情况下才可进行)。

④ 用室外三联隔离开关开、合 10 kV 及以下的电流不超过 15 A 的负荷。

⑤ 开、合电压 10 kV 及以下的电流不超过 70 A 的环路均衡电流。

## 任 务 实 训

实训一:填写牵引变电所倒闸操作票。

实训二:高压开关柜停送电安全规范操作。

实训三:角色扮演,模拟唱票复诵制工作过程。

# 任务四　电气设备的检修

## 一、检修的方针和修程

**1. 检修方针**

变电所的检修应贯彻"预防为主,修养并重"的方针,积极创造条件向周期检测、状态维修、限界值与寿命管理过渡。

**2. 修程**

电气设备的定期检修分为小修、中修、大修和临时修三种修程(部分设备无中修)。

① 小修属维持性的修理,即对设备进行检查、清扫、调整和涂油,更换或整修磨损到限的零部件,保持设备正常的技术状态。

② 中修属恢复性修理,除小修的全部项目外,还需部分解体检修,恢复设备的电气和机械性能。

③ 大修属彻底性修理,对设备进行全部解体检修,更新不合标准的零部件,对外壳进行除锈涂漆,恢复设备的原有性能,必要时进行技术改造,提高电气和机械性能。

对于突发性故障(如事故、自然灾害、异物影响、人为破坏等非正常情况以及突然爆发的设备隐患),应申请临时修程。

**3. 检修周期**

主要设备的检修周期如表7.2所示。

表7.2 主要设备的检修周期表

| 顺号 | | 小 修 | 中 修 | 大 修 | 备 注 |
| --- | --- | --- | --- | --- | --- |
| 1 | 变压器 | 1年 | 5~10年 | 15~20年 | 含油浸电抗器 |
| 2 | 空心电抗器 | 1年 | — | 10~15年 | |
| 3 | 单装互感器 | 1年 | 5~10年 | 15~20年 | 系指单独装设的互感器 |
| 4 | 隔离开关 | 1年 | 5年 | 15~20年 | 手 动 |
| 5 | 隔离开关 | 半年 | 3~5年 | 10~15年 | 电 动 |
| 6 | 直流电源装置 | 1年 | 3~5年 | 8~10年 | |
| 7 | 电容器组 | 半年 | — | 5~10年 | |
| 8 | 高压母线 | 1年 | | 10~15年 | |
| 9 | 电力电缆 | 1年 | | 15~20年 | |
| 10 | 低压配电盘 | 1年 | | 15~20年 | |
| 11 | 避雷针 | 每年雷雨季节前 | | 15~20年 | |
| 12 | 接地装置 | 1年 | — | 10~15年 | 回流线在内 |
| 13 | 油断路器 | 1年 | | 10~15年 | |
| 14 | 气体断路器 | 1年 | | 10~15年 | |
| 15 | 真空断路器 | 1年 | | 15~20年 | |
| 16 | 负荷开关 | 1年 | 5年 | 15~20年 | |
| 17 | 接地放电装置 | 1年 | 动作10次 | 动作100次 | |
| 18 | 运动装置 | 1年 | 5年 | 10~12年 | |
| 19 | 保护及自动装置 | 1年 | —— | 10~15年 | |

## 二、检修组织与分工

变电设备检修以检修车间为主,供电工区和变电所为辅,分工合作,共同完成。车间负责高端检修;工区负责低端大宗检修;变电所负责低端小工作量检修。

**1. 检修计划**

检修计划是设备检修的依据,其主要内容应包括设备名称、单位、数量、修程和检修时间等。必要时,还可规定所需主要材料和备品。检修计划的种类有年度检修计划、季度检修计划、月度检修计划。

**2. 检修计划的实施**

检修计划的组织实施是一件严肃的工作,要认真对待,坚决贯彻,主要应抓好以下几方面的工作。

(1) 技术准备

修前的准备包括检修工艺、工装、前次检修资料、各种记录及修前预测、预检准备等。

(2) 物资准备

及时准备好修理所需要的材料、备品、备件、工具等。

(3) 人员准备

合理安排人员,提高技术水平,缩短劳动时间,以保证检修质量。

(4) 检修方法

检修中尽量采用先进的修理方法,提高改善型修理,即在保证质量的前提下,提高修理效率,降低修理成本,减少停运时间。

**3. 检修记录和验收**

为了保证检修质量,设备每次检修后,承修班组必须填写《设备检修记录》,并由检修人、负责人签字。

设备检修后,还应进行质量验收工作。这项工作是以检修范围和质量标准为依据进行的。验收时应审查电气特性的试验报告,主要技术参数的测试结果以及检修记录所记载的检修项目和有关内容等。此外,还应对被修理的设备进行详细检查,必要时可以复测有关技术参数。验收人可在互检人栏内签字。

以上所述即为"记名制检修"。

## 三、检修作业的安全保证措施

**1. 工作票制度**

根据作业性质的不同,工作票分为三种:

① 用于高压设备停电作业的工作票。

② 用于高压设备带电作业的工作票。

③ 用于远离带电部分的作用、低压设上作业,以及在二次回路上进行的不需要高压设备停电的作业。

**2. 技术安全措施**

① 切断电源：断开断路器。
② 明显断口：拉开隔离开关。
③ 验电接地：使用验电器确认无电并装设临时接地线。
④ 标示警告：在断电断路器和隔离开关的控制开关上悬挂"有人工作，禁止合闸"，在有电区域的防护带（绳）上悬挂"止步，高压危险！"等。
⑤ 其他措施：切断操作电源、撤除自动装置等。

## 任 务 实 训

实训一：检修前安全措施办理实训操作。
实训二：变压器零线脱落检修处理。

# 任务五　牵引变电所故障处理程序

## 一、故障处理的原则

在牵引供电系统中，凡由于工作失误、设备状态不良或自然灾害致使牵引供电设备破损、中断供电以及严重威胁供电安全者，均列为供电故障。故障处理原则为先通后复，具体为：

① 缩小事故范围，消除故障根源及对人身设备的威胁。
② 采取一切可能的方法尽快恢复供电。
③ 尽快使设备恢复正常的运行状态。
④ 故障处理重要法宝："退出故障设备，投入备用设备！"

在牵引变电所中，当发生电气设备事故（故障）时，值班人员应迅速报告电力调度，除按规定进行现场防护外，还应在力所能及的范围内采取措施，防止事故的发展，尽可能消除事故根源，减少事故损失。在危及人身安全或设备安全的紧急情况下，值班人员可先行断开有关的断路器和隔离开关，然后再报告电力调度。

事故抢修可不填发工作票，但必须有电力调度的命令，并按规定做好安全措施后才可进行。事故抢修时，牵引变电所领导应尽快赶至现场并担任事故抢修工作领导人，如领导不在即由当班值班负责人自动担任抢修领导工作。

事故抢修工作领导人应沉着冷静，首先根据断路器、继电保护及自动装置动作情况，各种信号及表计显示情况以及各种异常现象进行综合分析判断，然后组织值班人员以及在变电所的检修人员共同进行检修。切忌慌乱匆忙或未经慎重考虑即行处理，以免事故扩大，造成不应有的损失。

事故抢修时应有明确的分工，并指定专人负责与电力调度保持联系。各级领导及有关技术人员应通过电力调度了解现场情况和下达指示，不宜分别直接与发生事故的变电所联系,以免造成混乱。

事故处理后,应将事故发生及处理经过详尽如实地记录下来,并及时组织有关人员分析事故原因,讨论处理措施是否得当,同时制定出预防措施等。

## 二、故障跳闸处理作业程序

### 1. 确认跳闸的断路器及各种信号

确认的内容包括:解除音响信号;确认跳闸时间;确认跳闸断路器编号,并将其控制开关复位;检查信号灯、信号继电器、光字牌等信号,并确认是何种保护动作;馈线断路器跳闸应检查故测仪指示及成套保护动作情况,记下测量值、复归信号。

### 2. 向供电调度汇报情况

值班员向供电调度汇报内容有:跳闸时间、地点,跳闸断路器的开关编号,动作的保护名称,重合闸情况,故测仪指示情况。

### 3. 巡视检查设备

值班员对跳闸的断路器及与其相连的设备、二次保护线路进行检查,查明跳闸原因,确认能否再次送电。

### 4. 受令恢复供电

值班员根据供电调度下达的倒闸作业命令进行倒闸,恢复供电。

### 5. 填写记录

值班员将跳闸时分、断路器编号、保护类型、故测仪指示等情况填入《运行日志》《保护装置动作及断路器跳闸记录》。

### 6. 将跳闸情况汇报给生产调度

值班员将断路器跳闸情况、跳闸原因及处理情况汇报给生产调度。

## 三、设备异常情况的处理预案

### 1. 一般处理方案

① 一回系统设备故障时,可投入另一回系统设备。
② 馈线断路器故障,应立即投入备用断路器。
③ 补偿装置发生故障,可将补偿装置切除,恢复正常供电。

### 2. 紧急情况下的处理方案

① 变电所全所停电,短时无法恢复送电时,采取越区供电方式。
② 直流电源故障,变电所无控制、保护电源时,可采取越区供电方式。

### 3. 变电设备异常时供电组织

① 变电所设备发生异常情况时,由电调统一指挥处理。
② 发生变电所故障跳闸,强送成功时,供电调度员应在当天将情况报上级电调,强送

不成功时，电调应在 10 min 内将情况报上级电调，并保持与上级电调联系。

③ 越区供电时，电调应在 15 min 内报上级电调。

④ 变电所设备发生异常时，所辖领工区班干部应尽快赶往故障变电所进行指挥处理。

## 四、牵引变电所典型故障

### 1．主变压器故障

主变压器的故障主要发生在绕组、铁芯、绝缘套管、调压分接开关和油箱部分。当有下列情况之一时，应立即停止运行：

① 变压器的声音很大且不均匀或有爆裂声。

② 油枕或防爆管或压力释放器喷油。

③ 冷却及油温测量系统正常，但油温较平常相同条件运行时高出 10 ℃ 以上或不断上升。

④ 套管严重破损或放电。

⑤ 漏油致使油位不断下降或低于下限。

⑥ 油色不正常（隔膜式油枕除外）或油内有碳质等杂物。

⑦ 变压器着火。

⑧ 重瓦斯保护动作。

⑨ 因变压器内部故障引起差动保护动作。

### 2．隔离开关故障

隔离开关故障一般是由于机械部分卡住或值班人员误操作而引起的。

① 拉不开。由于刀闸部分卡住，如触头过热熔化而粘连，此时应停电检修，不可强行拉开，否则将引起更大的事故。

② 误操作。隔离开关不能带负荷分、合闸。如果发现合错了隔离开关而产生电弧时，要一合到底，再通过有关断路器切断该回路，而后才允许把误合的隔离开关拉开。手动拉开隔离开关时，应缓慢而谨慎。当刀闸刚离开刀嘴而产生电弧时，应立即合上，停止操作，检查出原因后再进行操作。但用隔离开关切断允许的空载变压器或线路时，也会产生电弧，这时应将隔离开关迅速拉开，以便顺利灭弧。

### 3．互感器故障

互感器故障一般有绝缘损坏和熔断器熔断等。无论电压互感器或电流互感器，当出现下列情况之一时，应立即停止运行。

① 高压侧熔断器连接熔断两次（对电压互感器而言）。

② 音响很大，且不均匀或有爆裂声。

③ 有异味或冒烟。

④ 喷油或着火。

⑤ 漏油使油位不断下降或低于下限。

⑥ 严重的火花放电现象。

### 4．电压互感器故障

电压互感器在运行中常出现断线故障时，除中央信号发出预告音响及光字牌信号外，还伴随有低电压继电器动作,有关电压表计指示不正常等现象。处理电压互感器回路断线故障时,值班人员应首先采取措施防止该电压互感器所带来的保护和自动装置产生误动。然后检查电压互感器原边和副边的熔断器是否熔断。如果是原边熔断器熔断,应查明原因进行更换;如果是副边的熔断器熔断应立刻更换。换上后若再次熔断,就应查明原因。如果熔断器完好,则应检查电压互感器回路接头有无松动及断头现象,切换回路有无接触不良现象。在检查时要切实做好安全措施,保障人身安全。

### 5. 电流互感器故障

电流互感器在运行中常见的故障有副边开路、电流互感器本体发热、冒烟、线圈螺丝松动、声音异常、严重漏油等。对这些故障现象要正确判断并及时处理。当发生副边开路故障时,有关表计指示发生变化或为零,电流回路端子排螺丝松动时还会出现打火花、表针摇摆现象。如果是在互感器本体处开路,处理时人员不能靠近,只能停电处理。若是控制室内的配电屏端子排上的螺丝松动,可不停电处理。此时人员应站在绝缘垫上,带绝缘手套,穿绝缘靴,用有绝缘的螺丝刀,果断地迅速拧紧螺钉。

### 6. 二次回路故障

二次回路比较常见的故障有回路熔断器熔断造成断线故障,转换接点接触不良造成断路器误动或拒动。

二次线遍及全变电所,几乎与所有电气设备均有联系,有时仅从故障的表面现象很难判断故障的原因所在。因此,处理二次回路故障时,应根据信号的指示,逐项、仔细地分析查找,直至找出故障的真实所在为止。

### 7. 其他设备故障

其他设备故障及应急处理措施如表 7.3 所示。

表 7.3 其他设备故障及应急处理措施

| 序号 | 设备故障内容 | 应急处理措施 |
| --- | --- | --- |
| 1 | 远动故障情况下,变电所的停送电应急操作 | 变电所的停送电倒闸操作按倒闸操作卡片进行(没有操作卡片的应立刻编写),操作前应有命令编号及批准时间 |
| 2 | 主变差动、瓦斯保护动作 | 故障设备退出运行,立即投入备用主变,将故障变压器撤至冷却状态,在未查明保护动作原因之前,不得将主变投入运行 |
| 3 | 变压器着火 | 首先切断电源,投入备用主变,使用干粉灭火器或沙子灭火,严禁用水灭火,变压器上部着火时,在火势不大的情况下,应迅速打开下部放油阀放油,使油面低于着火点 |
| 4 | 110 kV 侧设备故障(主变、断路器、隔离开关、母线、压互、流互、避雷器等设备故障) | 故障设备退出运行,投入备用设备 |

续表

| 序号 | 设备故障内容 | 应急处理措施 |
|---|---|---|
| 5 | 110 kV 侧断路器远动无法分闸的应急处理 | 在保证人身安全的前提下，在 110 kV 断路器远动当地本地本体按分闸开关进行分闸 |
| 6 | 110 kV 侧断路器拒合的应急处理 | 报告供电调度，投入备用断路器，再进行故障断路器的故障处理 |
| 7 | 运行中的断路器失去灭弧能力的应急处理 | ① 失去灭弧能力后不能带负荷操作<br>② 断路器的退出方法有：确认该断路器不带负荷时可分断路器；投入备用断路器并联运行后退出该断路器；使用上一级断路器切断电源后退出该断路器 |
| 8 | 运行中的断路器失去保护能力的应急处理 | 报告电调，投入备用断路器，退出故障断路器进行处理 |
| 9 | 断路器拒合的应急处理 | 报告电调，投入备用断路器运行，后把拒合断路器拉到试验位，转换开关打到"当地"位，处理故障 |
| 10 | 如何进行馈线断路器及隔离开关连动拒合（没有备用时）应急送电 | 把转换开关打到"当地"位，先合隔离开关，隔离开关在操作机构箱操作合闸，再在控制室合断路器，保证供电后处理故障。注意拒动断路器不能投入运行 |
| 11 | 补偿电容器组及电抗器故障的应急处理 | 报告供电调度，把故障设备退出运行 |
| 12 | 电动隔离开关拒动的应急处理 | 电动隔开在分合闸的过程中出现拒分或拒合时，应先确认隔开不会带负荷操作，然后在隔开机构箱中将转换开关切换到"手动"位，使用操作把手将隔离开关分合到位，再检查处理故障 |
| 13 | 在电气设备危及人身安全情况下如何应急处理 | 对危及人身安全的来电方向的断路器及时分断，让人员退到安全地带，再报告供电调度，听从供电调度员指挥 |
| 14 | 高压室冒烟起火的应急处理 | 首先打开高压室两端大门、高压室窗户及抽风机，使高压室的烟及时排出，后按"电气设备着火的应急处理"办法处理 |
| 15 | 控制回路断线的应急处理 | 控制回路断线相当于断路器拒动，应及时退出运行投入备用，再进行断线回路的处理 |

续表

| 序号 | 设备故障内容 | 应急处理措施 |
|---|---|---|
| 16 | 电气设备着火的应急处理 | ① 在扑救电气火灾时应坚持"先断电、后灭火"的原则<br>② 在供电调度允许下,先停电,做好安全措施,后按一般火灾的方法灭火<br>③ 灭火后迅速清理现场,检查是否符合送电条件,向电调汇报及时送电<br>④ 停电时注意停故障及其牵连部分的设备,非故障设备应保证供电减小停电损失<br>⑤ 停电后未来得及做安全措施时,按带电灭火办法处理<br>⑥ 电气着火的带电扑灭:在危急时,亦必须在保证扑救人员人身安全的情况下,才能进行带电灭火。灭火剂可用干粉灭火剂。应在上风方向喷灭火剂。注意接地短路的跨步电压、高空落物伤人等意外情况 |
| 17 | 控制回路保险熔断的应急处理 | 首先换保险,如换上的保险也熔断,则控制回路已经短路,先投入备用运行,再进行短路故障查找排除 |
| 18 | 高压室电压互感器二次回路断线时,如何保证供电 | ① 根据电压表及中央信号盘上的电压转换开关判断出断线的电压互感器<br>② 在该故障互感器所在的母线各相关供电臂电流都小于0.2倍额定电流的情况下,迅速转换 YH 转换开关,投入备用 YH<br>③ 将故障互感器退出运行,做好安全措施后进行故障处理<br>④ 如 110 kV 侧互感器无法退出运行,可在与高压带电部分保证足够的安全距离的前提下进行故障处理 |
| 19 | 电流互感器二次回路断线时,如何保证供电 | 电流互感器二次回路断线会引起高电压,同时可能击穿二次回路的绝缘,应及时向调度汇报,退出运行做好安全措施后方可进行故障处理 |
| 20 | 馈出线断线(以 1#KX 为例,其他 KX 处理程序相同) | ① 向电调、车间汇报事故情况,网工区出动抢修<br>② 与电调联系断开 211DL、2111GK,按照检修作业工作票的程序做好安全措施<br>③ 进行抢修,用并钩线夹将断线进行连接,恢复供电,天窗时进行更换 |
| 21 | 馈线避雷器击穿、引线脱离 | 当所亭馈线避雷器击穿时,按该馈线检修作业工作票的程序做好安全措施后,拆除避雷器引线,甩掉避雷器,恢复送电。拆除引线时,直接拆除故障 BL 的 T 型线夹顶上 4 个螺栓,这样拆除速度比较快 |

续表

| 序号 | 设备故障内容 | 应急处理措施 |
|---|---|---|
| 22 | 端子箱流互二次端子虚接打火或烧损,保护及仪表电流回路端子虚接打火或烧损时 | 将上一级对应端子可靠短接后,进行处理。必要时可投入备用设备 |
| 23 | 设备、装置冒烟或有不明烧塑料的异味时 | 首先找到发热设备,如果是电流回路应当将相应的电流回路短路,如果是电压回路,将引线拆除后进行处理 |
| 24 | 直流屏控制回路空气开关跳闸,装置发控制回路断线牌时 | 值班人员迅速查找相应的二次回路是否有短路点,查明后将故障回路甩掉然后合上空开,恢复正常。查找时,要有人时刻监视故障回路的电流,发现异常情况,采取手动分闸 |
| 25 | 电动隔离开关空转时 | 值班人员要及时断开其操作电源,然后进行手动操作隔离开关 |
| 26 | 断路器机构储能电机空转时 | 值班人员要及时断开其操作电源,用备用DL代替运行,然后进行处理 |

## 五、典型故障处理案例

### 1. 断路器越级跳闸的处理

越级跳闸:根据继电保护的选择性,应跳开最近端的断路器,但该断路器未动作(拒动),造成上级(电源端)断路器跳闸。如图7.1所示,故障在馈出线或补偿电容器上,但211QF、212QF、21BQF、232QF等断路器均未跳闸,造成201AQF或101QF跳闸均属于越级跳闸。

① 检查本级保护是否启动,如启动,则要先查核与上一级保护的动作时限,如正常则属于断路器拒动,按拒动故障查处;如不正常则需调整动作时限,使之满足选择性要求。

② 如本级保护没有启动,则要检查本级保护整定值是否正常、保护元件是否正常。

### 2. 断路器分、合闸线圈冒烟的处理

当断路器的分、合闸指令已发出,而断路器的机械部分卡死时,分、合闸动作将不能正常完成,会造成断路器的分、合闸线圈长期受电。断路器的分、合闸线圈是按短时间受电设计的,如果长时间受电,会因过热冒烟直至烧毁线圈。

当断路器进行分、合闸操作时,密切观察断路器的动作情况。当断路器拒动时,立即断开其控制电源,使分、合闸线圈失电恢复。如果在分、合闸过程中发现断路器拒动,若未断控制电源而进行二次回路的故障排查,则不用10 min,线圈就会被烧毁。

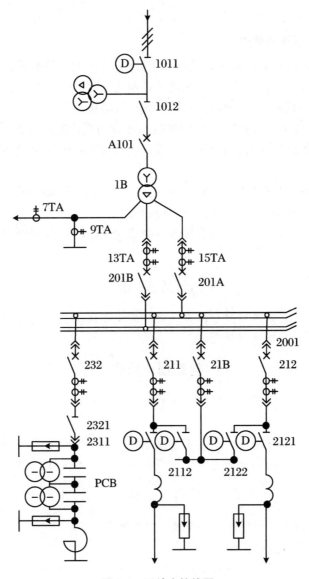

图 7.1 系统主接线图

### 3. 断路器拒动事故的处理

断路器的拒合和拒分称为断路器的拒动,断路器拒动是变配电所中常见的故障之一。

① 首先判断是机械故障还是电气故障。如果合闸线圈或分闸线圈受电正常但断路器不动作,则故障一般在机械部分;若合闸线圈或分闸线圈没有受电,则故障主要在电气回路部分。也可以进行操作试验,以判断是断路器机构本身故障还是机构以外的故障。

② 电气故障原因有:操作电源电压偏低,操作机构合闸线圈铁芯不启动;控制电源或操作电源熔断器接触不良或熔丝熔断;合闸回路的接触器,以及操作机械的辅助回路接点接触不良;控制回路的继电器转换不良;直流回路接地;继电保护整定值不合理或继电保护不动作等。

③ 机械故障原因有:合闸、分闸铁芯转动不良或作用力不够大;机械传动部分调整不合理;合闸自保持机构调整不良也会造成即使合上了也自锁不住;液压、风压机构压力不

足等。

### 4. 断路器误动事故的处理

断路器不该合的时候合闸或不该分的时候分闸,统称为断路器误动。

当产生断路器误合时(千万不要把远动端控制的远方合闸当作断路器误合),及时报告供电调度。首先应将误合的断路器分下来,再进行故障排除。

断路器误分闸(千万不要把远动端控制的远方分闸当作断路器误分)时也应及时报告供电调度,有备用设备时先把备用投入运行后再进行故障处理,没有备用设备时,也应想办法先行送电再处理。

误分原因主要有:自保持机构调整不良,当受外界震动时引起误分闸;控制回路两点短接(如两点直流接地)造成分闸线圈受电而分闸等。

误合原因主要有:当控制回路两点接地时会造成误动;保护整定值不合理;继电器受干扰误动作或接点连接未断开等。

## 任 务 实 训

实训一:利用工具对断路器分合闸失灵进行故障查找。
实训二:断路器分合闸故障处理。

## 创新创业引导

引导一:针对城市轨道交通、普铁、高铁检修管理及供电故障抢修方法及应急预案进行资料收集,并形成报告。
引导二:城市轨道交通供电故障排查与应急策略方法优化探讨。
引导三:基于大数据的牵引供电生产网络管理平台技术探讨。

## 习 题

1. 对牵引变电所值班人员的安全等级有什么规定?
2. 安全等级三级必须具备哪些条件?
3. 安全等级四级可担任哪些工作?
4. 牵引变电所的巡视有哪些要求?
5. 各种巡视中,一般项目和要求有哪些内容?
6. 牵引变电所的倒闸有什么要求?
7. 编写操作卡片及倒闸表要遵守哪些原则?
8. 当回路中未装断路器时可用隔离开关进行哪些操作?
9. 牵引变压器并列运行的条件是什么?
10. 当变压器遇到哪些情况时须立即停止运行?
11. 如何正确使用验电器?

# 项目八　牵引供电新技术

## 任 务 导 入

随着轨道交通发展加快，牵引供电设备及技术也在不断更新。为适应快速发展的节奏，作为供电专业技术人员，除了做好常规的运行维护工作外，还应该积极投身牵引供电新技术的研究中，这不仅有利于创新创业思维的形成，还能提高行业整体创造水平。

## 能 力 目 标

1. 掌握行业内牵引供电技术发展现状。
2. 掌握智能牵引供电系统的结构。
3. 掌握地铁节能优化采取措施。

## 任务一　轨道交通牵引供电系统关键技术发展

近年来，我国轨道交通建设成绩斐然。根据《中长期铁路网规划》，至2020年全国铁路运营里程将达12万 km 以上，电气化率将达60%以上。轨道交通系统主要由列车、车站、线路、控制系统、通信系统、供电系统等组成，其中牵引供电系统作为其重要组成部分，它为轨道交通的运营提供安全、优质、可靠的电能。因此，牵引供电系统的研究一直是轨道交通领域的研究热点，下面介绍牵引供电系统关键技术发展历程及展望。

### 一、铁路牵引供电系统技术发展

**1. 牵引变压器**

牵引变压器牵引负荷为单相负荷且具有随机波动的特点，所以对电力系统而言，牵引负荷是不对称负荷，其产生的负序电流将影响电能质量。另外，牵引变压器容量也随着铁路运量与列车速度的增长而不断增加。因此，牵引变压器的技术发展过程是负序抑制效果逐步提高与变压器容量不断增大的过程。早期铁路运量较小，列车运行速度低，对牵引变压器容量要求低，单相牵引变压器足以满足需求。同时，单相牵引变压器还具容量利用率高、制造简单、维护方便、工程建设投资较少等优点。因此，单相牵引变压器在早期的铁路线路中采用较多。

但随着国内经济发展，容量较小的单相牵引变压器逐渐无法负担不断增长的铁路运量与更高的列车运行速度。为了满足铁路对大容量变压器的需求，YNd11 接线牵引变压器得到广泛采用。YNd11 接线牵变压器容量较大、结构简单、制造工艺成熟，且其次边仍保持三相，不但能为接触网供电，同时也能为变电所提供三相电源。但它对负序电流没有抑制效果，影响电网电能质量，为改善此问题，我国于 1985 年在京秦线上采用了具有较大容量与优良负序抑制效果的 Scott 接线牵引变压器，此后在大秦线、郑武线等区段上也广泛运用了接线变压器。

众多研究和实际运行结果表明，Scott 接线变压器能很好地抑制负序电流，但变压器也具有结构复杂、制造难度大、占地面积大、工程建设成本高的缺点。

随着铁路运量不断增大和高速铁路及重载铁路的发展，同时具有一定负序抑制效果及较大容量的 V 形接线牵引变压器在新建工程中得以应用。与 Scott 接线变压器相比，V 形接线牵引变压器具有更高的容量利用率、相对较低的制造成本、更少的占地面积及较少的工程投资等优点。V 形接线牵引变压器在我国电气化铁路得到了广泛应用。

### 2. 牵引网供电方式

牵引网供电方式技术发展过程是牵引网供电力不断增强与其对通信影响不断减小的技术展过程。我国电气化铁路牵引供电方式主要经历了 3 种供电方式：直接供电方式、吸流变压器回流线供电方式、带回流线的直供方式和自耦变压器供电方式。我国最初的电气化铁路广泛采用直接供电方式，如图 8.1 示，它由接触网和轨－地直接构成回路。直接供电方式具有结构简单、投资少、维护方便的优点，适合我国当时铁路运量小、线路少、列车运行速度低的基本情况。随着铁路运输量日趋增大且逐渐向平原经济发达地区和城市延伸，直供方式暴露了其对周围通信线路电磁干扰大的缺点。

为了减少对通信的影响，国内部分线路开始采用吸流变压器回流线供电方式，简称 BT 供电方式，如图 8.2 所示。BT 供电方式通过在牵引网上装设变比为 1∶1 的吸流变压器，使电流通过回流线流回牵引变电所，从而减少对周围通信的影响。但采用 BT 供电方式，又会造成牵引网阻抗增大、供电距离缩短、工程造价高、易造成火花间隙等缺点，限制了 BT 供电方式在我国的广泛应用。

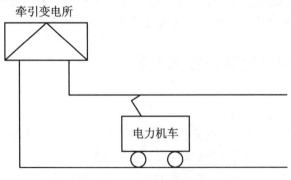

图 8.1　直接供电简图

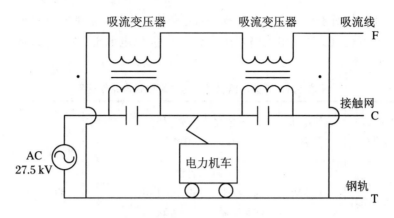

图 8.2　BT 供电方式简图

考虑到直接供电方式和 BT 供电方式的缺点，我国铁路开始广泛采用带回流线的直供方式和自耦变压器供电方式，简称 DN 供电方式和 AT 供电方式，它们不仅具有较强的供电能力和较小的牵引网阻抗，而且还能减轻对周围通信的影响。并且 AT 供电方式因为其供电能力强、供电距离大、牵引网压损小、能量损失小的特点，广泛应用于我国高速重载铁路及客运专线。同时，对 AT 供电方式改进产生的全并联 AT 供电方式，电压损失相对于普通的 AT 供电方式更小，具有更强的供电能力。

## 二、地铁牵引供电系统技术发展

### 1. 牵引整流变压器

我国早期地铁线路运量低，主要采用不可控整流电路的牵引整流变压器。但这种传统的牵引整流变压器无法回收列车制动能量。随着经济发展，为了适应地铁能耗的不断上升以及国家节能减排的要求，牵引整流变压器正在逐步向大功率 PWM 整流器过渡。大功率 PWM 装置不仅具有较强的供电能力，而且还能回收列车制动能量，提高能源利用率，降低地铁运营成本。

### 2. 牵引网供电方式

地铁牵引供电系统牵引网供电方式的发展过程是其供电能力不断增强的过程。早期，我国地铁运量小，牵引网主要采用直流 750 V 第三轨供电。随着地铁运量的不断上升，要求牵引网具有更强的供电能力，从 2000 年至今，牵引网主要采用直流 1500 V 架空接触网供电，有些城市甚至已经采用直流 3000 V 架空接触网供电。

## 三、普速铁路、高铁、地铁联系与区别

普速铁路、高铁、地铁三者牵引供电系统不同之处见表 8.1。

### 1. 供电制式

考虑到今后发展重载、高速铁路，牵引供电系统选择供电制式为 25 kV/50 Hz 单相工频交流制。城市轨道交通牵引供电系统选择供电制式为 DC1500/750 V，原因为：直流供

电制无电抗压降,相对于交流来说电压损小;地铁牵引供电系统供电范围小,机车功率小,所需电压低;城市轨道交通供电线路处在建筑群之间,供电电压不宜过高;直流电机具有较好的调速性能。

表 8.1 普速铁路、高铁、地铁牵引供电系统区别

| | 供电制式与电力机车 | 进线电压等级 | 牵引变压器接线方式 | 牵引网供电方式 | 接触网选材 | 是否采用GIS开关柜 | 是否有综合接地系统 | 单双边供电与电分相 |
|---|---|---|---|---|---|---|---|---|
| 普速铁路 | 25 kV/50 Hz 韶山、HXD | 110 kV | 单相 V/v 阻抗匹配平衡变压器 | 直供带回流线、AT供电方式 | 银铜合金 | 否 | 否 | 单边供电器件式分相 |
| 高速铁路 | 25 kV/50 Hz CRH | 220 kV | V/x 接线 | AT供电方式 | 镁铜合金 | 是 | 是 | 单边供电关节式分相 |
| 地铁 | 直流 1500 V | 350 kV/10 kV | 延边三角形接线 | 双边供电 | 锡铜合金 | 是 | 否 | 双边供电无电分相 |

**2. 牵引供电系统进线电压等级**

普速铁路牵引供电系统进线电压等级多为 110 kV。考虑高铁速度快、列车密度大,其牵引供电系统进线电压等级为 220 kV。地铁牵引供电系统电源来自主变压器的 35 kV 中压网络或由开闭所引入城市电网 10 V 电源,进线电压等级为 35 kV 或 10 kV。

**3. 运行速度**

高铁是指设计运营速度在 250 km/h 以上(含预留),并且初期运营速度在 200 km/以上的客运专线铁路。一些未经改造的既有线路,运营速度能力低于 200 km/h 的均称作普速铁路。

**4. 牵引变压器接线方式**

普速铁路牵引变压器接线方式多为单相 V/v,阻抗匹配平衡变压器,高铁牵引变压器接线方式为单相 Vx 接线,地铁采用牵引整流变压器。

**5. 牵引网供电方式**

普速铁路牵引网供电方式多为 DN 供电方式,高铁牵引网供电方式为 AT 供电方式。

**6. 接触网材料**

高速铁路的牵引负荷主要是列车克服高速行驶下空气阻力所需的动力,而普速铁路牵引负荷主要是牵引负载和克服线路阻力,因此高铁牵引负荷相对于普速铁路来说负荷大且具有持续性。因此,高速铁路接触网必须提供大且持续的负荷电流,接触网载流量也因此变大。所以,在接触网选材中,普速铁路所用的银铜接触线已不再适用于高铁,取而代之的是强度更高、导电率更大的锡铜合金、镁铜合金导线。

**7. GIS 组合开关柜**

由于高速铁路供电可靠性要求高,所以广泛采用 GIS 组合开关柜。普速铁路采用 27.5 kV 散开式高压电气设备,以空气为绝缘介质。地铁牵引供电系统设备大都处于地

下,空间狭小,采用 GIS 组合开关柜可大大减少空间占用,且能提高供电可靠性,不对通信产生影响。

**8. 综合接地系统**

由于高速铁路牵引负荷大,牵引变电所回流电流较大,继续采用普速牵引变电所接地系统会面临两大严重问题:一是回流电流造成地网电位不相等,对人身以及设备安全造成威胁,对保护、测量、信号装置造成影响;二是机车启动、制动使得母线电流波动,波动产生电磁信号对通信造成干扰。研究表明,高速铁路无砟轨道采用综合接地系统后能满足轨道电位和设备通信的要求。

**9. 单双边供电与电分相**

铁路为单边供电形式,在两个牵引变电所供电臂之间使用电分相,隔离相邻供电臂。普速铁路采用器件式或者锚段关节式分相,而高速铁路由于其速度快的特点,使得器件式分相有如下缺点:自身重量产生的硬点导致异常磨耗,接头处打碰弓进而引发弓网故障;绝缘部分老化,性能降低,恶劣天气下存在短路风险,所以高铁采用锚段关节式分相。但电分相的存在,使得接触网出现电气断点,机车不能持续从接触网上取得电能,同时也造成电网三相不对称。地铁牵引网为直流电,采用双边供电方式,故无电分相。

## 四、展望

铁路运输量与列车运行速度的不断上升,以及线路建设逐步延伸至中小城市,对铁路牵引供电系统也提出了更高要求。因此,铁路牵引供电系统将会面对两个方面的问题:一方面要增强其供电能力;另一方面要减小其对电力系统电能质量及铁路线周围通信的影响。因此,对大容量、高容量利用率且具有较好负序抑制效果的牵引变压器的研究,具有更强供电能力供电方式的研究有利于我国铁路牵引供电系统的发展。

对地铁牵引供电系统而言,存在两个问题:一是列车频繁地制动造成能源浪费;二是牵引变电所供电距离较短,增加了线路牵引变电所数量和工程建设成本。对于以上两个问题,一方面新建线路中可采用反馈式新型直流牵引供电系统实现对列车制动能量的回收,另一方面可适当提高牵引网电压,增强供电能力,减少线路牵引变电所数量。

# 任务二 智能牵引供电系统

2017 年发布了新时期铁路信息化总体规划,提出建设智能高铁的战略目标。智能高铁以智能高铁大脑平台为核心,包含智能建造、智能装备和智能运营三大部分,可实现高铁移动装备、固定基础设施及内外部环境信息的全面感知、泛在互联、融合处理、主动学习和科学决策。智能高铁要求通过不同业务领域,集成融合高铁全生命周期不同阶段信息系统,形成功能更强、效率更高、稳定性更好的统一智能高铁系统。

在电力系统方面,2001 年美国电力科学院提出智能电网(Intelligrid)概念。2005 年欧洲提出类似的智能电网(smartgrid)概念。2009 年 5 月,我国国家电网公司在 2009 特高压输电技术国际会议上提出建设坚强智能电网的方案。同年8月,确定了坚强智能电网第1批试点项目,标志着坚强智能电网试点工作全面启动。2011年9月,我国建成功能最齐全的中新天津生态城智能电网综合示范工程。

目前,我国智能电网在标准制定、方案设计、设备研制、工程建设和运行维护等领域均取得了很大进展。智能牵引供电系统属于智能装备的重要组成部分。通过总结行业和专业自身特点,借鉴智能电网建设经验,原中国铁路总公司组织开展一系列课题研究,2015年立项研究"智能牵引供电系统关键技术",2016年立项研究"智能牵引供电设备状态监测与故障预警技术"研究形成了《智能牵引供电系统总体技术方案》《智能一次设备技术条件》《广域测控保护系统技术条件》《牵引变电所辅助监控系统技术条件》《供电调度运行管理系统技术条件》等相关技术标准文件,并于2018年在京沈客专阜新北—黑山北间搭建了智能牵引供电系统,进行了为期半年的试验,取得了相应的试验成果。在此基础上,京张、京雄等高速铁路也正在推进建设智能牵引供电系统。

## 一、智能牵引供电系统

### 1. 总体构架

智能牵引供电系统总体架构按照牵引供电系统的特点、功能及部署,智能牵引供电系统包括牵引供电设施、运营维护管理、供电调度等,其总体架构如图8.3所示。

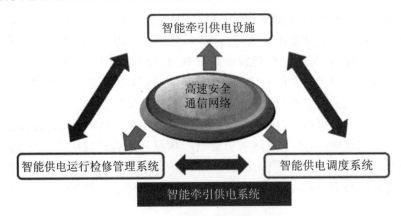

图8.3 智能牵引供电系统总体构架

智能牵引供电系统涵盖牵引供电系统的各个方面,从物理层面可分为智能牵引供电设施、智能供电调度、智能运行检修管理系统等部分。智能牵引供电设施基于智能设备组成的变电设施(包含牵引变电所、分区所、开闭所、AT所及网开关控制站等)及接触网等,以全站信息数字化、通信平台网络化、信息共享标准化为基本要求,自动完成信息采集、测量、控制、保护、计量和设备在线监测等功能。智能供电调度系统是对智能牵引供电设施设备进行远程监视、测量、控制及调度作业管理的系统,具有源端维护、综合告警、辅助调度决策等高级功能。智能供电运行检修管理系统是以对牵引供电系统运行检修所需的各类基础数据、检测监测数据进行分析与数据处理为基础,对智能供电设施的基础数据、检测监测、运行检修作业、设备状态评估与预测等进行全生命周期管理的系统,可实现对牵引供电系统的故障预测与健康管理(PHM)、安全评估、应急指挥、运营安全保障及辅助决策等高级功能。

**2. 层级划分**

智能牵引供电系统按照现有铁路管理特征,可划分为中国国家铁路集团有限公司(简称国铁集团)、铁路局集团公司、供电段沿线设施4个层级,如图8.4所示。

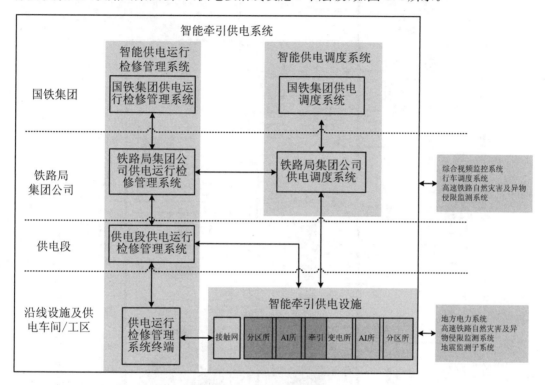

**图8.4　智能牵引供电系统层级**

国铁集团级为监管层,设置国铁集团级供电调度系统和供电运行检修管理系统。铁路局集团公司级为控制与决策层,设置铁路局集团公司级供电调度系统和供电运行检修管理系统,调度所接收牵引供电设施上传的实时运行相关信息,下发控制命令,运行检修管理系统接收供电段上传的运检数据,下发各类计划至供电段。供电段级为信息处理中心和指挥层,设置供电段级供电运行检修管理系统,接收牵引供电设施和工区采集的信息,采集部分接触网监测检测数据,下发各类计划至工区。沿线智能牵引供电设施和车间/工区级为采集和执行层,车间/工区内配置供电运行检修管理系统终端,采集处理牵引供电设施基础数据、日常试验检测数据和6C检测监测数据等,接收执行供电段下达的各类计划。智能牵引供电设施采集设备运行及监测参数执行牵引供电调度控制命令。

**3. 智能牵引变电所**

智能牵引变电所由智能高压设备、广域保护测控系统、辅助监控系统、层间通信通道及相应的辅助设施等组成,如图8.5所示。其中智能高压设备由设备本体、传感器和智能组件组成,传感器实时采集高压设备运行状态,采集的状态信息通过智能组件上送给广域保护测控系统和辅助监控系统。

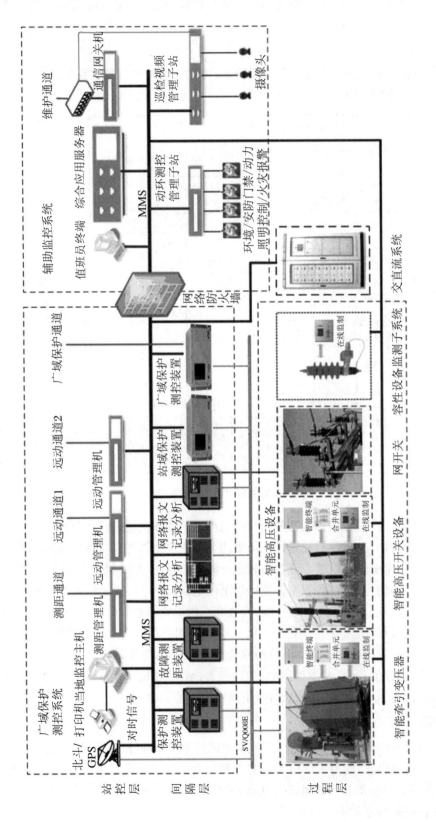

图8.5 智能牵引供电系统构成

广域保护测控系统实现牵引变电所的控制、保护、测量等功能,实现分层闭锁层次化保护、重构自愈、告警分析等功能。

(1) 分层闭锁

根据牵引供电系统的主接线结构,实现开关设备间的闭锁,按照高压设备的运行情况,实现间隔层硬线闭锁站控层逻辑闭锁、广域层逻辑闭锁等功能,防止电气误操作。

(2) 层次化保护

继电保护按照就地保护、站域保护和广域保护的层次化保护配置,实现继电保护的全速动和全冗余。间隔层配置就地保护;站控层采集全所信息,配置站域保护,作为就地保护的优化补充和冗余;采集供电臂范围内各所亭信息,配置广域保护,实现接触网故障的快速判断和切除。

(3) 重构自愈

在所亭内实现电源、主变故障、断路器失灵的重构自愈,在接触网上实现接触线、正馈线故障的故障段快速隔离和非故障段快速恢复功能。

(4) 告警分析

根据牵引供电设施故障信息,建立逻辑和推理模型,实现对故障告警信息的分类、过滤,实时分析、推理并报告牵引供电设施异常,提出故障处理指导意见。辅助监控系统对牵引变电所内视频监控及巡检、环境监测、安全防范、火灾报警、动力照明控制等部分或全部辅助设备信息进行集成,实现信息共享、告警联动等功能,为牵引变电所的集中监控和运维提供支撑。

**4. 智能供电调度系统**

智能供电调度系统由智能远动系统(SCADA)和供电调度运行管理系统组成,如图8.6所示。

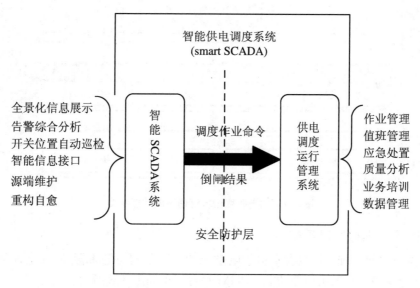

图8.6 智能供电调度系统构成

智能 SCADA 系统除完成常规 SCADA 系统的遥控、遥测和遥信外,还具有源端维护、告警综合分析及全景化信息展示等功能。

(1) 源端维护

基于 IEC.61850 的建模标准,对智能牵引变电所提供的数据模型进行同步与更新,实现牵引供电设备信息静态参数的自动生成及同步。

(2) 告警综合分析

综合监控范围内运行、故障信息,对其进行分析、过滤和综合,并通过逻辑推理与分析,提出故障信息的综合分析,并提供处理决策建议。

(3) 全景化信息展示

对监控范围内的牵引供电设施运行状态进行全景化展示,供调度值班人员掌握系统的整体运行状况。

供电调度运行管理系统具有铁路供电调度值班信息自动获取与统计、作业计划及作业命令智能审核与网络流转、应急处置智能分析与决策、业务培训智能管理、运行及工作质量智能统计分析等专业化管理功能。它由供电调度值班管理、供电调度作业管理、供电调度业务培训管理、供电调度应急处置管理、供电调度工作质量统计分析及供电调度数据库管理等子系统组成,其功能架构如图 8.7 所示。

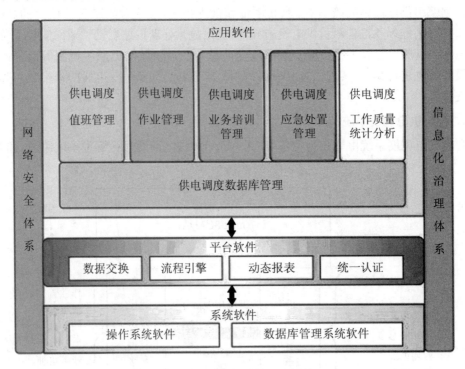

图 8.7 供电调度运行管理系统功能架构

**5. 智能运行检修管理系统**

智能运行检修管理系统具有牵引供电系统的故障预测与健康管理、安全评估、应急指挥、运营安全保障及辅助决策等功能。PHM 平台架构如图 8.8 所示。

PHM 平台完成实现关键设备故障预警、故障快速诊断、设备与系统健康评估、系统可靠性分析与风险评估及维修辅助决策等。

(1) 关键设备故障预警

在设备故障的早期或故障处于潜伏期时,及时发现故障隐患,准确预测出故障未来的发展趋势,在故障后果表现之前及时进行预警并排除故障。

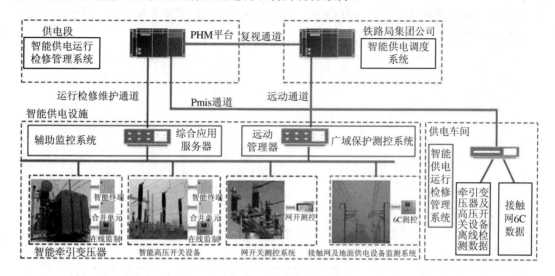

图 8.8　PHM 平台架构

（2）故障快速诊断

对于已表现出较严重后果的功能性故障,通过快速故障诊断算法,准确判断故障位置、故障元件和故障类型,并评判故障程度,有效指导故障抢修,快速、高效恢复正常运行。

（3）健康评估

通过设定合适的健康指标,对牵引变电所及其关键设备进行从系统级到设备级的健康状态评估,以真实完整地反映牵引供电设备及系统的当前服役状态,体现健康状态发展变化的趋势,为状态检修及故障预警提供依据。

（4）可靠性分析与风险评估

从牵引供电设备及系统长期运行的角度,对系统整体及各设备的可靠性水平进行分析评估,预测设备的剩余寿命,结合外界运行环境可能带来的多种风险因素,有针对性地对牵引供电系统采取差异化的防护措施,从而避免故障发生,提高牵引供电系统的可靠性,降低风险。

（5）维修辅助决策

结合前 4 项功能,利用其输出结果,综合制定出合理的维修策略,确定最佳维修周期、故障抢修的最佳时机与方式,以及状态维修中各项状态阈值的选取,最终目的是提高牵引供电系统的安全性、可靠性,降低故障发生的概率与风险,减少故障影响与范围,降低维修维护费用,提高维修维护效率。

## 二、工程试验

**1. 工程概况**

阜新北—黑山北间牵引供电设施包括阜新、黑山北 2 座牵引变电所、申德营子分区所、新邱自耦变压器所及下石土自耦变压器所(见图 8.9)。为了验证智能供电调度系统相关功能,对中国铁路沈阳局集团有限公司牵引供电调度所进行了软件更新,PHM 平台设置于阜新牵引变电所内。沿线各牵引所亭按智能化设计,一次设备采用智能化设备,继电保护装置采用广域保护测控系统,设辅助监控系统实现视频巡检、智能采集数据汇总、安防环境等系统集成功能。

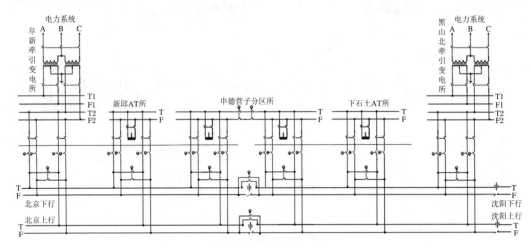

图 8.9　京沈客专试验段智能牵引供电设施

**2. 试验情况**

2018 年 3 月 1 日至 9 月 30 日,对京沈客专智能牵引供电系统智能设备的稳定性、广域保护测控系统的各项功能、智能供电调度及 PHM 平台进行工程试验。通过对试验数据进行分析,表明试验达到预期目标,试验结论如下:

① 智能牵引供电系统参试设备运行稳定,适应使用环境条件,基础数据采集可靠。

② 由就地保护、站域保护和广域保护相结合的层次化继电保护动作逻辑正确、动作可靠,故障切除快速且故障定位准确,实现了牵引供电系统继电保护的全覆盖和全速动。

③ 广域保护测控系统采用分层闭锁及系统重构技术,实现了多层次的开关间闭锁、故障快速隔离与运行方式的快速转换,缩短了故障停电范围及停电时间,提高了牵引供电系统的运行效率。

④ 辅助监控系统实现了视频监视、在线监测数据集中接入、环控、联动控制、视频巡检以及子系统之间的智能联动等功能,为实现牵引变电所的无人值守提供了保障手段。

⑤ PHM 平台与辅助监控系统等数据源建立了可靠连接,通过对在线监测等数据进行分析、计算,实现了牵引变电主要一次设备的故障判断、故障预测及健康评估等功能,为牵引供电系统主动运维提供了技术支持。

⑥ 智能供电调度系统实现了源端维护、调度间信息共享、运行信息的综合分析、供电调度作业的全流程管理及供电系统全景化展示,大幅提升了供电调度的作业效率和管理能力。

⑦ 试验段内独立敷设、独立组网的广域保护测控通道时延小于 10 ms,满足广域保护测控技术要求。

试验表明,首次基于"互联网+"理念搭建的智能牵引供电系统通过高速双向信息网络,将智能牵引供电设施、智能供电调度系统、智能供电运行检修管理系统互联,通过实时通信和信息交互,突破了系统间的信息孤岛瓶颈,实现了系统资源优化整合及多信源数据共享,提高了牵引供电系统的安全性、可靠性和可用性。

## 三、发展趋势

通过课题研究和京沈客专试验,智能牵引供电系统构建了基本框架,实现了基本功能目标。随着工程化的推进以及技术的不断进步和发展,智能牵引供电系统在标准化制定、设备集成化系列化、大数据分析与智慧决策、新技术应用等方面还有待进一步发展。

**1. 标准制定**

目前国际电工委员会(IEC)和国家电网在推进智能电网的标准化方面进展很快,已形成含基础、设备、建设等方面的智能电网标准体系。铁路智能牵引供电系统刚刚起步,需加快推进标准化建设工作。

(1) IEC 智能电网标准

IEC 已经制定了超过 100 项与智能电网有关的标准,其中核心标准有 7 项,如表 8.2 所示。

表 8.2 IEC 智能电网核心标准

| 序号 | 标准号 | 标 准 名 称 |
|---|---|---|
| 1 | IEC/TR 62357 | 电力系统控制和相关通信:对象模型、服务和协议的参考架构 |
| 2 | IEC 61970 | 能源管理系统应用程序接口(BMS-API) |
| 3 | IEC 61850 | 变电站的通信网络和系统 |
| 4 | IEC 61968 | 电力设施的应用集成 |
| 5 | IEC 62351 | 电力系统管理和相关信息交换:数据和通信安全 |
| 6 | IEC 62056 | 电能计量:用于抄表、费率和负荷控制的数据交换 |
| 7 | IEC 61580 | 电气/电子/可编程电子安全相关系统的功能安全 |

(2) 国家电网智能电网标准化

电力系统智能电网建设从起步即进行《智能电网技术标准体系规划》的研究,提出智能电网技术标准体系。标准体系涵盖规划、发电、输电、变电、配电、用电、调度、通信 8 个专业分支、92 个标准系列,形成 100 余项智能电网技术标准,对智能电网发展起到了积极的推动引导作用,在国际上处于领先地位。

(3) 铁路智能牵引供电系统标准化发展

铁路电气化具有自身的特点,必须建立自己的智能牵引供电系统标准体系,同时核心标准可借鉴 IEC 和国家电网相关标准。智能牵引供电系统标准体系必须涵盖基础标准、工程建设标准、设备标准、运营维护标准等方面。基础标准是智能牵引供电系统标准体系的基础,对智能牵引供电系统标准体系的其他标准具有普遍的指导意义,基础标准应包括智能牵引供电系统总体技术规范、通信接口技术规范、智能牵引变电所及智能供电调度系统技术导则等标准。

工程建设标准应涵盖新建和改建智能牵引供电系统的设计、施工、调试、验收等方面，包括智能牵引变电所、智能供电调度系统、智能运行检修管理系统设计与施工规范、智能牵引供电系统现场调试导则、智能牵引供电系统施工质量验收标准等。设备标准应规定智能牵引供电系统各设备、系统的功能、性能、技术指标等要求，包括智能一次设备、广域保护测控系统、辅助监控系统、智能供电调度系统、智能供电运行检修管理系统等设备的技术条件。运营维护标准是规定智能牵引供电系统的运行保障、维护维修、应急处置等，应包括智能牵引供电设施、智能供电调度系统、智能运行检修管理系统运行维修规程等。

### 2. 智能设备集成化系列化

京沈客专试验段作为智能牵引供电系统的第 1 次试验，设计速度为 350 km/h。依托科研课题"智能牵引供电系统关键技术研究"，研制了牵引变电所 220 kV 设备、27.5 kV 气体绝缘开关柜（GIS）、自耦变压器等智能一次设备，一次设备的智能化方案采用"智能设备＋传感器＋智能柜"的技术方案。在牵引变电设备方面，研制多种布置形式的智能化设备，如 27.5 kV 户外智能真空断路器、27.5 kV 智能空气绝缘开关柜（AIS）等设备。在接触网方面，研制智能接触网等。在智能化方案方面，应推进研制更为小型化的将传感器与智能柜集成于一次设备的集约型智能设备。

### 3. 大数据分析与智慧决策

智能牵引供电系统可全方位采集电气电量、设备状态、环境视频等全方位的信息，形成牵引供电系统大数据，应深化研究数据挖掘、数据关联、数据分析等技术，以进一步实现智能化功能，实现牵引供电系统的高效运行。在调度方面，应研究供电调度与行车调度间的相互协调技术，实现供电与行车相融合的大调度模式，发挥更大的运行效率。在运维方面，要充分应用采集到的设备数据，分析数据的变化趋势，预测早期故障，实现状态修与设备寿命管理相结合的运维模式。综合利用智能牵引供电的监控监测数据，从安全可靠、节能环保、运行效率等方面建立运行品质评价机制，为持续改进牵引供电系统的服务品质提供决策依据。

### 4. 新技术的进一步应用

随着智能牵引供电系统的推进和监控监测手段的完备，大量数据上传至中心设备必将要求更高的通信带宽和更强的中心端设备。应用边缘计算和区块链技术可有效解决大数据带来的通信和中心端设备压力。工程建设中应逐渐推进 BIM 技术的应用，结合 BIM 和地理信息系统（GIS）的优势，同时通过虚拟现实（VR）、增强现实（AR）技术的应用，可建设基于 BIM＋GIS 的运营维护管理系统，实现具有可视化远程沉浸式特点的运维管理模式。

# 任务三　地铁节能优化技术

城市化的进程将会加快城市轨道交通的建设，未来在大中城市中地铁将会成为人们主要的交通方式，同时也带来了巨大的能耗。因此在地铁快速发展过程中如何通过改进技术能降热、降低成本和提高能效就有着重要的意义。过去地铁牵引系统的节能方案主要是采用电阻或储能模块,这样容易提高成本,增加热量,能效转化率低。基于此,下面介绍再生制动能馈式技术的解决方案,重点介绍工作原理、无功补偿功能、节能特性等方面。

## 一、能馈式牵引供电系统原理

**1. 供电系统的构成**

系统结构包括主变电所、牵引变电所、接触网等,其中主变电所负责降低电压。传统牵引变电所将主变电所提供的交流电转化为直流电提供牵引力,能馈式牵引系统除了包括二极管整流机组之外,还并联了PWM能馈变流器。其主要结构设计如下:通过输电网连接主变电所,牵引变电所包括整流机组和能馈机组,通过馈线连接接触网,最后是车辆和轨道,如图8.10所示。

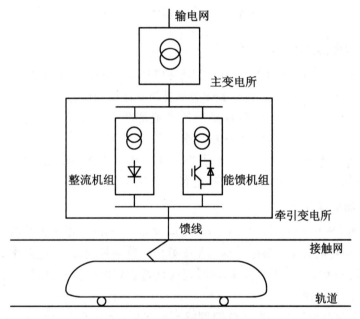

**图8.10 供电系统构成**

PWM整流器是能馈机组的核心部分,在直流和交流侧控制过程中,通过它实现直流侧电压稳定可控、交流侧低谐波含量单位功率因数运行。在地铁列车运行过程中,可以通过控制这一部分,让整流器处于整流或逆变两种状态,在对工况进行判断的情况下,通过预设系统的启动阀值来监测直流牵引网电压。在刹车系统启动之后,能量通过列车注入直流接触网端,产生电压差,于是系统判定状态,判定之后,工作系统转变为逆变状态,能量从直流侧向交流侧传输,回馈给地铁站内的相关工作系统,其工作原理如图8.11所示。

在牵引工作模式下,能馈装置是整流状态,向接触网提供电压和能量。再生制动模式下,多余能量引发牵引网电压上升,系统判定为逆变模式之后,能量就会返回到交流网测。为了提升功率因数,整个过程都采用单位功率因数模式。

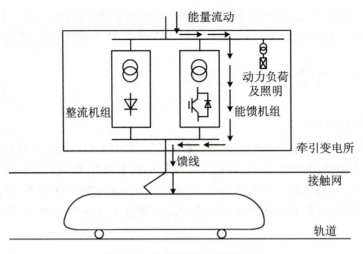

图 8.11　供电系统工作原理图

**2. 能馈装置内部结构**

能馈装置包括 VS、CVT、LVA、CC、DKS 和 DNS 等系统,高压处为 10 kV/35 kV,高电压等级开关柜(VS)开闭电路,在开关闭合后连接到能馈变压器(CVT),经过内部配有开关的低电压进线柜(LVA),然后传输到核心变流器柜(CC),最后经过直流馈线开关柜(DKS)和直流负线隔离柜(DNS)两道开关连 750/1500 V 电压。在整个系统中,PWM 整流器是核心部分,具有逆变回馈功能、牵引整流功能和无功补偿功能。其优势在于拓扑结构能够适应不同工况,控制性好,响应快,更有利于双向流动。

**3. 基本控制原理分析**

首先对三相 PWM 整流器进行简化,做出假设如下:网侧电压为正弦波,整流器电感不饱和,理想开关损耗电为零。根据计算结果做好电压外环控制设计、电路参数设计,确保其具备四象限运行和 boost 升压的特性,同时还应该考虑到电压传输过程中高频谐波含量影响,要优化波形进行抑制。

当交流侧电流波形接近标准正弦的理解模型之后,充分考虑到控制系统的各方特性。要考虑快速电流跟踪,抑制谐波电流,满足电感设计和直流侧电容的设计。在系统搭建成功之后,要进行 MATLAB 仿真验证,参数按照大功率设备选取。

## 二、能馈式牵引供电系统功能

**1. 牵引回馈功能特性分析**

其原理是通过在直流和交流侧之间安装大功率逆变器,将制动能量回馈到交流侧。其本质是能量收集和回馈装置,该装置的特点在于安全性高、功率大、谐波低。从原理上来说,因为二极管整流机组输出电压难以控制,因此在地铁运行的过程中,随着载客量和运动速度的不同,供电电压会剧烈波动。比如,当列车大功率运行时,直流电压会严重跌落。这导致列车的牵引能力受阻,中压能馈装置开通整流功能后,就能够有效减少这些波动,引的动力,降低系统的二次损耗,避免温度升高,将系统上的动能转变为电能,通过牵引网进行传输。系统集多种功能于一身，能量收集回馈是其中的重要功能，通过控制器的设计，能够收集制动过程中产生的巨大能量，实现节能降热的目的。牵引供电也是系统的重要功能，通过中压能馈装置，可以有效地减少列车在运行过程中产生的阻力，为列车提供牵引动力，增大牵引供电。

### 2. 无功补偿策略

无功补偿是重点研究的内容，其目的是根据系统自身的特性简化牵引系统，并且实现数据采集和指令传输的功能，改变传统无功补偿策略的弊端。在中压网络中，无功分布体现出一定的规律，因为对地电容很大，因此需要无功补偿。

在实际运行过程中，降压变压器会产生部分无功功率，因此要想实现较好的效果，就需要深入分析其功率。具体来说，地铁在晚上10点以后一般会停止运行，因此在白天尤其是上下班的早晚高峰期地铁的功率消耗较大，但是在晚上运行较少，因此需要无功补偿。在无功补偿中，通过应用"四象限"运行能力，系统一般采用分散式无功补偿策略。

## 三、系统节能优化分析

### 1. 系统的节能特性

以直流电压1500 V，牵引4200 W的列车为例，其最大刹车功率为8000 kW。从数据曲线可以看出，列车的牵引功率和制动呈现对称结构。选择如下技术参数的装置：系统具有逆变、整流、无功补偿功能，其系统的功率器件是IGBT智能功率模块，额定电压$2\times AC3\Phi\times 450$ V，频率50 Hz，功率因素＞0.99，逆变器效率＞98%，电流谐波畸变率＜3%，以强迫风冷方式进行冷却，防护等级超过IP30。研究显示，给列车安装中压能馈装置之后，母线最高值仅为1800 V左右。安装该装置之后，列车依然能够正常运行和制动，每个牵引只需要配置2 MW就可以实现13%的节能，同时系统的安全可靠性高，节能效果良好，符合地铁运行的特点，没有对地铁运行造成不利的影响。从本质上来说，地铁牵引系统回馈的电能来自于列车运行和制动过程中产生的动能和势能，因此在列车处于下坡时，回馈的能量较大，在载客运营时回馈的电能是正常运行时的2倍。同时在运行过程中还发现，如果系统能够调整列车运行时间间隔，能耗的回收还会明显提高。

### 2. 系统节能的创新手段

电费目前占到地铁运营费用的一半以上，比如广州地铁牵引系统能耗占比将近60%左右，因此要深入分析牵引、巡航、惯性和制动的能耗，制定相关的节能措施。在牵引阶段，列车会加速到80 km/h，高速行驶后，列车巡航定速，此时小功率即可实现牵引目的，当列车进站的时候，不再提供电能而是靠惯性惰性。对于制动系统来说，地铁列车和一般的汽车不同，不是靠刹车片制动，依靠的改变系统牵引方向的外力，此时列车就是克服电磁力做功，牵引系统就变成了发电机。但是在发电过程中，会有很多能量损耗，因此还应该安装相关的能量收集装置，及时利用能量。比如将热能引入到空调系统中，为地铁站内相关设备提供服务。同时也可以增加储能设备，对车辆在各种状态下运行时产生的能量进行储存，这样虽然一定程度上会提高成本，但是也会提高供电的稳定性，减少能量损耗，提高供电质量。

### 3. 系统节能优化的技术瓶颈

当前地铁牵引供电系统的节能还面临一定的技术瓶颈,首先是在热能吸收方面还缺乏相关的技术,能量利用率低,同时给空调系统造成沉重的负担,也让车辆处于高负荷之中,给管理人员带来极大的负担。其次是当前能馈式再生系统依赖机车制动,而在制动中,非连续性的逆变交流电性能较差,会影响到整体供电的质量。另一方面,短期制动中将会产生巨大的电压,会给低压系统造成损耗。最后要利用储能技术和能馈式再生系统结合,在超级电容、超导磁等方面还需要提高技术。

## 任 务 实 训

实训一:城市轨道交通牵引供电新技术现场调研并形成报告。

实训二:电气化铁道牵引供电新技术现场调研并形成报告。

## 创新创业引导

引导一:牵引供电系统检测新技术与状态检修探讨(在线监测系统,油中氢气在线监测,油中气体色谱分析,套管介质损耗监测)。

引导二:高压电缆检测与试验新技术(局部放电监测,电缆温度监测,高压电缆检测与智能修复)。

引导三:新型设备、新型电流、电压互感器、智能断路器等。

# 参考文献

[1] 李建民.城市轨道交通交通供电系统概论[M].北京:机械工业出版社,2016.
[2] 中国城市轨道交通协会.城市轨道交通变电检修工[M].成都:西南交通大学出版社,2018.
[3] 昆明地铁运营有限公司.变电检修[M].成都:西南交通大学出版社,2015.
[4] 夏国明.供配电技术[M].北京:中国电力出版社,2018.
[5] 陈海军.电力牵引供变电技术[M].北京:中国铁道出版社,2008.
[6] 贺威俊.电力牵引供变电技术[M].成都:西南交通大学出版社,2015.
[7] 徐亚辉.城市轨道交通供变电技术[M].北京:机械工业出版社,2015.
[8] 张莹.城市轨道交通供电技术[M].北京:人民交通出版社,2010.